AUTOAYUDA

Bernabé Tierno

Aprendiz de sabio

DEBOLSILLO

Diseño de la portada: Departamento de diseño de Random House Mondadori
Fotografía de la portada: © Amaya Aznar

Quinta edición en DeBOLS!LLO: enero, 2008

Printed in Spain – Impreso en España

ISBN: 978-84-9793-871-6
Depósito legal: B. 5.951-2008

Fotocomposición: Lozano Faisano, S. L. (L'Hospitalet)

Impreso en Liberdúplex, S.L.U.
Sant Llorenç d'Hortons (Barcelona)

P 838712

Dedico este libro a mi nieto Alejandro,
que el 21 de febrero de 2005 cumplirá un año de vida.
Ojalá este manual de sabiduría esencial se convierta un día
en guía útil que le enseñe a vivir y a caminar
por la senda del bien y de la virtud
como aventajado aprendiz de sabio.
Es lo mismo que te deseo a ti, amable lector

Muchos habrían podido llegar a la sabiduría, si no se hubiesen creído ya suficientemente sabios.

JUAN LUIS VIVES

ÍNDICE

SEGUNDA PARTE

Principios o leyes universales que deben orientar y sustentar la vida del aprendiz de sabio

TERCERA PARTE

Cien «lecciones-reflexiones» de sabiduría esencial que deben ser bien meditadas y llevadas a la práctica en la vida cotidiana

¿CÓMO ENFRENTARSE AL DÍA A DÍA?

No busques que los acontecimientos sucedan como tú quieres, sino desea que, sucedan como sucedan, tú salgas bien parado.

EPICTETO

INTRODUCCIÓN

> El sabio no sigue los mandamientos de las leyes, sino de la virtud.
>
> CLÍSTENES

A medida que cumplo años y me acerco a la edad de la jubilación me convenzo más de dos cosas: *la primera* es que el ser humano, que tantos logros y descubrimientos está consiguiendo en todos los campos de la ciencia y de la tecnología, sigue cometiendo errores imperdonables en lo que se refiere a su primer objetivo que es vivir. ¡No sabe vivir! Él mismo se crea infinidad de problemas, labra sus desgracias, no aprende de sus errores y desde que nace no cesa de correr y de afanarse estúpidamente, sin saber adónde va ni qué es lo que busca en realidad.

La *segunda cosa* es que el secreto de saber vivir está en la humildad de considerarnos simples aprendices que intentamos, con mayor o menor éxito, despojarnos, librarnos de las ataduras de una docena de necesidades imperiosas y desmedidas que nos asfixian el alma y no nos dejan vivir en paz, sosiego y armonía con nosotros mismos y con los demás. Abordaré una por una cada necesidad agobiante e imperiosa y especificaré qué vacío del alma pretende llenar, cómo nos afecta en lo personal y en pareja, así como en las relaciones con los demás.

Aprendiz de sabio es en realidad lo mismo que «filósofo», amante de la sabiduría, pero en un tono y pretensiones más modestas. El lector no encontrará aquí nada que se parezca ni de lejos a un tratado de filosofía práctica. Lo único que se pretende en este libro es ofrecer una serie de sencillas reflexiones que ayudarán a vivir de manera más plena, gozosa y tranquila.

¿Qué diferencia hay entre inteligencia y sabiduría?

La inteligencia es la facultad o capacidad de entender, de comprender las cosas y profundizar en ellas. *La sabiduría* presupone esa facultad en grado notable para aprender de las experiencias cotidianas, sacar lo mejor de ellas, discernir lo que es bueno o malo, provechoso o perjudicial y obrar en consecuencia, con sensatez. Por eso la sabiduría es un todo compuesto de inteligencia, prudencia, moderación, circunspección, habilidades, experiencia, sentido común y buenas intenciones.

OBJETIVOS DEL LIBRO

Primer objetivo

Para convertirte en un aventajado aprendiz de sabio el primer objetivo es averiguar cuáles son los vacíos, las necesidades ocultas, insatisfechas, que te impulsan a adoptar posturas compensatorias, extremas o radicales. Esos vacíos del alma ponen al descubierto defectos, actitudes y creencias que debemos cambiar por otras cualidades más saludables, centradas y equilibradoras.

¿Cuáles son esas necesidades desmedidas e imperiosas que malogran la existencia del ser humano?

Yo he encontrado al menos doce, como los meses del año y que el aprendiz de sabio puede programarse para abordar una cada mes. Necesidad de buscar ansiosamente:

1	Ser importante a cualquier precio.	enero
2	Tener siempre razón y a toda costa.	febrero
3	Amar y ser amado de forma captativa e insaciable.	marzo
4	Expulsar, descargar y proyectar la rabia y la ira.	abril
5	Estar preocupado por todo, pesimismo, fatalismo.	mayo
6	Encontrar a un chivo expiatorio, hacerlo pagar, venganza, atribuir las culpas a los demás.	junio
7	Sentirse superior a los otros, orgullo, arrogancia.	julio
8	Buscar compasión, ir de mártir por la vida.	agosto

9	Encontrar a un mecenas, adosarse a alguien, que otros tomen el mando.	septiembre
10	Criticarlo todo y a todos. Buscar defectos.	octubre
11	Tener y atesorar cosas, dominio y poder sobre los demás.	noviembre
12	Que todo esté y sea perfecto, ordenado y maravilloso. Tener éxito en cuanto se proponga.	diciembre

Segundo objetivo

Consiste en pasar a la acción y cambiar lo que deba cambiarse tras haber explorado y analizado nuestro interior y sus vacíos y llenarlos de verdadero contenido. ¿Dónde encontrar el verdadero sentido, las vigas de contención, las columnas sólidas en que apoyarte?

En los principios o leyes universales que deben sustentar una vida llena de sabiduría. Son siete, como los siete días de la semana, porque deben formar parte de nuestra existencia cotidiana y el aprendiz de sabio puede ejercitarse en aplicarlos y vivir intensamente uno por semana. Son éstos:

1	Principio de la unidad y de la potencialidad pura.	lunes
2	Principio de la interacción dinámica, del flujo de la energía del universo.	martes
3	Principio de la causalidad: toda acción engendra una fuerza de energía que vuelve a nosotros: «Lo que sembramos es lo que cosechamos».	miércoles
4	Principio de la armonía, del equilibrio, del mínimo esfuerzo, de lo natural.	jueves
5	Principio de la intención consciente, del deseo.	viernes
6	Principio del desapego, «sabiduría de la inseguridad».	sábado
7	Principio del propósito de la vida, del «porqué» y del «para qué» de la existencia.	domingo

Tercer objetivo

Es saber llevar a la vida de cada día esa sabiduría esencial de los siete principios desgranada en formas concretas de pensar, sentir y obrar que deberás incorporar, poco a poco, a tu personalidad hasta que se conviertan en actitudes, en hábitos. Se trata de que el aprendiz de sabio se enseñe a sí mismo, se explique y lleve a la práctica, en la medida de lo posible, cada una de las lecciones que componen el curso de sabiduría elemental. Estas cien lecciones bien meditadas y aprendidas pueden convertirte en una persona distinta, más calmada, feliz, gozosa y plena.

Puedes aprender y practicar estas lecciones cuando y como desees, sin importar el orden. Eres tú quien debe trabajarlas y meditarlas como te apetezca. Tienes que saber adónde vas, qué es lo que quieres hacer en tu vida y con tu vida y todas las reflexiones, sugerencias y observaciones que te hago a lo largo del libro no tienen otro fin que ayudarte a construir un nuevo estilo de vida. Haciendo buenas las palabras de Montaigne, «que la principal ocupación de tu vida, a partir de hoy, consista en vivirla lo mejor posible», pero con inteligencia y bondad, sabiendo que tu felicidad, en buena medida, estará condicionada por la felicidad y el bien que procures a tus semejantes.

PRIMERA PARTE

LAS 12 NECESIDADES INSATISFECHAS, IMPERIOSAS, DESMEDIDAS, QUE SON CONSECUENCIA DE NUESTROS VACÍOS DEL ALMA Y NOS HACEN INFANTILES, INSENSATOS Y DESGRACIADOS

ANTOÑITA LA FANTÁSTICA

> Escalé la cima de la fama y no hallé albergue alguno en su altura estéril.
>
> RABINDRANATH TAGORE

Necesidad imperiosa y desmedida de ser importante a cualquier precio

Esta necesidad, que convierte en seres patéticos a muchos individuos, tiene su origen en el vacío que produce la falta de autoestima, el no sentirse suficiente, capaz y con entidad propia. Por las circunstancias que sean una persona se siente insatisfecha y desgraciada con lo que es, lo que posee y lo que aparenta y con la imagen que tiene de sí misma y la imagen que piensa que han llegado a formarse los demás. Ese gran vacío, ese deseo de ser reconocido, estimado, valorado, se convierte en una idea fija, en una obsesión y ya sólo vive para procurarse momentos de gloria reales o imaginarios.

Quien padece esta necesidad imperiosa de ser importante busca caer bien a todo el mundo y para lograr este imposible no duda en mentir, deformar y disfrazar a cada instante la realidad de su vida, con tal de experimentar ese momento de gloria que necesita para vivir como el pez en el agua, para subsistir.

El hombre es de naturaleza un animal orgulloso que ama
por encima de todo el soplo de la fama que acaricia su vanidad
y lo adula con la admiración de sí mismo.

R. BLACKORE

¿Es negativo el deseo de ser persona importante y valiosa y que los demás admiren nuestras cualidades y logros?

En absoluto; es humano, natural y loable un deseo moderado de ser tenido en cuenta, valorado, considerado, y las personas con una autoestima alta aprecian y desean sentirse queridas y consideradas, pero sin que ese deseo se convierta en una necesidad imperiosa de aparentar.

En la mayoría de las necesidades desmedidas e imperiosas, seguramente en las doce mencionadas, nos encontramos con un denominador común: un ego inflado, de gran tamaño, de alguien que *no es*, y precisamente por ese *no ser* ni sentirse lo suficiente necesita compensar y llenar ese gran vacío, esa falta de autoestima y aparentar, y para lograrlo nada mejor que hincharse, arrogarse méritos, cualidades, éxitos, riquezas, fama y reconocimientos.

¿Qué hacer para librarse de la necesidad imperiosa de ser importante?

Aprender a ser tú mismo, a valorar lo que eres y tienes, a no compararte con nadie y empezar a descubrir que ya eres suficiente por ti mismo como ser único e irrepetible, trabajar el *principio de la potencialidad pura* (en el siguiente capítulo) y la autoestima, así como las lecciones del curso *Aprendiz de sabio*, que guardan relación directa con este tema.

TENER RAZÓN: RESPIRACIÓN ASISTIDA

Que a quien la razón no vale, ¿qué vale tener razón?

PEDRO CALDERÓN DE LA BARCA

Necesidad imperiosa y desmedida de tener siempre razón

Es un deseo obsesivo y persistente de que los demás se muestren siempre de acuerdo con lo que pensamos, sentimos y decimos. Quienes padecen este síndrome discuten por todo de manera apasionada, incluso violenta, como si les fuera la vida en ello y es verdad; porque si los demás no le dan la razón, no se ponen de su parte, el adicto a tener razón se siente inseguro, como desnudo, desprotegido, sin entidad.

¿Por qué para tantas personas resulta imperiosa la necesidad de tener razón?

Porque tener razón les proporciona la estabilidad y seguridad que no tienen por sí mismas, por su personalidad, su criterio, sus conocimientos y experiencias.

Cualquier psicólogo experimentado habrá podido observar que, casi siempre, tras un adicto a tener razón se encuentra un niño inseguro y asustado que creció en una familia en la que equivocarse era peligroso y muy doloroso. Los padres hipercríticos y/o maltratadores físicos y psíquicos generan hijos con una necesidad obsesiva por seguir teniendo razón. Aprendieron a sentirse seguros como sus padres. Éste es el verdadero motivo por el que se que se empeñan en que los demás les den la razón, porque estar equivocados les produce ansiedad, inseguridad, miedo, vulnerabilidad.

¿Cómo se comporta el adicto a tener razón?

Existe siempre una gran cerrazón mental, falta de escucha atenta y de empatía, porque su autoestima está vinculada a la sensación de que lo que dice y piensa es verdad y nadie se lo discute, ya que no soporta las ideas contrarias, le sacan de quicio. Tras la necesidad de tener razón subyace el deseo permanente de tenerlo todo controlado, con el desgaste físico y psíquico que supone convivir con seres humanos normales, que defienden su criterio y su verdad ante alguien que no admite otros criterios, opiniones y verdades que los que coinciden con su verdad y le dan la razón.

Si quieres comprobar hasta qué punto alguien de tu entorno es adicto a tener razón, prueba a dársela; dile: «Admito que me he equivocado». ¿Sabes qué sucederá? Lo más probable es que tu contrincante no te escuche y prosiga su pelea verbal contra ti; si no es así, también puede ocurrir que, pasados unos minutos, te provoque y saque a relucir un tema controvertido en el que llevarte la contraria.

Mal medio es de atraer a un hombre a la razón el tratarle como si no la tuviera.

CONCEPCIÓN ARENAL

Tener razón en las relaciones de pareja

Puede suceder que un miembro de la pareja no sea adicto a tener razón y admita con facilidad que se equivoca. Al principio de la relación las cosas pueden ir moderadamente bien, mientras el adicto a tener razón desempeña su papel de maestro, de autoridad, de controlador y el otro representa el papel de discípulo, de subordinado. Pero pronto la persona psicológicamente sana se percata de que no puede vivir de continuo alimentando el ego de un compañero de viaje con el que sólo es posible convivir dándole la razón siempre y en todas las circunstancias.

Si los dos miembros de la pareja son adictos a tener razón, ninguno de los dos escucha ni se entera del punto de vista del otro. La ofuscación es total y mutua, y la relación se deteriora en poco tiempo. En las discusiones de pareja he observado que casi siempre se reproduce el mismo patrón de comportamiento: la mujer quiere dejar muy claro lo que siente, cómo le afectan las cosas y sigue la razón que asiste a sus sentimientos; el hombre suele centrarse más en los hechos y en su lógica, en los argumentos, deja a un lado los sentimientos o no les concede la debida importancia.

Ni que decir tiene que en situaciones como éstas es imprescindible la ayuda de un buen terapeuta de pareja que les enseñe a ver el punto de vista del otro y a razonar desde posiciones y campos distintos, los sentimientos por un lado y los hechos por otro. Tan aceptables son las razones de los sentimientos como las de la lógica de los hechos, cada uno tiene su parte de verdad.

El adicto a tener razón se librará de su adicción si:

- Aprende a escuchar y a ser empático.
- Pone fin a las discusiones eligiendo la paz y admitiendo al menos en parte algo del punto de vista del otro.
- Deja de esforzarse por cambiar al otro y empieza a cambiar él mismo.
- Es capaz de distanciarse del tema objeto de discusión y se observa a sí mismo como sujeto obcecado que reacciona de manera desproporcionada.
- Cae en la cuenta de que nadie está en posesión de la verdad total o absoluta, a lo sumo posee una parte de verdad o mejor su verdad, la manera en que ve y vive una determinada situación.

AMOR INSACIABLE, PERSONA INSOPORTABLE

El primero y más fundamental derecho es el derecho al amor.

PHIL BOSMANS

Necesidad imperiosa y desmedida de amar y ser amado

Como afirmo en mi libro *La fuerza del amor* (Temas de Hoy, Madrid, 1999), el amor es la fuerza que más unifica los procesos de la personalidad. De la misma manera que buscamos la verdad no sólo con la cabeza, sino con todo nuestro ser, como decía san Agustín, también podemos decir que amamos con todo nuestro ser, ya que el amor moviliza nuestros recursos psicofísicos en beneficio de la persona amada y también en el nuestro propio. La fuerza del amor es tan evidente que, hasta para convalidar la verdad necesitamos de él y sin amor es imposible alcanzarla, como reconocía Platón al afirmar «el amor es filósofo».

Nadie puede poner en duda la necesidad del amor, como la necesidad del alimento, del aire que respiramos, de la luz, del agua y del sol que nos alumbra. El amor es un sentimiento espontáneo, natural y necesario que no puede imponerse a la fuerza ni por la fuerza puede decretarse su aparición. El componente emotivo del amor, como el de los demás sentimientos, hace que éste surja y desaparezca espontáneamente. Tan incoherente es quien prohíbe amar como quien exige por la fuerza ser amado, ya que todo amor es hijo de la espontaneidad y de la libertad interior.

Cuando amamos lo hacemos con todo nuestro ser; ama nuestra mente, nuestra inteligencia, nuestra voluntad; aman todas nuestras potencias y ama nuestro cuerpo con todos sus sentidos. Disponer desde el primer día de nuestra vida de un fuerte y seguro lazo afectivo, que los expertos llaman apego y que no es otra cosa que el amor y la seguridad que nos proporciona nuestra madre, determina y condiciona nuestro futuro.

La seguridad y confianza en nosotros mismos, el sentirnos valiosos y capaces de afrontar dificultades y con un buen nivel de autoestima guardan relación directa con la vinculación del niño con sus padres, con el amor incondicional que recibe en los primeros años y que le proporcionará esa gran seguridad que lo hará caminar hacia una pronta y segura maduración psicoafectiva.

La serena razón huye de todo extremismo y anhela
la prudencia moderada.

MOLIÈRE

Si el amor es tan importante, ¿por qué se convierte en un problema tener la necesidad imperiosa de amar y ser amado? Porque todas las cosas en demasía, hasta el amor, se convierten en un problema. *¿Cómo se comporta la persona con una necesidad imperiosa de amar y de ser amada?* De forma completamente primaria, inmadura y egoísta, porque sólo piensa en sí misma. Ama de forma posesiva, exigente y hasta impertinente, como si exigiese el amor por decreto y a la fuerza. No entiende que el otro pueda no tener esos mismos sentimientos o con menor intensidad y exigencias. Las razones son siempre: «Es que yo te amo con locura y sólo vivo para ti», y con este argumento ya cree que el otro tiene la obligación ineludible de amarle con la misma intensidad, como si amar fuera un acto que dependiera de la voluntad.

Necesitar a cada momento pruebas de amor y preguntar constantemente al otro «¿me amas?» demuestra que hay un vacío en el alma, un deseo no satisfecho de ser amado y de ahí la insistencia en demandar amor y también en darlo a raudales con la confianza y la esperanza de ser correspondido.

Por mi consulta profesional han pasado bastantes personas con una imperiosa necesidad de amar y ser amadas y su principal problema, y mío como terapeuta, era que llegaran a entender que su ritmo acelerado y sin freno de demostrar y exigir amor no podía sincronizarse con el ritmo normal y a muchas menos revoluciones con que rodaban los sentimientos amorosos de su pareja. El motivo de la consulta, solicitada casi siempre por la persona con una necesidad desmedida de amar, era manifestar que su esposo/a no la quería.

En algunos casos y tras varias sesiones de terapia he obtenido buenos resultados, cuando el insaciable en amor ha reconocido que su forma de amar funcionaba a muchas más revoluciones y con más intensidad que la de su amado/a. Ello no significaba falta de amor, sino formas distintas de amar: una con mayor equilibrio y madurez, de forma menos ansiosa y posesiva, y otra más inmadura y desequilibrada, generadora de ansiedad y creando posiblemente graves problemas en la relación amorosa.

¿Qué hacer para superar la necesidad imperiosa de amar y de ser amado?

Además de solicitar ayuda profesional y visitar a un buen psicólogo es fundamental averiguar cómo se produjo el vacío del sentimiento de ser amado. Las carencias afectivas pudieron aparecer en la infancia, en la adolescencia o en las primeras relaciones, fruto de algún desamor. Como siempre, es importante valorar los niveles de autoestima, seguridad en sí mismo, sentimientos de competencia y de valía personal. En la medida en que la persona con necesidad excesiva de amor se ame a sí misma, se acepte, valore y se considere importante y suficiente notará una mayor tranquilidad y equilibrio y percibirá que esa necesidad no es tan imperiosa, impertinente y exigente con la persona amada. No se puede amar de forma madura si uno no se ama a sí mismo o está vacío de amor. Para amar a otro es necesario amarse uno mismo y a la vida, y con un mínimo de alegría, esperanza y ganas de vivir.

El que está hambriento de amor nunca podrá ser saciado por un amor que provenga de fuera, precisa unos niveles suficientes de autoamor, de valoración y de reconocimiento de sus valores y cualidades para que el amor que le venga de fuera, por parte de la persona amada, pueda dar sus frutos. El amor suficiente a uno mismo mezclado con el suficiente amor del otro produce como resultado el cóctel de un amor maduro y con esperanzas de futuro.

IRACUNDO CASCARRABIAS

Maximum remedium irae mora est (El mejor remedio para la ira es la dilación).

SÉNECA

Necesidad imperiosa y desmedida de descargar la ira, de mostrarse furioso e indignado de manera injustificada

Quien nunca se ha indignado no es humano. La ira, la indignación es una emoción justificada y normal en muchísimas ocasiones. Sentimos una indignación comprensible cuando nos enteramos de que una mujer ha denunciado varias veces que es maltratada y finalmente muere víctima de malos tratos a manos de su pareja. Sentimos una ira lógica cuando un miserable caradura explota a inmigrantes y les paga cuatro perras y experimentamos una indignación fundada ante terribles situaciones en que los seres humanos son privados de su libertad, masacrados, envilecidos y escarnecidos; al igual que existe una profunda indignación ante la injusticia, la televisión basura y tantas otras cosas.

Es decir que está justificado el enfado cuando cualquier persona buena y en su sano juicio se enfadaría; pero no sólo está justificado el enfado en tales circunstancias sino que es digno de alabanza y de reconocimiento, porque gracias a esa santa y noble ira necesaria de tanta buena gente el mundo ha mejorado en infinidad de cosas.

Dejemos claro, por tanto, que hay determinadas reacciones de ira que han permitido que el mundo, las personas y las cosas vayan a mejor. En el ámbito laboral, de la política, de la convivencia humana, de los derechos humanos, la ira nos llevó a reaccionar ante algo que considerábamos injusto, inhumano o innoble y gracias a ella se hizo algo por mejorar esas cosas.

¿Cuándo la ira y la indignación se convierten en un problema?

Cuando se utiliza la indignación como tapadera de nuestros descuidos, fallos, injusticias y acciones innobles. Entonces la furia se desata con toda su virulencia para acallar la propia conciencia, negar la evidencia, atemorizar o confundir al contrario; todo menos enfrentarse a la verdad y a las propias emociones incontroladas.

La indignación ya no tiene como propósito responder o reaccionar ante una injusticia, una traición, sino que se monta en cólera para obtener cualquier objetivo y alimentar el propio ego a expensas del bien de los demás. Las personas con una necesidad imperiosa de descargar la ira se exasperan y llegan a un alto grado de indignación sin tener verdaderos motivos, por nada. Han observado que con su furia desmedida les sube la adrenalina, alimentan su ego, se imponen más fácilmente a los demás y casi siempre logran lo que desean; de ahí que hagan de la furia una necesidad.

Del contratiempo al arrebato de ira en breves instantes. Cualquier persona normal pasa de manera gradual desde el simple contratiempo, contrariedad o fastidio a unos niveles de mayor irritabilidad, y no siempre se llega a la indignación y a la explosión de ira porque ha habido tiempo para la reflexión y para enfriar la mente y razonar. De no ser así, el proceso normal desde una simple contrariedad hasta el arrebato de ira es como sigue:

a) Algo nos molesta, nos fastidia, se interpone en nuestro camino y nos contraría.
b) Según nuestra capacidad de reflexión, autocontrol y aguante, según el momento y la situación personal en que nos encontramos y las características de la situación o de la persona que nos fasti-

dia, la contrariedad se convierte en frustración más o menos soportable. Si el grado de frustración y de malestar interno nos produce desazón y juzgamos que es injusto e intolerable lo que nos está sucediendo, pasamos al nivel c.

c) Irritabilidad, verbalizaciones violentas y subidas de tono que casi siempre nos conducen al nivel d.
d) El arrebato de ira, con o sin violencia verbal y física.

Diríamos que éste es el proceso que va *in crescendo* desde el simple contratiempo a la explosión iracunda; pero ¿qué les sucede a las personalidades explosivas sin control sobre sus emociones? Que pasan en breves instantes del simple contratiempo al arrebato de ira, se disparan como si en su interior existiera un interruptor que se activara por sí mismo. Seguramente el lector recordará a alguien cercano que ante una simple contrariedad y en un instante se ha convertido en un energúmeno, en una fiera incontrolada, lleno de furia y de rabia y sin control sobre sus palabras y actos.

Piensa cuánto más dolorosas son las consecuencias
que las acciones que la han originado.

MARCO AURELIO

El remedio está en aprender a ser empáticos, a calmarse, a respetar a los demás y ver si la ira está justificada o por el contrario se utiliza para obtener lo que deseamos, acallar nuestra conciencia y alimentar nuestro ego a expensas de los demás. Aprender a controlar en alguna medida nuestras emociones, ser conscientes de nuestros arrebatos de ira y por qué y desde cuándo nos dominan puede ayudar al ser humano violento a lograr unas mínimas cotas de calma y de sosiego.

No podemos olvidar que la agresividad está presente en todas las especies del planeta, que la utilizan como medio de protección y de supervivencia, pero la especie humana es más destructiva que cualquier otra especie. Hemos avanzado en todos los campos de la ciencia, pero apenas hemos dado un paso en el arte de saber calmarnos, serenarnos y tener control sobre nosotros mismos.

Gracias a nuestro neocórtex (cerebro nuevo) estamos aprendiendo a ser empáticos, a que los problemas y las necesidades de los demás no nos dejen impasibles y nos vamos humanizando, aunque muy lentamente. Todavía está demasiado presente en nuestras vidas y reacciones el paleocórtex (cerebro antiguo), el que nos hermana con el tiburón y la piraña, que jamás pueden calmarse y cuya herramienta para sobrevivir y lograr alimentos es su implacable furia.

El iracundo, un niño que tiene mucho miedo

Quiero decir que tras la ira desmedida, injustificada y descontrolada siempre se encuentra un niño (ser inmaduro e irreflexivo) frustrado y temeroso que para liberarse de su propio miedo, darse ánimos a sí mismo y asustar al contrario, utiliza la indignación, la furia y la violencia destructiva.

Da igual que se trate de unos niñatos irresponsables de dieciséis o dieciocho años que todo lo ensucian y destrozan («para dar trabajo a los barrenderos», decía un mentecato de diecisiete años, al ser entrevistado en televisión) o que sea un adulto de cincuenta o sesenta años que explota y se enfurece por una nimiedad, con el rostro desencajado y fuera de sí, lanzando toda clase de amenazas e improperios. Su falta de consistencia interna, sus miedos y neuras les lleva a comportarse como niños de tres o cuatro años, caprichosos y temerosos, que rabian, patalean y montan un circo porque les han quitado un juguete o no se les compra un chupachups.

¿Cómo se siente el iracundo compulsivo?

Es consciente de su anomalía, de su trastorno y sabe que no es una persona normal. Es bueno hacerle ver que conocemos su defecto, su anomalía y descontrol, así como su inmadurez e infantilismo, pero esto les pondrá fuera de sí porque sabemos su secreto.

El iracundo vengativo utiliza su ira como calmante de su propia rabia y odio contra sí mismo. Por eso algo sin importancia se convierte en motivo suficiente para pasar en unos instantes de cero a cien en agresividad y furia. Es un ser débil, inseguro y acobardado, y su ira es un grito desesperado pidiendo fuerzas y ayuda. Se sabe que no pocos iracundos fueron niños maltratados que padecían la ira y la violencia de sus progenitores.

En su mente retorcida subyace la idea de que quien es mejor o más fuerte que alguien tiene derecho a tratarle mal o si soy capaz de maltratarte es porque soy mejor que tú. Ser maltratado en la infancia ha podido producir un deterioro psicológico tan grande que utilizan la furia y la ira como una prueba de su fuerza y de su superioridad sobre los demás.

La espiral de la violencia verbal psíquica y física en la pareja

El violento compulsivo hará todo lo posible para tener motivos (aunque no los necesite) que justifiquen su furia, su violencia y agresividad contra su pareja. Para tener motivos y poder atacarle tiene que considerarle un ser malvado y por eso busca defectos, fallos y miserias, y si no existen los inventa. Su actitud será de alerta continua, permaneciendo a la caza de cualquier fallo, descuido o error, por imperceptible que sea, para echárselo en cara al instante e iniciar su ataque implacable de acoso y derribo.

¿Vives con una persona a la que no se le escapa ninguno de tus fallos, lapsus y pequeños errores y que, además, durante años no te ha reconocido ningún mérito o valor ni te ha alabado privada o públicamente?

Si respondes afirmativamente ten por seguro que tienes a tu lado a un ser iracundo compulsivo; cumple a rajatabla los consejos que te doy a continuación sobre cómo convivir con alguien que monta en cólera por lo más mínimo. No esperes reconocimiento alguno de tu parte ni alabanzas ni buen trato: no puede, o mejor, no sabe dártelo, porque es como si estuviese programado para enfurecerse, para criticar y no para controlarse y admitir las cualidades o méritos de quien tiene a su lado.

No olvides que tu pareja necesita imperiosamente reaccionar de manera furiosa y violenta para darse seguridad y afirmar su ego. En consecuencia no debe extrañarte de que esté tan atenta a llevar bien en cuenta todos tus fallos y defectos para convertirte en diana de todos sus ataques y dardos envenenados. ¿Verdad que desde que convives con una persona como la descrita sientes como si pretendiera convertirte en un ser malvado?

Para soportar la convivencia con un iracundo compulsivo

Lo más aconsejable, desde cualquier punto de vista que se mire, es poner tierra de por medio si se estás convencido de que eres la diana de todas las iras de un furibundo compulsivo, pero si por los motivos que fueran tienes que soportar a un ser iracundo compulsivo te sugiero que tomes las siguientes medidas:

1. Fija tú mismo un tiempo para ser objeto de sus iras, pero no permitas que se tome la libertad de atacarte cuando le venga en gana. Dile sin temor: «No voy a estar disponible para que lances tus dardos de rabia y de ira con menosprecio e insultos contra mí en cualquier momento y lugar, porque me iré de tu lado, desapareceré, si así lo haces. Propongo fijar media hora por día para que te dediques a echarme en cara lo que te plazca». (Pongamos por ejemplo de 8 a 8.30 de la tarde.) Obrando así dispondrás del resto del día para estar tranquilo/a. Debes ser tajante e implacable en no consentirle que pueda descargar su ira cuando le plazca.
2. No pierdas tu tiempo en contradecirle, darle razones o defenderte de sus ataques, porque malgastas tus energías, alientas y atizas su ira y deseos de ataque, acoso y derribo. Como bien dice el gran filósofo Julián Marías: «Es inútil tratar de contentar a quien no se va a contentar». Tú sencillamente escucha impertérrito sus ofen-

sas, menosprecios y ataques, como la roca del acantilado soporta incólume los trallazos de las olas encrespadas de un mar embravecido.

3. Recuerda que tú eres el fuerte, y quien grita, se enfurece y pierde el control es débil. No adoptes jamás la actitud de debilidad, de temor, de fragilidad, pero tampoco de prepotencia. El secreto de tu fuerza es que tú sabes que estás ante un iracundo compulsivo, alguien controlado por sus propios miedos y temores, que pretende darse seguridad poniéndote nervioso y provocando tu ira hasta amargarte la vida. Tú conoces los mecanismos de su conducta patológica. ¿Vas a ser tan estúpido como para seguir siendo de por vida el blanco de sus iras?
4. Prométete no ser por más tiempo la presa de sus garras, el objeto de sus ataques y dile con firmeza que se busque otra diana sobre la que seguir lanzando sus dardos envenenados.
5. Deja que el iracundo y violento pague las consecuencias de sus malas formas, de su impulsividad, de su falta de respeto. Someterse al iracundo, dejarse pisar es tanto como reafirmarle en que debe seguir machacando al prójimo. Todo aquel que se va de rositas tras una mala acción volverá a repetirla, pero con más saña y virulencia y crecido en su interior.
6. Recurre al *stop*, al tiempo muerto y corta en seco al iracundo, déjale con la palabra en la boca, con la furia rabiosa en su corazón y dile: «Sólo volveré a hablar contigo si estás calmado y me tratas con respeto», y cumple siempre con esta afirmación. Recuérdale que ya se fijó un tiempo para que lance sus iras contra ti. (Apartado 1.)

Dejo para tu reflexión estas palabras del viejo filósofo Aristóteles: «Cualquiera puede enfadarse, eso es fácil. Pero enfadarse con la persona adecuada, en la medida correcta, en el momento oportuno, con el propósito adecuado y la manera conveniente, eso no está al alcance de cualquiera ni resulta fácil».

EL RIGOR DE LAS DESDICHAS

> La razón de que la preocupación mate a más gente que el trabajo es que hay más gente que se preocupa que gente que trabaja.
>
> ROBERT FROST

Necesidad imperiosa de preocuparse, de ver por todas partes dificultades y problemas sin posible solución; pesimismo, fatalismo y miedos que inmovilizan hasta crear crisis de pánico por nimiedades

¿No has estado nunca junto a una de esas personas quejumbrosas y dolientes que parece que están imantadas para atraer sobre sí todos los males, temores y desgracias? No conseguirás que salga de su boca ni una sola palabra positiva. Siempre se ponen en lo peor, buscan la desgracia, como la rata, los despojos de comida.

Pierdes el tiempo, si pretendes darle tranquilidad, porque su papel en este mundo es crear preocupación y visión fatalista por donde pisa. Contagia la preocupación y la defiende porque cree que nunca nos preocupamos lo suficiente. Constantemente trae al presente las desgracias y males de su pasado, no disfruta su malogrado presente y vive en un futuro imaginario lleno de desgracias y pesares. Por cierto, si tú no le haces caso, no le sigues la corriente y no te tomas muy en serio sus preocupaciones, le caerá mal y tú te convertirás en una persona odiosa a sus ojos.

Ocuparse en lugar de preocuparse. Preocuparnos por algo que podemos cambiar a mejor, por cosas que nos atañen es absolutamente normal. Me estoy refiriendo a la preocupación positiva que consiste en tratar de poner los medios para remediar algo, si existe alguna posibilidad, y de no ser así, no hacer un drama y aceptar lo irremediable, procurando que no nos salpiquen sus efectos negativos. Las personas equilibradas y saludables saben preocuparse de manera positiva y no fantasean sobre posibles males que no son ni serán seguramente jamás una realidad.

¿Cómo es la preocupación negativa?

Debo advertir al lector que venimos por naturaleza más equipados para preocuparnos y alterarnos que para calmarnos. Sentimos más veces miedo y desconfianza que tranquilidad y esperanza. Ya he explicado que estamos programados para el ataque (defendernos) y para la huida (escapar del peligro). Por eso es necesario conseguir controlar nuestros miedos y saber discernir cuándo nos advierten de un peligro real o cuándo son producto de nuestra imaginación y de la propensión a defendernos de todo, temiéndolo todo.

El proceso que sigue la preocupación obsesiva es el siguiente: simple inquietud o desasosiego, éste va en aumento y la inquietud se convierte en temor que se traduce en instantes en un terror paralizante, en crisis de pánico. Pero este proceso no siempre sigue este curso. Hay muchas personas que padecen de *desasosiego crónico,* es un estado de permanente cabreo fatalista, que no llega a la crisis de ansiedad ni a la depresión, pero la alienta porque siempre se ponen en lo peor y da la impresión de que buscan y desean que se cumplan sus negativos pronósticos: estrés anticipatorio.

La tristeza es un don del cielo; el pesimismo es una enfermedad del espíritu.

GUMERSINDO DE AZCÁRATE

El terror paralizante o crisis de pánico surge de improviso y puede pasarse del simple miedo al ataque de pánico en segundos y precisaría tratamiento psiquiátrico y psicológico. Quien padece de terror paralizante no suele estar en permanente cabreo y malhumor, pero sí puede ser clínicamente un depresivo.

Observación importante

Si observas que sientes desasosiego e inquietud y estás preocupado sin un verdadero motivo, es bastante probable que tengas alguna de estas carencias: alimentos, compañía, descanso, alegría. En consecuencia, lo que tú necesitas es alimentarte mejor, descansar lo suficiente, disfrutar de una compañía agradable y alegrarte la vida. *¡Date algún homenaje!* Estas medicinas te curarán el desasosiego.

Quien padece de la necesidad imperiosa de preocuparse y es el rigor de las desdichas se preocupa siempre y en cualquier otra situación, porque la misma preocupación le hace sentirse vivo, en contacto con la realidad. Preocuparse es una forma de respuesta (¿solución?) cuando nos sentimos inseguros, indecisos, en contradicción con nosotros mismos, temerosos.

Preocuparse en la justa medida

La inquietud y el miedo forman parte de los mecanismos de supervivencia humanos. Una dosis razonable de preocupación nos protege de peligros reales o imaginarios y nos impulsa a tomar decisiones. El miedo y la inquietud nos dan además pistas para descubrir vacíos más profundos.

La simple inquietud por algo puede ser la señal de aviso y el impulso para pasar a la acción; es decir que la preocupación controlada es positiva y de gran ayuda. Sin embargo la inquietud obsesiva, permanente y el pánico nos paralizan, nos bloquean y nos impiden pasar a la acción. El valor contra la preocupación es la mejor arma para hacer aquello que se teme, pasar a la acción, a pesar del miedo.

¿Qué hacer para controlar la propia preocupación?

El secreto está en preocuparse de aquella parte de la situación o problema que podamos controlar. Es mejor que obtengas éxito en ese primer control de parte de los problemas para darte confianza y seguridad. No te apuntes a ser héroe, sé más humilde y sencillito, y si una situación te desborda no trates de controlarla. Nada más eficaz y reconfortante ante la inquietud, la preocupación y el miedo que enfrentarse de forma directa contra lo que nos preocupa o atemoriza. ¡Haz aquello que temes! Es la frase mágica. He aquí la forma de actuar:

1. Céntrate en el presente en el aquí y ahora.
2. Date una orden imperiosa de calma y control.
3. Visualízate triunfante y victorioso.
4. Mira de frente aquello que temes con decisión y coraje.
5. ¡Lánzate a la acción; hazlo sin más miramientos!
6. Acompaña la acción de mensajes positivos y de éxito, dando por hecho que lo estás logrando.
7. Saborea tu éxito, has vencido lo que tanto temías; ahora eres más fuerte.
8. Prométete hacer siempre lo que temes, en el futuro.

EL ACUSADOR CRÓNICO Y RESENTIDO. CÚBRETE TÚ LA ESPALDA CON MI DOLOR...

La conciencia culpable hace cobardes a los hombres.

JOSEPH WAMBURGH

Necesidad imperiosa de culpar a los demás, buscar un chivo expiatorio, alguien que le quite responsabilidades, alimentar resentimiento, venganza

¿Le es familiar la frase «yo no he sido, yo no tengo la culpa»?

Cuando somos niños y se nos acusa de algo que no hemos hecho, nos defendemos diciendo que nosotros no somos culpables, pero, al sentirnos acosados en algún momento y para evitar ser castigados, cargamos la culpa sobre uno de nuestros hermanos, culpamos a un inocente y así evitamos ser castigados. En el momento en el que encontramos un chivo expiatorio en nuestra vida, nos hacemos un gravísimo daño a nosotros mismos, porque descubrimos una manera innoble e injusta de cargar las culpas sobre los demás.

Los padres y educadores deben estar bien atentos para evitar que los niños aprendan a delatar a los demás y librarse de sus culpas. Hay que alabar la valentía y honradez de quien reconoce y admite que es el causante de cualquier mala acción. El niño debe aprender que su acción puede ser detestable, pero que seguirá siendo honorable y bueno si se arrepiente del mal causado y lo reconoce con humildad y propósito de enmienda.

Desgraciadamente no suele ser frecuente que unos padres bien capacitados como educadores enseñen a sus hijos a aceptar sus fallos y errores y a no cargar jamás las culpas sobre los demás. Lo habitual es que desde bien pequeñitos aprendamos a mentir descaradamente y a cubrirnos las espaldas cargando nuestras culpas sobre otros. Pasan los años y ese niño adolescente convierte en hábito la innoble acción de justificar sus actos culpando a otros. Si las cosas no van por buen camino, las culpas son del prójimo, si van bien, ellos son los meritorios. Con esta fórmula siempre queda a salvo la «autoestima»; se van de rositas.

Decía al principio que el niño inculpado justa o injustamente aprende a delatar a otros para evitar ser castigado y después va creciendo y ya no le importa hacer daño a personas inocentes. Si no se advierte este problema y se educa de manera correcta al niño y al adolescente para que se sienta bien consigo mismo, reconociendo sus fallos y errores, ese niño llegará a adulto con este esquema de conducta convertido en un acusador crónico. Debo decir que el acusador crónico reúne en sí mismo algunas necesidades imperiosas ya tratadas: ser importante, tener razón y descargar la ira.

Los celos y la envidia están siempre detrás de todo acusador resentido que constantemente alberga el temor de ser suplantado de su posición o del lugar de afecto y de privilegio que ocupa. Como envidioso recalcitrante que es no consigue estar contento con nada y su tristeza al no poseer las cualidades, méritos o suerte de otros, le instala en el resentimiento. Si no consigue el reconocimiento y la valoración necesaria de los demás o no logra lo que tanto envidia en otros, se desquita, se consuela culpando de sus fracasos y tropiezos a quienes tiene más cerca. La espiral de venganza y la búsqueda de culpables no cesa porque el acusador compulsivo no sacia su sed con las acusaciones en serie realizadas a diestro y siniestro.

Tipos de acusadores

No es fácil catalogar a los acusadores compulsivos, pero yo he conocido a varios por sus técnicas acusatorias. *Los más primarios,* con toda desfachatez, acusan de forma directa a los demás cargándoles el peso de la culpa de forma brutal, sin recurrir en ningún momento al humor o a la finura acusatoria.

Los listillos recurren a la frase «y tú más». Como hicieron en un programa de televisión el alcalde y ex alcalde de Marbella lanzándose toda clase de acusaciones sobre supuestas conductas mafiosas mientras desempeñaban su cargo. El listillo trata de deshacerse de la acusación, de descargarse de ella acusando al otro de ser más ladrón y mafioso de lo que él fue en su tiempo. Este sistema de desviar la atención sobre uno mismo y la mala acción culpando al otro de cometer acciones mucho más graves es algo cotidiano, como reconocerá el atento lector.

El tipo más fino de acusador compulsivo, el *pilatos* no se ensucia sus manos acusando de forma directa a nadie, se limita a destacar y resaltar lo que es criticable y deja la tarea de acoso y derribo de la crítica a otros que son los que juzgan y condenan.

El más destructivo de todos los acusadores compulsivos es el *condensador reactivo* con memoria selectiva para almacenar todos aquellos defectos, fallos, debilidades y miserias, de los que ya le ha culpado en otras ocasiones, pero que cuando surge el menor contratiempo en las relaciones se los lanza todos a la cara en tromba, en cascada. A usted le cogerá de sorpresa, completamente desprevenido, porque estas tormentas de verano, en tan sólo unos instantes descargan todos sus rayos y ensordecen con sus truenos de ira y de rabia porque sus autores están llenos de resentimiento, no aguantan más su carga emponzoñadora y tienen que descargar como sea.

Retrato robot del acusador compulsivo

Salvo excepciones, si volvemos a los años de infancia de cualquier acusador compulsivo comprobaremos que creció en un lugar donde prevalecían los métodos dictatoriales, acusatorios y punitivos. Los padres se culpaban mutuamente o uno de ellos cargaba las culpas sobre el otro y lo mismo ocurría con los hijos. El objetivo educativo no era otro que encontrar al culpable y hacerle pagar, pero nadie tenía la feliz idea de tratar de buscar soluciones y alternativas a los problemas y a las conductas negativas. El acusador compulsivo, que aprendió en vivo y en directo a acusar para librarse de culpas, pero no a encontrar soluciones haciendo bien lo que se había hecho mal, recurrirá al mismo sistema inculpatorio en su vida adulta para quitarse de encima momentáneamente el problema y evitar que su autoestima se deteriore. La culpa es del otro y yo quedo a salvo.

Pero esta mentira, esta incongruencia va minando su interior, le hace sentirse muy mal, un ser despreciable que no tiene la valentía de asumir su responsabilidad y es tan vil que el odio que acumula contra sí mismo se emponzoña y se convierte en odio a los demás y en esta espiral de resentimiento, de mentira y de rabia, el acusador compulsivo se queda sin salida, sin razones. Por eso, a la desesperada y de manera compulsiva y fuera de sí busca por todas partes un burro de carga sobre el que depositar sus culpas al tiempo que se alaba a sí mismo, se atribuye méritos y cualidades que no tiene y vive en un estado de engaño permanente que le incapacita para encontrar la salida a su situación deplorable. Nunca está satisfecho con lo que tiene. Necesita dosis más altas de alabanza. Sus necesidades son más importantes que las de nadie. Miente y desfigura la realidad en su beneficio. Sus propósitos siempre justifican los medios.

¿Dónde está la solución? ¿Puede curarse un acusador compulsivo?

Con mucha humildad, un deseo sincero de abandonar una vida llena de mentiras y dejándose ayudar por un psicólogo experto en estos temas. No es fácil porque la comodidad de cargar siempre sobre los demás nuestras culpas no se sustituye tan rápidamente por el amor a la verdad, por la humildad de reconocer que se ha vivido durante años una espiral de mentiras y por la dura realidad de hacernos cargo de nosotros mismos y de nuestros actos, algo que nunca hemos hecho, pero en esta línea iría el trabajo de recuperación de un acusador compulsivo.

Ya es un verdadero infierno si uno de los dos cónyuges siempre culpa al otro (también a los hijos) de todo. El que inculpa lo hace desde el resentimiento, la mentira y la cobardía, y crea en todos los miembros de esa familia un resentimiento cada vez mayor y por mimetismo responden inculpando al inculpador o convirtiéndose en víctimas, que es otra necesidad imperiosa que trataremos después. El hogar es un verdadero infierno y los hijos que crecen en ese hogar caracterizado por un ambiente de crítica constante y en donde todos se culpan y nadie se responsabiliza, en su vida adulta serán un fiel reflejo de sus padres.

Estos niños no aprenden a encontrar soluciones porque nadie se lo ha enseñado y cuando se les dice en el colegio o en otro sitio: «Hay un problema al que tenemos que dar solución», su respuesta automática es siempre afirmar que «Ellos no han sido, no tienen culpa de nada». Ocurre algo distinto con niños y adolescentes educados en hogares en los que se les ha enseñado cuál es su deber y su responsabilidad y lo que se espera de ellos y cómo dar soluciones a los problemas. Si a estos niños les hacemos la misma pregunta no dudarán en ponerse a nuestra disposición diciendo: «¿Te ayudo? ¿Qué quieres que haga?».

Cuando tú eres el chivo expiatorio, el burro de carga de las acusaciones. ¿Qué puedes hacer?

1. Ponte en el lugar de tu acusador, reflexiona sobre su pasado, cómo fue culpado y aprendió a culpar y el callejón sin salida en que se encuentra ahora. Es un pobre ser, atrapado en un mecanismo de defensa que le hace sentirse mal consigo mismo.
2. Ponte a cubierto de sus ataques, dile claramente que tú no eres su chivo expiatorio y que deje ya esa conducta de eterno adolescente cargando sus propias culpas sobre los demás. Dile que le desafías a que te recuerde alguna vez en que se culpó a sí mismo de algo. No podrá hacerlo porque siempre está echando balones fuera.

Dile que le hablas con esta sinceridad porque le aprecias y sabes que ese camino no le lleva a ninguna parte.

3. Da ejemplo vivo de cómo tú sí eres responsable de tus actos y cargas con tus culpas merecidas, pero no con las de los demás.
4. Busca algo bueno en quien te inculpa y enséñale a buscar algo meritorio en los demás. Que perciba la satisfacción de ver que otro se siente bien porque le reconoce cualidades y méritos.
5. Enséñale al acusador lo que se siente cuando se cambia de chip y deja uno de cargar las culpas sobre los demás y se hace responsable de su vida y de sus actos. Probablemente tú también has sido acusador de otros y puedes hablarle de tu propia experiencia; esto le ayudará especialmente.

DE PROFESIÓN PAVO REAL

> Lo infinitamente pequeño tiene un orgullo infinitamente grande.
>
> VOLTAIRE

La necesidad imperiosa de sentirse superior a los demás del orgulloso arrogante y egoísta

El amor a uno mismo es necesario hasta el punto de que el precepto evangélico: «Ama a tu prójimo como a ti mismo» deja bien claro que es sano, loable y muy saludable sentir amor por lo que somos y tenemos, y no podemos amar a los demás, no podemos crecer y madurar como personas sin ese imprescindible y sano amor a nosotros mismos. El problema está cuando lo que debería ser un amor en creciente madurez, con mayor empatía, preocupándonos cada vez más por nuestros semejantes, se convierte en egoísmo y egocentrismo. Todo lo queremos por y para nosotros y acabamos comportándonos como si todo el mundo girase en nuestro derredor.

La necesidad imperiosa de sentirse superior a los demás del orgulloso arrogante y egoísta nada tiene que ver con el verdadero amor a nosotros mismos del precepto evangélico. El orgulloso vive febrilmente buscando su propio beneficio y procurando que los demás estén a su servicio y le veneren. La persona con sano amor a sí misma y alta autoestima se siente feliz valorando a los demás y procurando que las necesidades de sus semejantes se cubran como si fueran sus propias necesidades.

Algo bien distinto hace el orgulloso, tan entusiasmado y egoísta que sólo ve en sus semejantes la oportunidad de manejarles a su antojo para que satisfagan sus necesidades y ambiciones. Somos seres únicos, irrepetibles, auténticas maravillas, verdaderas piezas únicas. Esto lo he repetido en infinidad de ocasiones y es la pura verdad. Cuando abordemos el primer principio universal de la potencialidad pura dejaré claro que no hay separación entre esa energía infinita de la naturaleza y la persona. Somos esa potencialidad sin límites, ésa es nuestra esencia. El problema del orgulloso arrogante que necesita sentirse superior a los demás es que no acepta que los otros sean también seres únicos, verdaderas maravillas.

Precisamente el valor de nuestra individualidad es que cada persona puede aportar lo que tiene de distinto, lo que le hace singular a la comunidad de todos los seres humanos. El sano amor a sí mismos es común a quienes gozan de alta estima y se sienten valiosos y capaces como sus compañeros de viaje en este mundo en el que nadie es más que nadie, porque ni la cuna ni el dinero ni la inteligencia ni la raza aumentan un ápice nuestra valía. Es el ser persona, representante de la raza humana, el ser hombre y ciudadano del mundo nuestro título más valioso.

¿Qué le sucede al orgulloso y por qué va por la vida como un globo hinchado pretendiendo ser más que los demás?

Pues que curiosa y paradójicamente no se quiere a sí mismo, no confía en sus capacidades, está dominado por la envidia, los celos y el resentimiento de ser poco competente. Por eso se compara constantemente con los demás y como no profundiza en nada y sólo valora lo externo, piensa que ser más es tener más dinero, más fama, mayor prestigio, más cosas.

Su poder se basa en el miedo a no ser suficiente, a perder el control, a no recibir la aprobación de los demás. Por eso se hincha, se engrandece y miente sobre sí mismo con todo el descaro, porque tiene que compensar su baja estima, el poco aprecio que tiene de sí mismo; sí, he dicho bien, el poco aprecio, por más que fanfarronee y se jacte de ser esto o aquello. Precisamente lo que denuncia la baja estima es la jactancia y la arrogancia de pavo hinchado, tratando de compensar el profundo sentimiento de escasa valía personal que marca su vida.

Si algún contratiempo, desgracia, enfermedad o una sabia lección de la vida no lo remedia, el pavo hinchado no cesará de agrandar su desmesurado yo, y su chulería y fanfarronería no conocerán límites. Su vida es una descarada y patética promoción de sí mismo con la única pretensión de impactar, de deslumbrar a sus semejantes, y su desarrollo madurativo desde el punto de vista psicológico y humano se estanca; todo se limita a lo material, a buscar el culto al ego por todos los medios imaginables, convirtiendo su existencia en una sarta de mentiras que le asfixian y delatan.

Ocupado como está el orgulloso arrogante en elevarse a sí mismo a los altares y construirse monumentos por donde va, se enroca, no evoluciona y no aprende a valorar a los demás, a reconocerles sus méritos, a compartir cosas y a interesarse por sus problemas, su vida y su felicidad, que sería lo normal en cualquier persona que va mejorando y madurando día a día.

Maduramos psicológicamente cuando aprendemos a caminar desde el egoísmo del yo a la empatía y la responsabilidad, interesándonos por el tú y el nosotros. Maduramos en la medida en que dejamos de mirarnos y extasiarnos con nosotros mismos y somos sensibles a las necesidades y problemas de nuestros semejantes, pero de eso el orgulloso hinchado no tiene ni idea. Cuando nos vamos haciendo cargo de nosotros mismos, somos responsables de nuestros actos, dejamos el egoísmo y nos abrazamos a la sensibilidad, a la generosidad del dar, del perdonar y del compartir, procurando que nuestro paso por la vida deje una huella de bondad y de buenas acciones.

Cómo comportarse ante un orgulloso que se pavonea constantemente

Cada cual tendrá su propio sistema y no hay fórmulas mágicas, pero yo ofrezco la mía al lector por si le sirve de ayuda cuando se encuentre ante un orgulloso arrogante. Dejo las cosas claras diciendo o dejando caer afirmaciones como éstas: «Quien no es o se siente poca cosa, para compensar su complejo necesita aparentar y pavonearse». «La vida en lo personal y en lo profesional me ha enseñado que hay una manera segura de saber que te encuentras ante alguien verdaderamente grande: siempre es humilde, cercano y no se da la menor importancia.» «Siento verdadera compasión ante las personas orgullosas y arrogantes que se creen superiores a los demás porque, paradójicamente, cuanto más se alaban, engrandecen y envanecen, más patéticas resultan; porque no engañan a nadie; sólo se engañan a sí mismas atribuyéndose méritos, cualidades y aptitudes que no tienen.»

Una de estas frases o alguna otra semejante deja claro al engreído que está ante una persona que conoce su debilidad, su miseria humana y que su afán por demostrar que es alguien exhibiendo tantas apariencias no es otra cosa que un grito desesperado por alimentar su escasa y lamentable autoestima como sea, incluso mintiendo sobre sí mismo.

En ningún momento, lógicamente, le doy a entender que me estoy refiriendo a él, pero «*inteligenti pauca*» (al inteligente con poco que le digas, te entiende).

A renglón seguido te informo de cómo actúan las personas verdaderamente seguras de sí mismas y nada orgullosas:

- Son sencillos, cercanos y coloquiales, y por importantes que sean siempre le hacen sentirse valiosos e importantes a los demás.
- Están atentos a reconocer los esfuerzos, méritos y logros de sus semejantes y son efusivos en sus palabras y expresiones.
- Tratan a todos por igual, sea cual fuere su nivel socioeconómico y cultural.
- Muestran actitud de servicio a los demás y derrochan generosidad y simpatía.

Hay que dejar claro, cuando nos encontremos ante un engreído, vanidoso y con deseos de grandeza y de deslumbrarnos, que toda persona verdaderamente equilibrada, madura y digna de admiración reúne en un solo abanico o ramillete las siguientes cualidades:

- Sencillez, modestia, cercanía, no se da importancia.
- Empatía, sabe ponerse en el lugar del prójimo.
- Celebra los méritos, éxitos y cualidades de sus semejantes como si fueran propios y se preocupa de ayudarles, cuando lo necesitan.
- Deja por donde va una huella profunda de amor a sus semejantes y de ser feliz haciendo el bien.
- Su plenitud interior es fortaleza y alegría y verdadera consistencia psicoafectiva; por eso no concede importancia a lo material, a lo exterior y vive una profunda vida interior.

Retrato robot del orgulloso fanfarrón

- De manera directa o indirecta todo lo que diga, haga y maquine irá orientado a demostrarnos su grandeza.
- Ante los fallos y reveses, ante la tozuda realidad jamás reconocerá su culpa y se convertirá en la víctima que lamenta su mala suerte, pero no tardará en vengarse de quien le impidió deslumbrar y ocupar un primer plano.
- Su herido egoísmo hará que su yo empequeñecido se vea frustrado y lleno de rabia y envidia. Mostrará una calma y un control aparente, pero es un engaño, su egoísmo sólo le lleva a pensar en sí mismo y en ser, tener y aparentar más que nadie.
- Se mostrará como un ser humano y con todos sus defectos, pero con un orgullo tan sutil y una enrevesada humildad tal que dará la impresión de ser superior hasta en ser más humilde. Sus defectos no parecen defectos para él. Su mentira, su falta de palabra, su egoísmo es perdonable, pero sin embargo sabe ser implacable con los menores defectos de los demás.
- Nadie mejor que el orgulloso hinchado para venderse a sí mismo y demostrar al mundo su generosidad, sus bondades, sus sacrificios… y usted seguramente le creerá.

VICTIMISMO

> El sabio no se sienta para lamentarse, sino que se pone alegremente a su tarea para reparar el daño.
>
> William Shakespeare

Necesidad imperiosa de sentirse víctima y buscar compasión para ser centro de atención y obtener beneficios. Desempeñar a las mil maravillas el papel de víctima propiciatoria

Diferencias entre las verdaderas víctimas inocentes y quienes necesitan imperiosa y patológicamente sentirse víctimas

Las auténticas víctimas inocentes se sienten verdaderamente ultrajadas y vejadas por un maltratador concreto, con nombres y apellidos, y jamás buscan sentirse centro de atención por ser maltratadas; muy al contrario sienten vergüenza y miedo por la situación que sufren y desean con todas sus fuerzas librarse de esa lacra.

Quien maltrata física o psíquicamente a otra persona merece todo nuestro desprecio y todo cuanto hagamos por que nuestra sociedad se libre de esta mancha será poco.

Suele darse un perfil del maltratado y del maltratador que puede aproximarse más o menos a la idea general de cómo es la persona capaz de infligir daño a un semejante, pero también es verdad que hay personas que por sus especiales características se convierten más fácilmente en víctimas de malos tratos.

Quiero dejar claro desde el principio que en ningún caso me refiero a las víctimas que son auténticas y sufren de verdad, sino a tantas personas que jamás han sufrido malos tratos y van de mártires por la vida, sacando provecho del papel que tan magistralmente representan.

Quienes practican el victimismo son estupendos actores que con su actitud siempre doliente, sufridora y de ser maltratada por la vida consiguen estos objetivos:

- Ser centro de atención de tanta buena gente que le compadece.
- Caer bien, suscitar compasión y beneficios de todo tipo: afectivos, económicos, de simpatía.
- Tocar poder, sentirse protegido de los fuertes y misericordiosos, de las personas bondadosas que se sentirán mal al verle sufrir.
- Convertir en víctimas a los demás: a unos (débiles) víctimas desgraciadas porque el victimista necesita hacer sufrir; a otros (fuertes) porque les controla con sus lamentos, penurias y pesares y no logran quitárselos de encima y se pegan como lapas.
- De tanto representar su papel llega a creerse mártir, un verdadero santo, un ser con méritos especiales y gran dignidad. Para ellos sufrir es lo más meritorio. Esgrimen sus penas como heridas de guerra...
- Controlar a los demás, sobre todo al cónyuge, con el propio sufrimiento: «Yo soy tu víctima y tú eres el malvado, debes sentirte un ser despreciable».

La tragedia deleita porque trae una sombra de placer que existe en el dolor.

MARY SHELLEY

¿Quienes practican el victimismo nunca han sido maltratados?

No es demasiado fácil distinguir a la verdadera víctima y a quien padece de victimismo. El victimista se comporta como un actor, saca provecho a su papel de víctima como acabamos de describir y, en consecuencia, una persona que ha sido víctima de malos tratos puede convertirse después en victimista, utilizar su desgraciada experiencia para hacer que los demás se sientan mal y sacar provecho a su autocompasión y supuesto sufrimiento. En cualquier caso el auténtico victimista necesita sentirse un mártir y, en cierta medida, experimenta un regusto especial cuando es menospreciado o castigado porque eso es lo que, según su mente enferma, le da dignidad y una categoría superior. Se siente por encima de los demás mortales al ser enorme su sufrimiento y las vejaciones que padece.

Ni que decir tiene que estamos ante un grado supremo de orgullo muy sutil, pero vestido de sufrimiento y humildad y esto, entiéndanlo bien, nada tiene que ver con la santidad. «Somos elegidos del Señor, los más amados por Él y por eso nos manda tanto sufrimiento.» Así piensan algunos directores espirituales que carecen de la higiene mental suficiente para dirigir a nadie; son enfermos. Por ese camino de engrandecimiento del sufrimiento y de la solemne barbaridad de afirmar que Dios desea el sufrimiento y lo envía a sus elegidos, no es difícil pensar que hacer sufrir a un semejante es cumplir un deseo divino y en consecuencia lo llevan a la práctica. El victimista en su locura busca sentirse víctima y maltratado para justificar el sufrimiento que él pueda causar a otros y poder culpar a sí a sus agresores.

La regla de oro para distinguir a una buena persona que por desgracia ha recibido malos tratos y a un victimista es la siguiente: El victimista siempre busca sacar provecho de su victimismo, no perdona de corazón y es vengativo. El maltratado honesto no saca ventaja del maltrato, está dispuesto a perdonar y busca la paz sin notoriedad.

Los que más se lamentan son los que menos sufren.

TÁCITO

El peligro de convertirse en víctima de un victimista

Es estupendo, loable y honorable ayudar a los demás y todos tenemos la obligación moral de estar codo con codo al lado de una persona maltratada en todos los sentidos, pero mi consejo profesional es que, de inmediato, se ponga el caso en manos de la justicia y de los profesionales competentes para juzgar si se trata de una verdadera víctima o de un victimista. El victimista jamás quiere ayuda profesional ni poner su caso en manos de la justicia, y usted comete un grave error si pretende ir en solitario y de salvador por la vida de una persona que dice haber sido estafada, violada o maltratada.

Si tú has caído en las garras de un victimista has de saber que estás ante alguien con un pasado lleno de traumas físicos y psíquicos, con relaciones extrañas, muchas mentiras y falsedades, historias que nada tienen que ver con la realidad, amores y amoríos y relaciones tormentosas. Si tú eres su confidente, su salvador y su todo, pronto te darás cuenta de que has cargado sobre ti un peso insoportable. Por eso le aconsejo que no lo haga en solitario y, aunque esté cerca del posible victimista, deje este asunto en manos de profesionales y de la justicia. El victimista seguramente no es consciente de la realidad en que se debate ahora, que es similar a la realidad de muchos años atrás. Siempre ha buscado dar pena, suscitar compasión y que todos reconozcan que es una persona perseguida por la mala suerte; en el amor, en los negocios, en todo.

¿Cómo comportarse con un victimista?

En lugar de compadecer al victimista hay que ayudarle a salir de su estado. Pregúntale de forma directa: «¿Qué beneficio te reporta sufrir?». En caso de que no acierte a dar una respuesta, ayúdale a pensar en las cosas que obtiene, como compasión, ayuda, etc. Déjale claro que hay momentos críticos en los que nadie se libra de sufrir, pero sí es posible no sentirse un desdichado y condenado a soportarlo todo. Circunstancial y puntualmente sufrimos, pero podemos aliviar y controlar el sufrimiento y la primera pregunta es: *¿Qué parte de responsabilidad tengo en mi sufrimiento?* Algo habrá que puedas hacer tú para mejorar, para no ser siempre el rigor de las desdichas. ¿No te das cuenta de que eso va contra toda lógica?

Si eres víctima de malos tratos puedes decidir no engañarte ni dejarte engañar y denunciar tu situación. Sé sincero contigo mismo y haz lo que debes hacer en lugar de instalarte en el lamento y la queja constante y en el regusto de sentirte una víctima que merece compasión.

EL INDOLENTE NO ESTÁ... NO SABE, NO CONTESTA...

Son capaces, porque creen que son capaces.

VIRGILIO

Necesidad imperiosa de que otros se responsabilicen, tomen el mando, decidan; de sentirse apoyados en todo, porque se sienten incapaces

Siempre he dicho que si bien es verdad que Cervantes describe en el *Quijote* dos tipos de personas representativas del carácter universal, los idealistas y los materialistas, que son aquellos que se aferran a la realidad cotidiana y los que viven en su mundo ideal creado a su gusto, no es menos verdad que hay otros dos tipos de individuos bien diferenciados: *los activos*, que trabajan, se responsabilizan y logran objetivos, y *los pasivos*, irresponsables, que no están para nada, no saben ni contestan y nunca se puede contar con ellos, cuasi parásitos, porque siempre tienen una excusa para no salir de su pereza, su inactividad, su irresponsabilidad. Son individuos dependientes, adosados a alguien que se haga cargo, se responsabilice de ellos y les dé seguridad.

Es muy loable ayudar a los demás, sentir compasión y estar disponible para quien nos necesite, el problema es que hay determinado número de personas que han descubierto lo fácil que es aprovecharse de la bondad, generosidad, compasión y nobleza de los seres humanos, adoptando permanentemente el papel de ineptos, de desvalidos, de poco capaces y vivir bajo el amparo y al rebufo de los fuertes, responsables, emprendedores y generosos.

Las comparaciones son odiosas y paralizantes

Hemos oído decir en infinidad de ocasiones que las comparaciones son odiosas, y lo son porque es estúpido pretender ser más que los demás. Lo inteligente y sano es ser plenamente nosotros mismos y potenciar lo que somos. Quien no se compara con los demás y únicamente se ocupa en mejorar lo que es en la medida de sus posibilidades, difícilmente tendrá problemas de baja estima.

El proceso suele ser así: todos tenemos un yo idealizado de nosotros mismos, la persona maravillosa y cuasi perfecta que nos encantaría ser. A renglón seguido comparamos la imagen real, que puede no serlo, de cómo nos vemos en verdad. Si de esa comparación salimos muy mal parados, nos desmotivamos en mayor o menor medida según el nivel de autoestima, autoconfianza y sentimiento de competencia que tengamos.

Después de compararnos con el yo idealizado, nos comparamos con los demás. Si llegamos a la conclusión de que no tenemos nada que hacer para acercarnos al yo idealizado y que tampoco nos acercamos ni de lejos a las cualidades y virtudes de los demás, nos quedamos en un estado de *indefensión aprendida*, de renuncia a llevar a cabo el menor intento de cambiar y mejorar en la medida de lo posible. En el fondo subyace una soberbia y un orgullo muy sutiles que nos paraliza: «Si no puedo ser esto o lo otro o como esta o aquella persona nada merece la pena». De ahí al parasitismo, al resentimiento social o a la depresión no hay ni un paso. El mismo victimismo que tratamos en el capítulo anterior es una reacción al sentimiento de incapacidad, de no ser lo suficiente. «No puedo, no valgo, no sirvo, esto es mucho para mí» son expresiones muy familiares para el cuasi parásito que renuncia a hacerse cargo de su vida y se convierte en carga para los demás.

Como siempre, se trata de ponerse del lado de la humildad, seguramente la virtud de las virtudes, o mejor la virtud que debe ser ingrediente obligado en todas las demás virtudes. El humilde sabe que no se es más por tener mas inteligencia, más amigos, más fama, más dinero o más salud y que lo único importante es ser lo que ya eres, pero serlo plenamente; porque cada persona es una joya única, con infinitos matices.

Por eso el humilde jamás se compara porque sabe que siempre hay alguien que te supera en algo y eso no significa que esa persona sea superior. El humilde valora lo que es y lo que tiene, se acepta y considera suficiente y dedica toda su capacidad y tiempo a ser plenamente y lo mejor posible lo que ya es por sí mismo y lo demás le trae sin cuidado.

El hombre humilde es un inteligente observador de sí mismo que con serenidad analiza su propia conducta, sus pensamientos, sus sentimientos, sus dudas, sus miedos, pero sabe muy bien que él no es lo que piensa ni lo que siente ni lo que hace, sino que es una persona que tiene ideas y pensamientos de todo tipo, que tiene sentimientos y conductas varias. Si construimos la idea de nuestro yo ideal sobre algo que no es real, no debemos extrañarnos de las consecuencias de no ser nunca realmente nosotros mismos. Estamos por encima de nuestros temores, de nuestros defectos, de lo que sentimos; no somos el sentimiento de dolor, que es algo pasajero y circunstancial en nuestra vida; somos la entidad, el ser, la persona total que observa sus propias reacciones. El humilde observador de sus propias reacciones, de sus sentires, pesares y decires se siente como un ser centrado en su propia esencia y sabe que ninguna circunstancia o accidente puede cambiar su total valía y potencialidad.

Sin embargo quien no se siente suficiente por sí mismo y con plena entidad buscará desesperadamente que le adopten, que le quieran, que le apoyen, que le solucionen sus problemas y se responsabilicen de su vida. En realidad no tendrá ni vida propia ni ideas ni moral propias ni se tendrá a sí mismo. Todo lo condicionará a que los demás lo acepten, lo avalen, lo quieran y le presten la entidad que no tiene, que no ha sabido darse a sí mismo. Evidentemente este cuasiparasitismo es poco honroso, pero muy cómodo, porque permanece en la pasividad, en la renuncia a hacer el menor esfuerzo. La autodisciplina, la tenacidad o marcarse objetivos no van con él. El «no valgo», «no sé», «no puedo» y «es difícil» le garantizan que alguien cogerá el timón de su vida y le guiará.

> El hombre vale tanto cuanto él se estima.
>
> RABELAIS

El sentimiento de incapacidad y la niñez

Desde temprana edad un niño puede tomar el camino equivocado de la irresponsabilidad, de la pasividad, de que otros le solucionen sus pequeños problemas. Esto puede suceder porque unos padres miedosos y superprotectores impiden que el niño desarrolle su innato deseo de aprender y de hacer cosas por sí mismo, ya sea inculcándole temor o yendo por delante, haciéndole todo al pequeño para que no se hiera, para ahorrar tiempo o con otra disculpa.

El niño que crece sin sentirse cuanto antes dueño de sus actos, sin responsabilizarse con las tareas adecuadas a su edad, se convertirá en un ser dependiente, inactivo, temeroso, sin habilidades sociales y esclavo del qué dirán. En sus labios estarán siempre las socorridas frases: «No puedo, no me sale, yo no sé, hazlo tú, papá». Excusas para seguir en la comodidad de ser pasivo, de dejar que los demás se ocupen de él.

El sentimiento de incapacidad al servicio del orgulloso fanfarrón

En el matrimonio, en la empresa, en las relaciones humanas, en la vida podemos observar cómo el pusilánime e inseguro que se siente incapaz y necesita alguien en quien apoyarse y que le guíe se encuentra casi siempre al servicio y bajo las órdenes de un orgulloso fanfarrón, a quien sirve y ante quien se humilla. ¡Cuántos resentidos fanfarrones aprovechan la inseguridad y la ineptitud de estos pobres seres para reafirmarse a sí mismos y sentirse superiores e importantes! El incauto y desvalido acomplejado, con pocas energías para la acción y para mandarse a sí mismo, soporta los ataques, humillaciones y vejaciones del orgulloso desalmado, quien curiosamente también es un inseguro.

Buscando soluciones

La solución está en la acción, en hacer de una vez por todas lo que tanto se teme; dejarnos de excusas, ver qué es lo que nos ha paralizado desde nuestros años de la infancia y profundizar en los temores aprendidos. Esos temores no son nosotros, no pertenecen a nuestra esencia, podemos desprendernos de ellos y adquirir gradualmente una mayor seguridad en nosotros mismos, pero desde la convicción de que podemos, de que somos capaces y demostrarlo en el día a día.

CARROÑERO DEL ALMA, CORROÍDO POR LA ENVIDIA

Sólo se tiran piedras al árbol cargado de frutos.

PROVERBIO ÁRABE

Necesidad imperiosa de encontrar defectos, de criticarlo todo y a todos, casi siempre alimentada de envidia (defecto-vicio nacional)

Las personas que van a la caza de los defectos de los demás, que disfrutan ahozando en el lodazal ajeno, en las miserias y debilidades humanas del prójimo, como sucede en los programas del corazón en la actualidad, paradójicamente no soportan la más leve de las críticas sobre sí mismas...

El hipercrítico es un carroñero del alma, porque su mordacidad, su ironía y su forma de herir es mortal, va directo a donde más duele, adonde más puede ofender y destruir. Se cree con derecho a emitir juicios sobre todo y sobre todos, sin apenas pruebas. De meras suposiciones saca conclusiones palmarias y de ahí a juzgar y condenar en un solo acto, no hay nada. Existe algo que define al carroñero del alma, al buscador de defectos, debilidades y miserias humanas y es que jamás pretende ni remotamente encontrar soluciones a los problemas y defectos, únicamente le seduce, le encanta refocilarse con su hallazgo, con la noticia.

¿Te dice esto algo? Siéntate durante unas horas ante el televisor y mira los mismos periodistas a distintas horas recreándose en lo que hace y no hace con su sexualidad, con su vida, con su cuerpo, fulanita, menganita y zutanito. Vuelve a poner dentro de un año un solo día la televisión y te encontrarás a esas mismas personas comentando las mismas intimidades y miserias de los mismos personajillos.

Los carroñeros del alma, de la intimidad humana, hacen su agosto desde hace años, pero observarás que si hablan de malos tratos, de violación o de falsos testimonios, al presentador de turno no se le ocurre ofrecer una ayuda, alternativa o solución a la cuestión o problema que se denuncia o mejor airea y paladea... sólo interesa atizar el morbo por el morbo.

Los carroñeros que hociquean y babosean en las vidas de los demás abundan, y lo que buscan es alegrarse, darse la fiesta a costa de la crítica destructiva, de la mofa y del destrozo que se hace en la vida de un semejante. Estos tipos vomitivos están por todas partes y no es tan difícil detectar su presencia, no hablan jamás bien de nadie y tratarán de congratularse contigo, invitándote e incitándote a que le secundes en su tarea de crítica demoledora.

Claro que el primer criticado sin piedad serás tú mismo en cuanto le des la espalda. Su objetivo es destruir, demoler, derribar, herir, hacer daño y es incapaz de crear, de construir algo, de detectar algo bueno en su semejante, salvo que sea para ganarse su amistad y de forma falsa e hipócrita para darle donde más le duela en la primera ocasión. El hipercrítico puede tener un pasado negativo, de frustración pesimista. Debería criticarse a sí mismo y como no soporta sus defectos, reacciona criticando a los demás de forma desenfrenada.

¿En qué se diferencia el acusador crónico del buscador de los defectos y debilidades humanas?

Puede decirse que son tal para cual, que son siameses. Uno hace de policía, busca culpables y el otro hace de juez, juzga y condena. Seguramente la necesidad imperiosa de buscar y encontrar defectos, debilidades y miserias en los demás es anterior a las restantes necesidades imperiosas y destructivas del prójimo. Así, tanto quien busca ser importante como el que siempre necesita tener razón o quien necesita descargar su ira sobre los demás o cargar las culpas sobre alguien empezará por buscar defectos, debilidades y miserias criticables y condenables.

La buena y loable crítica

La crítica en el sentido de detectar un defecto o problema en nuestros semejantes con el ánimo de ayudarles a que los corrijan o superen es posible y tiene tres aspectos fundamentales:

1. No se hace desde el odio, la envidia o los deseos de venganza, sino desde el amor, la bondad y el deseo de ayudar, tratando al criticado tal y como uno mismo desearía ser tratado.
2. Quien hace la crítica lo hace con mucho tacto, delicadeza e inteligencia. Por eso de ningún modo se pone a sí mismo como ejemplo de persona perfecta, muy al contrario, antes de ver la paja en el ojo ajeno, es sincero y admite que él también tiene una viga en su propio ojo. Es decir se critica a sí mismo antes de criticar.
3. Busca soluciones, ofrece alternativas, recuerda a la persona criticada todo lo que tiene de positivo y valioso, le demuestra fe plena en que logrará superar sus limitaciones y no la critica ni la destruye, sólo juzga conductas y comportamientos.

La necesidad imperiosa de encontrar defectos y la vida familiar

Puede imaginarse el lector casado con alguien para quien el cónyuge y los hijos jamás hacen algo medianamente bien y que va de forma despiadada a la caza de todos los fallos, defectos, descuidos, lapsus… miserias de alguien con quien vive las veinticuatro horas. ¡Es insoportable! ¿Qué pasa con los hijos? Si papá o mamá o los dos son pluscuamperfectos y tú sólo eres un mierdecilla que no da una, que siempre te equivocas, que eres atacado y ridiculizado, tu autoestima y sentimiento de competencia no levantarán cabeza.

¿Qué hacer ante un carroñero del alma que sólo busca tus defectos?

a) No estar jamás disponible para este tipo de personas y huir de ellos como de la peste. Solamente escucharás una crítica, venga de donde venga, que cumpla los tres requisitos que acabo de apuntar al referirme a la buena crítica.
b) Ten bien presente que quien no respeta tu dignidad, carece de ella y no merece tu respeto, retírale tu amistad y confianza y déjale con sus críticas.
c) La mala crítica sólo la ejercen ratas de alcantarilla que necesitan ocultar sus miserias mostrando tus defectos y presentándote como un indeseable para aparecer ellos como seres estupendos.
d) La prueba más evidente de que te están haciendo una crítica destructiva, que no debes consentir, la tendrás al ver que van a por ti, a destruirte y anularte; no critican tus acciones, tu rendimiento, tu conducta, te critican a ti. Además el carroñero del alma es incapaz de encontrar lo bueno y noble que sin duda tienes como cualquier mortal.

El lujo de ser mejores que los demás hay que pagarlo: la sociedad exige un tributo que ha de pagarse en tiras de pellejo.

JACINTO BENAVENTE

No hay montaña sin niebla ni horizonte sin nubes ni año sin catástrofes, y tampoco existe un ser humano con valía y con méritos que no tenga que pagar el precio de ser criticado y calumniado. ¿Cuál es el motivo, la verdadera causa? Que no es fácil soportar el éxito, el mérito del prójimo y que la envidia nos acompaña a todos de por vida. Es verdad que a unos más que a otros.

¿Cuál debe ser tu actitud como aprendiz de sabio? Recordar siempre que, como decía Napoleón, «la envidia es una declaración de inferioridad» y en consecuencia quien te critica y no para de buscar defectos y miserias en tu vida es un pobre desgraciado, muy acomplejado, que, consciente de su insignificancia, dedica su tiempo a encontrar la forma de hacerte daño, cuando en el fondo no hace sino levantarte un monumento con su envidia y su tristeza al reconocer tus méritos y cualidades.

Hay una forma de ser invulnerables a las críticas de los envidiosos y carroñeros que, como la avispa, recorren la piel buscando alguna herida, defecto, en que picar y herir. ¿En qué consiste? En hacerles ver que sus críticas, sus ofensas, su dedicación plena a hacernos daño no son sino una prueba palmaria de la importancia que nos conceden.

Tenemos que ser para ellos muy valiosos e importantes y tienen que envidiarnos mucho si dedican su tiempo y su vida a buscar nuestra desgracia en lugar de emplearse de lleno a vivir su propia vida y a ser felices. ¿No son dignos de compasión estos pobres desgraciados que cometen la incomprensible estupidez de perder el tiempo en perjudicar al prójimo?

NADIE MÁS MENESTEROSO QUE EL AVARICIOSO...

No podemos tenerlo todo. ¿Dónde lo guardaríamos?

TE VEN WRIGHT

Necesidad imperiosa de tener cosas, de atesorar riquezas y propiedades y que los demás se enteren

La obsesión por tener más de lo necesario, de lo que nos permitiría vivir sin dificultades, casi siempre va aparejada con el no ser ni sentirse suficiente, con un gran vacío interior que precisa ser llenado con cosas, propiedades y riquezas materiales. Esta necesidad de tener y acumular cosas pretende compensar carencias que difícilmente pueden suplirse con la fama y la riqueza, pero el hombre sin contenido y sin vida interior prácticamente sólo vive de cara a la galería y no sacia jamás sus deseos de tener porque necesita la envidia de los demás para experimentar esa satisfacción enfermiza de sentirse superior por lo que tiene y atesora, ya que no puede impresionar a nadie por lo que es, por sus propios méritos y valores.

¿Puede haber mayor estupidez y carencia de sensatez y de sentido común que atesorar riquezas para intentar engañarse a sí mismo y tratar de engañar a los demás, buscando su reconocimiento, admiración y envidia, porque se atesora una inmensa riqueza, un impresionante patrimonio? Paradójicamente cuanto mayor es el afán por atesorar cosas, por enriquecerse y por impresionar a los demás por lo que se tiene, más pobre y menesterosa es la persona en valores humanos, en méritos y en auténtica valía personal, y más lejos está de encontrar el camino que lleva a la plenitud interior y a la riqueza del espíritu.

¿Cómo puede llegar a dominarse esa necesidad imperiosa de tener cosas y de atesorar riquezas y retornar a la sensatez y a la sabiduría?

Lo primero y fundamental es ser consciente de que se camina por un sendero equivocado, y que poseer más y utilizar las riquezas y las apariencias para suplir el ser es una locura, un despropósito y una insensatez.

El segundo paso ha de encaminarse a buscar en los caladeros de la verdadera riqueza; la del intelecto, la del sentimiento y la del espíritu. Aquello de «no es más rico el que más tiene, sino el que menos necesita» sería el principio fundamental. Si nos creamos constantemente necesidades y nada nos satisface, siempre seremos menesterosos por muchas riquezas que atesoremos. Ese deseo crónico de tener cada día más y más y más, te dejará cada vez más vacío y con menos consistencia interior hasta aniquilarte. Si de verdad quieres ser rico en algo más que en cosas y propiedades no te afanes tanto en aumentar tus bienes materiales, sino en disminuir tu codicia y contribuir con lo que tienes a que otras personas desheredadas cubran sus necesidades materiales y de todo tipo.

¿Piensas que la riqueza sólo se mide por lo que se tiene y acumula? Pues estás en un grave error, porque el que es verdaderamente rico lo es más por lo que disfruta que por lo que posee. Muchas personas disfrutan de infinidad de cosas que no poseen en exclusiva, pero saben hacerlas suyas con su mirada y su corazón. La belleza y riqueza de la naturaleza es paladeada no pocas veces por personas humildes que la contemplan y la hacen suya, mientras que casi siempre pasa desapercibida para los que sólo viven para atesorar y no tienen tiempo para contemplar y disfrutar lo que tienen.

Quien llega a familiarizarse con la escasez no será nunca rico en bienes y propiedades, pero es muy probable que tenga más tranquilidad y paz de espíritu que el codicioso, el avaro y el que sólo vive para atesorar y amasar mucho dinero. Todo es cuestión de prioridades y cada persona establece las suyas y condiciona su presente y su futuro.

Nadie pone en duda que es noble y muy loable crear riqueza, y la ambición, que tiene muy mala prensa, no siempre es reprochable. Existe una ambición sana, una pasión loable y un deseo de conseguir objetivos, uno de los cuales puede ser enriquecerse de forma digna. El problema está cuando se dispara el noble deseo de progresar, se pierde el sentido de la medida y la persona convierte en fin lo que sólo debería ser un medio.

En mi libro *Atrévete a triunfar*, publicado en esta editorial, ya me refería a la noble y loable ambición que practica el principio «gano-ganas», que defiende que siempre hay que procurar que el beneficio propio debe romper las barreras del egoísmo y revertir en bien de los demás. Parafraseando al Barón de Holbach, si la ambición es laudable cuando la acompaña el deseo y la capacidad de hacer felices a los demás, las riquezas nos dignificarán como personas, cuando nos ayuden a ser más generosos y a entender dos cosas: que si nos obsesionan y esclavizan, nos convertirán en miserables y necios y que no hay mayor riqueza y más segura que estar satisfechos con lo que ya poseemos y disfrutarlo. Desearlo todo e inquietarse porque no podemos lograrlo es prueba segura de necedad.

El aprendiz de sabio vive para disfrutar de lo que es y de lo que tiene, no envidia ni se obsesiona por atesorar bienes materiales y dedica su vida a mejorar en lo posible en todos los ámbitos; también en lo material, pero teniendo muy claro que su fin en esta vida es atesorar muchos momentos de felicidad y que la felicidad está en no necesitarla, como decía Séneca. Quien más necesita y más se lamenta se aparta del verdadero gozo de ser suficiente y de sentirse dichoso y en paz consigo y con los demás, tenga mucho o poco. Sin duda, nadie es más menesteroso que el avaricioso, porque, como bien dice Publio Sirio, al pobre le faltan muchas cosas, pero al avaro le faltan todas.

PERFECCIONISTA COMPULSIVO

> Quien con perspicacia declara su limitación se halla muy cerca de la perfección.
>
> JOHANN WOLFGANG VON GOETHE

Que todo sea y esté perfecto, ordenado, maravilloso, porque necesito imperiosamente tener éxito en todo lo que me proponga

Todas las imperiosas necesidades que atenazan al ser humano y que venimos analizando desde el principio son traumatizantes, desestabilizadoras y paralizantes, pero esta última se lleva la palma, porque es generadora directa de altos niveles de ansiedad y de estrés, de minusvaloración personal y bajo concepto de sí mismo, pero también de hostilidad, de frustración, de desprecio a los demás, de celos y de graves conflictos en las relaciones personales.

Observe el lector que la necesidad imperiosa de tener éxito y su equivalente, el pánico al fracaso, pueden desencadenar dos reacciones o efectos contrarios:

a) La actividad desasosegante, estresante y desmedida.
b) La abulia, la pasividad, el desaliento y el negativismo total.

En definitiva, se peca por exceso o por defecto. En el primer caso el miedo enfermizo al fracaso unido a la imperiosa necesidad de tener éxito cristalizan en la idea obsesiva de triunfar a costa de lo que sea y, como consecuencia, la persona perfeccionista, en una primera reacción, se impone un ritmo frenético de trabajo, que nunca es suficiente ni produce los resultados deseados. El perfeccionista sediento de éxito no tiene vacaciones, le quita horas al sueño, apenas tiene descanso y termina por agotarse y estresarse física y psíquicamente.

> Los espíritus desenfrenados aspiran inútilmente a lograr la máxima perfección.
>
> Johann Wolfgang von Goethe

Es típico del perfeccionista que busca ansiosamente el éxito el estar siempre insatisfecho por su rendimiento, ya que nada le parece suficiente y se compara de manera desfavorable con los demás. Esa permanente insatisfacción es otra fuente de estrés, que le conduce también al agotamiento.

En el polo opuesto está el perfeccionista por defecto, quien, al constatar que es imposible ser el mejor y que todos los intentos por llegar a satisfacer esa necesidad imperiosa de éxito han sido en vano, se instala en el derrotismo, en la inacción y el pasotismo. De ahí a la depresión, la baja estima y el sentimiento de incompetencia hay un paso. Quien vive tenso y atenazado por el miedo al fracaso, ya que para él todo debe ser perfecto y maravilloso y sólo tranquiliza y estabiliza el éxito, rehúye de manera constante tomar parte en actividades que le obliguen a competir, porque su rendimiento podría ser comparado de manera desfavorable con el rendimiento de los demás. El temor a ser rechazado, a no lograr el máximo de aceptación le lleva a la represión e inactividad y de ahí a cerrarse en sí mismo, al aislamiento, a la soledad, al autodiálogo negativo y a la depresión.

Entre las personas con hiperactividad y desasosiego y las abúlicas y pasivas, que también son víctimas del perfeccionismo y de la necesidad imperiosa de tener éxito, se encuentran las personas eficaces que experimentan un gran placer en el trabajo que realizan, pero no hacen del éxito la medida de su valía personal. Tienen claro que «la felicidad es también el camino», y que son necesarios muchos fallos y fracasos que nos enseñan y ayudan a despejar de obstáculos la senda que conduce hacia el logro de los objetivos.

La diferencia está en que las personas equilibradas y maduras, que han iniciado el camino de la sabiduría, ya se sienten suficientemente dichosas y valiosas por el hecho de disfrutar de muchos momentos gozosos con más o menos éxito, pero no hacen de este último la razón de su existencia ni pretenden el imposible de proponerse lograr siempre tener éxito en todo.

El aprendiz de sabio es tenaz, pero con inteligencia, no con estúpida tozudez, y sabe muy bien cuándo llega el momento de cambiar la acción, de dejar un asunto, zanjarlo y liquidarlo, porque no lleva a ninguna parte seguir insistiendo por más tiempo. Somos seres humanos limitados, con defectos, inconstantes y volubles. Es bueno apuntar alto y confiar en nosotros mismos, pero sin olvidar que somos quebradizos y vulnerables.

Hacer lo que se puede, aprender a vivir gozosamente con lo que somos y tenemos y limitar al máximo las necesidades imperiosas y castrantes, como la de ser perfecto y maravilloso y tener éxito en todo, seguramente es la máxima perfección a la que podemos aspirar los seres humanos. Ya somos felices o, mejor dicho, ya tenemos todo lo necesario para ser razonablemente dichosos y vivir de forma gozosa, el problema está en que no somos conscientes de ello y para mayor desgracia nos empeñamos en buscar la felicidad en caladeros donde no se encuentra y... así nos va.

SEGUNDA PARTE

Principios o leyes universales que deben orientar y sustentar la vida del aprendiz de sabio

La unidad en la variedad y la variedad en la unidad es la ley suprema del universo.

Isaac Newton

Si ya vienes ocupándote cada mes en profundizar y reflexionar sobre alguna de las doce necesidades imperiosas, insatisfechas y ocultas que te mueven a adoptar actitudes compensatorias o extremas (primera parte del libro), sin dejar esta actividad, te sugiero que dediques treinta o cuarenta minutos por semana a dialogar contigo mismo sobre cada uno de los siete principios o leyes universales de sabiduría milenaria que deben sustentar y orientar tu existencia gozosa, fecunda y de armonía interior y exterior.

PRINCIPIO DE LA UNIDAD Y DE LA POTENCIALIDAD PURA

Todo hombre es discípulo de alguna palabra profunda.

VICTOR HUGO

Bajo la infinita diversidad de la vida, de todo cuanto existe, subyace la unidad de un espíritu, de una energía que todo lo inunda, penetra y envuelve. Además, no hay distancia ni separación entre esa energía universal y nuestra naturaleza esencial que es pura potencialidad. El ADN es una evidencia de ese principio o ley de la unidad, ya que el mismo ADN existe en todas las células, aunque se materialice de diferentes formas que confieren la singularidad de cada célula en concreto.

Todo lo que existe es producto de esa mente (inteligencia, energía) universal que todo lo llena y activa, desde el átomo al cosmos. Todos somos esa potencialidad pura, y en el conocimiento consciente de esa esencia nuestra y como parte que somos de esa unidad y energía sin límites está latente en nosotros la capacidad de realizar cualquier sueño, porque somos la posibilidad eterna.

Si todos formamos parte de esa unidad, de esa energía omnipresente que todo lo inunda, de esa potencialidad pura, en la medida en que seamos conscientes y conozcamos nuestra propia naturaleza esencial, de forma más dinámica, vigorosa y activa se manifestará esa potencialidad en el yo de cada individuo humano. Pero el yo verdadero, la esencia, lo que alienta la propia existencia, el verdadero punto de referencia interno es la propia dimensión espiritual de cada persona, no las cosas ni los objetos de nuestra experiencia.

Cada vez que tomamos como referencia lo externo, las cosas, las personas, sus juicios, sus aprobaciones o sus condenas y críticas, nos sentimos dominados por las necesidades imperiosas sobre las que acabamos de reflexionar. Nuestros pensamientos, sentimientos y acciones esperan (necesitan) una reacción y percibiremos que nos domina el miedo a esa reacción. ¿Por qué sucede esto? Porque todas esas necesidades imperiosas que acabamos de analizar demandan poder externo y se basan en el miedo, en la necesidad de controlarlo todo, de obtener beneplácito de nuestros semejantes y lo que piensen o digan los demás condiciona y malogra nuestra existencia.

Nuestro *ego*, nuestra máscara social, no es nadie sin la necesidad desmedida de poder externo, que tampoco le confiere entidad y seguridad; porque sigue condicionado por necesidades imperiosas, por el miedo o lo que puedan pensar o decir los demás.

El yo auténtico, por el contrario, basa su fuerza, su consistencia y su poder en el conocimiento de sí mismo como parte integrante de la potencialidad pura, de su propia esencia, de su yo espiritual, libre de condicionantes, de ataduras y de servilismos. Es el yo verdadero que siente en su interior el aprendiz de sabio, invulnerable e inmune a las críticas, fuerte y seguro en su humildad y sencillez, que no se siente ni superior ni inferior a nadie, pero se percibe nada menos que él mismo como parte integrante de esa unidad y energía sin límites.

¿Cómo accede el aprendiz de sabio a la dimensión de la potencialidad pura, de todas las posibilidades?

En medio de tanto ruido, tanta tensión, prisas, nerviosismo y vida estresante, el aprendiz de sabio se reserva un rato cada día para sentir y vivir el silencio, fuera y dentro de sí, ocupándose únicamente en ser, en sentirse en paz y en armonía consigo mismo, libre de ataduras, de condicionantes y necesidades imperiosas. En ese estado de equilibrio y de sosiego se siente inundado de esa energía universal, donde todo es sinergia, inmensidad, posibilidad sin límites, vida... y se dice a sí mismo: «Yo formo parte de ese todo, de esa unidad y participo de su esencia y de todas sus posibilidades».

La práctica de la meditación y de la reflexión sobre el contenido de los principios de sabiduría, en un marco de silencio interior y exterior y en pleno contacto con la naturaleza, es práctica habitual del aprendiz de sabio que, coherente con la dimensión espiritual más profunda de su yo verdadero, se abstiene de hacer juicios de valor.

Buena parte de nosotros pasa su vida criticando, clasificando, evaluando y juzgando a las personas, las situaciones y las cosas como buenas o malas, correctas o incorrectas, valiosas o inútiles. Esta actividad genera gran desasosiego, inseguridad, turbulencia y ruido en nuestro interior e impide o dificulta que circule libremente la energía entre el campo de la potencialidad pura y nuestro yo auténtico.

El principio de la unidad y de la potencialidad pura sólo se cumple si se dan las circunstancias de paz, quietud, silencio interior y renuncia a la crítica, los juicios de valor y de condena. ¿Por qué motivos? Porque por mucho que pudiéramos afinar y por abundante y completa que sea la información recibida, no estaríamos en disposición de juzgar y de condenar nada, ya que sólo dispondríamos de una pequeña parte de lo que consideramos la verdad.

En síntesis: El silencio fecundo de la meditación y de la reflexión, la ausencia de juicios de valor y de críticas, estar en frecuente conexión con la naturaleza, percibiendo la interacción de todos los elementos y de todas las fuerzas de la vida bajo el denominador común de la inagotable energía universal que todo lo vivifica, nos llevará inexorablemente desde la comunión directa con la naturaleza al contacto profundo y estrecho con la esencia más íntima del ser, de lo que verdaderamente somos.

Es esa conciencia íntima de la propia esencia la que nos hace inmunes a las críticas y al miedo. El aprendiz de sabio es consciente de que en la medida en que sintonice su mente individual, dinámica y poderosa, pero con límites, con la mente infinita, sin límites y todopoderosa de la naturaleza, mayores serán sus posibilidades de creatividad, de eficacia y de plenitud. La quietud, el equilibrio universal de la potencialidad para la creatividad de la mente infinita y silenciosa de la naturaleza.

El movimiento, en sí mismo, es la creatividad de nuestra mente individual limitada a un aspecto en concreto de esa potencialidad universal. El aprendiz de sabio se siente parte integrante de esa energía y potencialidad universal, y esté donde esté, y por mucha y azarosa que sea la actividad que realiza y los conflictos que le asedian, lleva siempre consigo esa paz, equilibrio y quietud de la potencialidad pura universal en que está inmerso.

La conjunción y combinación de la propia actividad con la quietud de la mente de la naturaleza nos llevará a liberar la creatividad en todos los campos a los que dirijamos la atención y la intención con tesón y entusiasmo, y con la convicción de que ya somos esa energía que todo lo inunda y de infinitas posibilidades.

El principio de la unidad y de la potencialidad aplicado a tu vida

Hoy levántate temprano y contempla en silencio el amanecer desde tu ventana o en tu jardín, mientras escuchas el canto mañanero de los pájaros y respiras lenta y profundamente, como si al inspirar, metieras en tus pulmones toda la energía del universo y al respirar dieras tu propia energía a los demás. Quédate en silencio un buen rato contemplando la madrugada, solo o en compañía de la persona amada. «Corazones fundidos en el amanecer de una misma madrugada…»

Déjate inundar de la serenidad, la paz y la vida que te rodea y haz el firme propósito para hoy de no hacer juicios de valor, no juzgar ni condenar a nadie y permanecer unido a la potencialidad pura de la que participa tu naturaleza esencial. Estás en permanente conexión con la inagotable energía del universo y, en consecuencia, todo cuanto emprendas desde ese silencio fecundo de la unidad y complementariedad de cuanto existe te será beneficioso y gratificante. Si te es posible, haz un rato de meditación cada día, y al anochecer disfruta también, en silencio y paz interior, de la belleza del atardecer mientras te das paz, te perdonas y sientes que eres tu mejor amigo.

PRINCIPIO DE LA INTERACCIÓN DINÁMICA DEL UNIVERSO. LEY DEL DAR Y DEL RECIBIR

Todo fluye.
HERÁCLITO

Todos somos universos en miniatura, distintos e irrepetibles, con nuestra propia personalidad e individualidad, y formamos parte del universo con mayúscula, del Todo que se rige por el principio del intercambio dinámico, del dar y del recibir.

Como bien dijo Heráclito, todo cambia, nada es estático y nosotros compartimos ese intercambio dinámico con el universo. Nuestro cuerpo, nuestra mente, nuestra energía se mantienen en constante interacción con el cuerpo, la mente y la energía del cosmos. Los millones de células de nuestro cuerpo permanecen sanas, en equilibrio y estabilidad gracias a la ley del dar y del recibir. Cada célula da algo y apoya a las demás, y es nutrida y apoyada por otras células. El flujo dinámico de dar y de recibir es la esencia de toda célula viva, como lo es dar y recibir entre las personas, y es esencial para que la vida continúe y las sociedades crezcan, se perfeccionen y perduren.

Tratar de interrumpir o detener este intercambio dinámico universal sería lo mismo que pretender interrumpir o detener el flujo de la sangre en nuestro cuerpo. Todo debe fluir, nada debe estancarse o bloquearse. Lo mismo da que hablemos de dinero, de poder, de amor, de energía, de felicidad, de riquezas… El dar engendra el recibir.

Si buscamos potenciar y alentar la circulación de la riqueza, de la amistad, de la generosidad, de la paz, de la comprensión, del amor, del perdón necesariamente habremos de dar de forma generosa estos bienes y hacerlos circular. Cuanto más demos más recibiremos y en mayor abundancia, porque el principio del intercambio dinámico se cumple inexorablemente. Lo que recibimos, en mayor o menor medida, suele ser directamente proporcional a lo que entregamos y a la forma y a la intención que acompaña a la entrega. El aprendiz de sabio procura de corazón y con alegría ayudar a sus semejantes a recibir aquello que desean: aprecio, comprensión, amistad, paz, y en ese ejercicio de ayuda recibe lo mismo que desea y da a los demás.

¿Qué sucede si el que da no recibe? ¿Queda sin efecto el principio del intercambio dinámico? No, la ley de entrega del dar y del recibir siempre se cumple y en este caso quien hace el bien es inundado por un mayor bien, por un bien doble: el propio de su buena acción y el bien emitido al otro que revierte y vuelve siempre al benefactor. Por eso, cuando hacemos algo por los demás, no debemos pensar ni esperar que nuestra acción sea recompensada a la recíproca; debemos dar, pero de forma incondicional. Ya sabemos que lo normal es que quien recibe se sienta impulsado a responder también con una actitud generosa, pero en el caso de que no lo haga, recordemos que el bien que hemos hecho no se pierde, vuelve a nosotros multiplicado.

Lo verdaderamente importante es nuestra atención (pensamiento) y nuestra intención (deseo y voluntad), y he observado que si conectamos convenientemente nuestro pensamiento (mente) y nuestro corazón (sentimiento, deseo, amor...) polarizamos una sobrecarga de energía, como si el microcosmos que somos atrajera hacia sí buena parte de la energía del macrocosmos, del universo y la pusiera a su disposición.

En no pocas situaciones y momentos difíciles he deseado con toda la fuerza de mi ser el bien para alguna persona cercana (amigo, familiar, paciente, enfermo) y he comprobado (sentido) como una sobrecarga de energía positiva en mi interior. Mis manos, mis palabras, mi mirada (impregnadas de esa especial mezcla de pensamiento positivo, profundo deseo de que esa persona mejorara y amor) se convertían en poderoso talismán, capaz de mejorar un malogrado estado físico, psíquico o emocional. Sé que hay muchas personas que habrán pasado por situaciones semejantes y habrán notado cómo por la fuerza de su atención y el deseo de proporcionar un bien concreto a una determinada persona toda la energía del universo parecía que se condensaba en sus palabras, en sus habilidades, en sus actos y se producía el milagro.

El principio de la interacción dinámica aplicado a tu vida cotidiana

Que cualquier persona que hoy llegue hasta ti y se ponga en contacto contigo por cualquier motivo se lleve algo bueno de ti, algo que le reconforte y le haga sentirse bien consigo mismo: una sonrisa, una palabra de aliento, una alabanza, un pequeño detalle... Que no se estanque en ti el flujo de energía positiva universal; siente correr por las venas de todo tu ser toda la fuerza creadora y vivificante del universo, y que al mismo tiempo que te crea, fortalece y vivifica a ti, salga de tu persona cargada de lo mejor de ti mismo y renovada para fortalecer y vivificar a tus semejantes.

Muéstrate hoy feliz y muy agradecido por vivir, por tener salud, porque hay personas que te quieren, por todo lo que has recibido y recibes de los demás. Adquiere la saludable y reconfortante costumbre de bendecir y desear el bien a cuantos te rodean, de ser agradecido y de sentir gozo por lo que eres y por lo que tienes. El aprendiz de sabio nunca olvida que es el primer responsable y causante de su felicidad o de su desgracia. Por eso no cesa de generar acciones nobles y saludables, que producen un gran bien en sus semejantes y se convierten en un bien mayor para sí mismo. Tampoco se olvida de tratar con afecto y comprensión al mejor amigo que tiene y que nunca puede fallarle y que es él mismo.

Consciente de que toda la energía y potencialidad universal recorre su ser no cesa de disfrutar de todos los dones que le ofrece la naturaleza y de sentirse lluvia, sol, viento, brisa, huracán, noche, día, atardecer o madrugada, árbol y arbusto, flor y espina, ave, rama o delfín... Percibe su individualidad, su singularidad y su grandeza de microcosmos, integrado en el macrocosmos del universo. Consciente también de su importancia, a pesar de su pequeñez, haciendo buenas las palabras de Duane Elgin: «Nadie puede ocupar tu lugar. Cada uno de nosotros teje una hebra en la tela de la creación. Nadie puede tejer esa hebra por nosotros».

Aprende como buen aprendiz de sabio a ser siempre, estés donde estés, correa de transmisión del bien. Haz circular todos los dones, bienes y riquezas que la vida y la naturaleza ponen a tu alcance. Disfrútalos, mientras pasen por tu vida, pero por tu bien y el de los demás, no intentes retenerlos; deja que fluyan, que circulen… porque nuevos gozos, bienes y riquezas sin límites esperan su momento para llegar a tu vida, llenarla y enriquecerla y seguir su camino, haciendo realidad a cada instante el intercambio dinámico del universo, la ley del dar y del recibir.

PRINCIPIO DE CAUSALIDAD: LO QUE SIEMBRAS, EN MAYOR O MENOR MEDIDA, ES LO QUE COSECHAS

> La vida, la naturaleza, la humanidad sólo son bellas palabras cuando son transformadas por un cerebro creador.
>
> EDMOND JALOUX

A medida que el individuo humano madura y adquiere experiencia aprende que sus acciones, su conducta, para bien o para mal, tienen unas consecuencias. Es decir, que lo que hacemos genera una fuerza de energía, positiva o negativa, que vuelve a nosotros en la misma proporción. La ciencia demuestra cómo el principio de causalidad se cumple al detalle, por ejemplo, en todas las células sin excepción, porque en la inteligencia universal de todas ellas ya viene programada la respuesta más adecuada a cada situación concreta.

¿Qué sucede con el individuo humano? Pues que no viene programado y pertrechado con la respuesta adecuada, como las células de que está formado su cuerpo, y casi siempre reacciona de forma primaria y visceral y toma decisiones de manera inconsciente. Actúa por reflejos condicionados, por impulsos, raramente con sentido común y con sensatez, y aunque es consciente de que sus acciones, su conducta, tienen unas consecuencias, le cuesta mucho aprender de esas consecuencias.

Ante determinadas circunstancias (estímulos) parece programado para dar determinadas respuestas: ante una ofensa, un insulto o una descalificación no se para a pensar, no reflexiona sobre los motivos o la especial situación personal de quien insulta o descalifica y, como un robot, reacciona y responde automática e inconscientemente con descalificaciones e insultos semejantes a los realizados por el ofensor.

El aprendiz de sabio ha aprendido que lo inteligente es hacer una reflexión-intervención consciente, serena y bien pensada, cuanto más virulento, mal hablado y desafiante sea el agresor. Ante un estímulo o agente muy negativo y con claras intenciones desestabilizadoras, puede y debe dar una respuesta más elaborada, calmada y fría, teniendo en cuenta las circunstancias y la situación de inmadurez, desequilibrio y descontrol del ofensor, no entrar en su juego y centrar sabiamente la atención únicamente en las posibles consecuencias de nuestra acción, en el bien o en el mal que nos reportará obrar de una u otra forma.

Si la decisión, la respuesta que me apetece dar puede acarrearme problemas y aflicción a mí, a los míos y también al agresor, en ningún caso habré de tomar esa decisión o dar esa respuesta. Entre las posibles opciones tomaré la más idónea, que será siempre la que más paz, gozo, tranquilidad y felicidad me reporte a mí y a los míos.

El aprendiz de sabio siempre elabora sus respuestas y opta por las soluciones pertinentes desde la calma y el sosiego interior y exterior, desde la atenta reflexión y haciendo caso a la sensación, al mensaje que le transmite su interior de que está optando por la opción correcta. Hace caso a la «corazonada inteligente» que le habla desde la coherencia y la plenitud del espíritu.

¿Qué pasa con nuestros errores, con nuestros fallos, con nuestras miserias, con nuestras desgracias? Si es verdad que cosechamos lo que sembramos y que obramos, no pocas veces, de manera reactiva y primaria, sin reflexión y sin sentido común, tropezamos a menudo con la misma piedra, nuestros errores irán en aumento y lo pagaremos caro.

El principio de causalidad es inexcusable, pero no es menos verdad que también está en nuestras manos optimizar lo negativo, rentabilizar nuestros fallos y fracasos, aprendiendo de ellos y convirtiéndolos en lecciones de vida práctica y sabiduría. Hay momentos en la vida de todo ser humano en los que una experiencia traumática, incluso terrible y nefasta, puede transformarse y optimizarse, dándole una nueva expresión, orientación y motivo.

De todos es conocido que el cantante español Julio Iglesias, de fama internacional, aprendió a tocar la guitarra y a cantar durante el largo tiempo de convalecencia que se vio obligado a soportar tras una grave lesión como portero de fútbol. Julio Iglesias supo optimizar su desgracia, la adversidad que le tocó vivir, en su beneficio, en su bien, dando un nuevo rumbo a su vida que tantas gratificaciones le ha reportado.

Se pueden capitalizar los errores y hasta transformar y optimizar la mala suerte y la desgracia, pero con una condición: que nosotros aportemos una inquebrantable esperanza y una tenaz e inteligente actitud mental positiva.

El principio de la causalidad aplicado a tu vida

Puesto que, en buena medida, cosecharás con arreglo a lo que siembres, a lo largo de tu vida, para bien o para mal, tus obras, tus acciones tienen unas consecuencias; piensa bien antes de hablar y de obrar en el futuro. Toma hoy la firme e inteligente decisión de no responder ni reaccionar jamás movido por el impulso primario que se desate en tus vísceras. Date un tiempo de espera, para que el fogonazo del momento se extinga y, de manera consciente, reflexiva y serena, valores y sopeses los diversos aspectos y circunstancias que concurren en la situación o en la persona que te inquieta, estresa o saca de tus casillas.

Si lo primero es no responder jamás de manera impulsiva y descontrolada, en segundo lugar tienes que pensar detenidamente en las consecuencias que se seguirán para ti y para todos de la respuesta que des, de la actitud que adoptes. Una vez hecha la calma en tu interior, sin odios ni resquemores que te condicionen, toma la decisión que te dicten al unísono tu mente y tu corazón. Hazle caso a esa corazonada inteligente que es posterior a la reflexión, a la calma y a la visión clara y detallada de todos los aspectos implicados en el proceso mental. Por lo que se refiere a los errores, fallos y miserias humanas, el aprendiz de sabio hace suyas las palabras de Jalil Gibran, cuando afirma: «Por muy larga que sea la tormenta, el sol siempre vuelve a brillar entre las nubes».

PRINCIPIO DE LA ARMONÍA, DEL EQUILIBRIO, DEL MÍNIMO ESFUERZO, DE LO NATURAL

> El huracán de los milagros sopla perpetuamente. Día y noche los fenómenos, en tumulto, surgen a nuestro alrededor por todas partes y, lo que no es menos maravilloso, sin turbar la majestuosa tranquilidad del Ser. Este tumulto es la armonía.
>
> VICTOR HUGO

Habrás observado que en la naturaleza todo o casi todo crece y se desarrolla en silencio y sin esfuerzo. Ahí están miles de especies de animales y de plantas de todo tipo en perfecta armonía y casi en el más absoluto silencio. Simplemente crecen, se desarrollan y viven tocados de esa fuerza intrínseca de equilibrio y de armonía natural con todos los demás seres creados.

La razón está en que la inteligencia del universo y de la naturaleza toda funciona con suma quietud, facilidad y alegría, libre de esfuerzos y de preocupaciones, como le sucede al individuo humano. Estamos ante el principio universal de la armonía, del amor, de la sinergia y de la no resistencia. El ser humano es parte de esa naturaleza y participa del principio universal de la armonía y del equilibrio, si se proyecta desde su yo íntimo, espiritual, auténtico, libre de condicionantes. El ejemplo lo tenemos bien claro en nuestro propio cuerpo, en el que cada célula realiza su trabajo en silencio y armonía, con eficacia tan callada y natural como real y sin el menor esfuerzo.

Cuando estemos estresados, alterados, ofendidos, cansados, decepcionados sólo puede ayudarnos el principio de la armonía y del equilibrio universal que todo lo llena. Dejemos en esos momentos que ese inmenso caudal de la energía universal y del equilibrio y armonía que reina en la naturaleza inunde nuestra vida, pensamientos, deseos y obras de silencio fecundo, de paz y de fuerza interior.

La misma armonía y energía silenciosa que rige el universo y la naturaleza es la armonía y energía de nuestra naturaleza humana. Por decirlo de manera más sencilla: las pilas de nuestro organismo y de nuestro psiquismo se cargan y recargan de manera automática, siempre que salimos de nuestro egoísmo, nos abrimos a los demás y nos proponemos el bien y la armonía con nuestros semejantes y con todos los seres creados.

Algo bien distinto sucede si nos empeñamos en alimentar nuestro ego y sólo pensamos en nosotros mismos y buscamos satisfacer nuestro egoísmo atesorando dinero, poder, bienes, cosas... Cuando obramos así nos desconectamos del inmenso caudal de energía universal, impedimos que circule libremente, somos un obstáculo y rompemos ese principio de la armonía y del equilibrio universal que se mantiene en la medida en que «todos somos para todos» y todo contribuye al buen funcionamiento del Todo.

El principio de la armonía y del mínimo esfuerzo aplicado a la vida cotidiana

Así como en nuestro cuerpo cada célula realiza su trabajo en silencio, equilibrio y armonía con las demás células, de forma natural y con el mínimo esfuerzo y desgaste y todas se mantienen sanas gracias a la ley del dar y del recibir, así también nosotros, los seres humanos, debemos llevar este principio a nuestras vidas, haciendo lo posible por mantener nuestro interior sintonizado con la armonía universal del cosmos.

Como la realidad de la vida es dura, las cosas pocas veces suceden a nuestro gusto y las personas con quienes convivimos y nos relacionamos tampoco adaptan su comportamiento a nuestra voluntad y deseo, el aprendiz de sabio emplea tres recursos que le ayudan a aplicar el principio de la armonía y del equilibrio a la conflictiva y estresante vida cotidiana.

a) El primer recurso de que se sirve es el de «la aceptación de lo inevitable», porque es inútil pretender cambiar lo que ya es y no puede dejar de ser. Propiciamos una gran armonía y equilibrio interior al permitir y aceptar las cosas, las personas y las situaciones según vienen y se presentan sin olvidar que, en las peores circunstancias, nuestro estado de ánimo y hasta nuestra felicidad depende más de la actitud que adoptamos que de lo que nos sucede. Es evidente que este recurso sólo se aplica ante lo inevitable, porque si existiera una sola posibilidad de evitar que determinada situación, persona o cosa te perjudique, como buen aprendiz de sabio, emplearás todos los medios y recursos a tu alcance para impedir que algo o alguien te haga daño, pero sin perder tu equilibrio, con la fuerza incontenible de la calma activa y eficaz.

¿Qué sucede cuando pretendemos el imposible de luchar contra lo inevitable, pretendiendo que no sea una realidad algo que ya ha sucedido? Que obramos de la manera más descabellada y necia, porque al luchar contra un imposible nos convertimos en obstáculo, en problema y perdemos nuestro propio equilibrio, al desconectarnos del equilibrio y armonía que rigen el universo.

Ejemplo: Carlos pasó por una grave situación personal cuatro años después de casarse. Jugaba importantes cantidades de dinero en las máquinas tragaperras. De esto hace treinta años y Lucía, su esposa, todavía sigue recriminándole aquel fatídico año. Esta actitud de no aceptación de una realidad insoslayable está llevando al matrimonio a una grave crisis, que me temo acabará en separación. Todo ¿por qué? Porque Lucía ni ha perdonado ni ha aceptado que su esposo, como ser humano, se equivocó. Traer ese pasado de hace treinta años a la realidad de hoy ha llevado a Carlos a enfermar y pedir desesperadamente desconectarse de ese agente desequilibrador y estresante que es Lucía.

Si en estos momentos de tu vida un determinado acontecimiento o una persona en concreto te saca de quicio y te sientes frustrado, debes admitir que no estás reaccionando ante esa situación o persona, sino ante lo que sientes sobre esa situación o persona en concreto, y lo que tú sientes no es culpa ni de las circunstancias ni de las personas contra las que albergas determinados sentimientos.

b) El segundo recurso que utiliza el aprendiz de sabio es el de la optimización o transformación de lo negativo en positivo. Si el viento no le viene a favor se pone en la orientación en que sopla para aprovechar su impulso en su propio beneficio.

En cualquier situación grave y frente a cualquier persona problemática se puede optar por una actitud inteligente y transformar lo negativo en positivo, en el sentido de acumular experiencia y sabiduría personal para el futuro. Siempre es posible encontrar algunos granos de trigo en un camión de paja. Esos granos de trigo son ricas experiencias de inapreciable sabiduría para afrontar con más éxito nuevas situaciones problemáticas.

c) El tercer recurso es el de adoptar la actitud del junco o del mimbre que se doblega, pero sobrevive a cualquier peso o fuerza. El aprendiz de sabio elige de buen grado la «no resistencia», no acusación a nadie, no enrocamiento en su punto de vista, «tieso y erguido como una caña».

Si no luchas para sentirte vencedor, si no necesitas tener razón para afirmarte como persona, si no te resistes para demostrar tu fuerza, si no haces depender tu valía, tu seguridad, tu autoestima o tu felicidad de echarte un pulso constantemente con las cosas, las circunstancias y las personas... te sentirás en plenitud y en paz y armonía contigo mismo y con el universo. Al no tener nada ni nadie de que defenderte y, si no te sientes atacado por nadie, no malgastarás ni tu tiempo ni tus energías en disputas ni tendrás que justificarte por cómo eres o por qué obras de esta o aquella manera.

Desde ese estado de plena serenidad y seguridad observarás cuanto sucede en tu derredor, escucharás todas las opiniones y pareceres y comprobarás que hay tantas «verdades» y juicios de valor como personas... Como buen aprendiz de sabio mantente abierto y atento a todas las opiniones y puntos de vista, pero no te decidas ni decantes de manera apasionada, rígida u obsesiva por ninguna opción, idea o criterio.

Conviértete en mero espectador que observa, pero no opina. Mientras disfrutas de la aceptación de la realidad que observas, vívela sin lucha, sin queja, y deja que todo suceda con la serenidad y el equilibrio silenciosos de que nos da ejemplo la naturaleza. Saborea cada instante, siéntelo vivamente en paz, plenitud y armonía física y psíquica.

Ejercicio práctico

Nada más despertarte cada mañana, al tiempo que realizas varias respiraciones profundas frente a la ventana o en tu jardín, repítete a ti mismo el mensaje de equilibrio que se está haciendo realidad en el universo, en el sentido de que las cosas son tal como deben ser en plenitud de un orden y de una armonía. Tú formas parte de ese universo, y esa misma armonía y silencio que presiden todas las fuerzas y sinergias de todos los seres creados y se concentran en ti, te inundan, te completan y te equilibran, si no luchas ni te desesperas ni te rebelas contra el momento que vives.

Prepárate bien mentalmente, porque hoy te surgirán circunstancias adversas, problemas más o menos graves y personas con mayor o menor desequilibrio, inestabilidad mental y emocional y hasta maldad, que podrán romper tu equilibrio y tu armonía interior. Sé inteligente y como buen aprendiz de sabio en lugar de desesperarte, trinar y rabiar contra lo que te suceda o te hagan, acéptalo y utilízalo como una oportunidad estupenda para superarte, para probarte a ti mismo, autorrealizarte y crecer interiormente.

No juzgues ni condenes. No acuses ni presentes batalla. No provoques a los demás para que se vean en la necesidad de atacarte o de defenderse de ti. Simplemente acepta con serenidad y calma la realidad que hoy te depare la vida, pero sin olvidar que tú eres quien decide y elige que esa realidad sea para ti plenamente gratificante, porque lo externo a ti, por desequilibrador y terrible que sea, sabrás optimizarlo, después de aceptarlo y controlarlo.

PRINCIPIO DE LA ATENCIÓN-INTENCIÓN CONSCIENTE DEL DESEO. TODO EN EL UNIVERSO, EN LA NATURALEZA, ES INTERCAMBIO DE LA ENERGÍA Y DE LA INFORMACIÓN QUE TODO LO LLENA. LA ATENCIÓN GENERA ENERGÍA Y LA INTENCIÓN TRANSFORMA LA ENERGÍA Y LA INFORMACIÓN

No hay un universo, sino millones.

André Maurois

La hoja de parra que troceas con tus dedos, los pétalos de la rosa con los que cubres la almohada de tu amada, la hierba verde que hace paso a los senderos por los que caminas, tu cuerpo, el cuerpecillo leve de un pájaro que cabe en el cuenco de tu mano y que picotea en este momento los higos maduros de la higuera… todo, todo, en sus componentes esenciales, no es otra cosa que energía e información, atención e intención…

La más pequeña e insignificante célula, con la intención más sencilla, como metabolizar una molécula de azúcar, desencadena en el cuerpo una reacción en cadena capaz de segregar determinadas cantidades de hormonas en momentos concretos, con el fin de convertir la molécula de azúcar en energía creativa.

El universo del que formamos parte, en su naturaleza esencial, no es más que el movimiento dinámico y «programado» de esa energía universal y de la información. Lo único que nos diferencia a las personas de un árbol cualquiera, de la hierba que pisamos o de la mariposa que aletea sobre nuestras cabezas es el contenido informativo y energético, ya que, por lo demás, somos carbono, hidrógeno, nitrógeno y otros diversos elementos en muy pequeñas cantidades, y esos mismos componentes los intercambiamos constantemente con el carbono y el oxígeno de los árboles, plantas y seres todos del universo. Pero en esencia y, aunque el individuo humano es una especie privilegiada capaz de ser consciente de lo que es y de pensar sobre las cosas y sobre sí mismo, porque está dotado de un superespecializado sistema nervioso, en realidad «todos somos uno» y el campo cuántico más general (el universo) es nuestro cuerpo ampliado.

La maravilla de las maravillas es que el sistema nervioso humano no sólo es capaz de ser consciente de la información y de la energía de su propio campo cuántico, sino que también puede modificar de manera consciente el contenido informativo y energético que da origen a nuestro cuerpo, ampliando nuestro mundo y haciendo que se modifiquen cosas en él.

Este cambio consciente se debe a dos cualidades de la conciencia: la atención que genera energía y nos carga de ella, y la intención que transforma la energía y la información. Todo aquello sobre lo que actúa la poderosísima lupa de la atención cobra especial fuerza y potencia. Al mismo tiempo, si la atención no ejerce su acción sobre algo, acabará por perder su potencia hasta desaparecer o perder parcial o totalmente su fuerza y vitalidad.

¿Cuál es el papel de la intención? Actuar sobre la atención organizando múltiples sucesos en el espacio y en el tiempo y activando sinergias, para que puedas obtener los resultados que pretendes. Es la intención la que organiza toda la sinfonía de la naturaleza; en la flor del almendro, en las aves migratorias que emprenden su vuelo en determinadas épocas del año y también es la intención la que hace posible esa maravillosa sinfonía en cada célula de nuestro cuerpo, en sí misma y en comunión e interacción con las demás células. Nuestro cuerpo es, sin duda, el mejor ejemplo de esa sinfonía universal, de atención y de intención, de intercambio de energía y de información. Una sola célula del cuerpo humano realiza seis billones de cosas en un segundo y al mismo tiempo sabe lo que hacen todas las demás células en ese instante. La intención consciente de flexibilidad y de posibilidades sin límite puede dar órdenes a este infinito poder organizador. Por sí sola la intención es poderosísima, por ser deseo sin apego al resultado.

En plena sincronía y armonía con el universo, nuestra atención debe estar plenamente activada, orientada y focalizada en el presente y nuestra intención y deseos en el futuro. El secreto está en aceptar el presente y no luchar contra él, hay que proyectar y crear el futuro más inmediato con la intención y el deseo de optimizar nuestra vida, pero sin apegos, sin esclavitud a nada ni a nadie. El pasado es el recuerdo, el futuro, posibilidades y el presente es realidad, conciencia, verdad, eternidad. El presente es la potencialidad del espacio-tiempo, de la materia y de la energía.

Cuando tenemos plena conciencia y conocimiento del momento presente que estamos viviendo, desaparecen, se pulverizan más del 90 por ciento de las cosas que nos preocupan y agobian. El 10 por ciento restante de los problemas podemos transformarlos en experiencias prácticas, en nuevas oportunidades para aprender, en lecciones provechosas para la vida cotidiana mediante la intención y el deseo que transforman la energía y la información en realidad positiva y tangible.

El aprendiz de sabio es consciente de que su vida sólo puede ser fecunda si se mantiene conectado a la inagotable energía del universo, que es silencio, paz y equilibrio. Por eso no cesa de procurarse mediante la atención consciente en el presente de cada instante, toda la serenidad y el sosiego de que es capaz. Esa atención proyectada desde la fuerza de la paz y de la serenidad del espíritu en calma establece las bases de la intención y del deseo, de la pasión que al fin convierte en realidad nuestros propósitos.

La atención y la intención hacen posible «el milagro».

• Si te habitúas a crear un silencio fecundo en tu interior, vives consciente el presente y lo aceptas como viene, y si te sitúas en el estado esencial de tu ser, formando parte del todo, libre de intenciones y deseos ansiosos y desequilibradores, en estado puro.

• Si, una vez logrado el silencio y el equilibrio de tu espíritu, plantas tus intenciones y deseos, libres de agobios e imperativos, en la tierra fértil de la potencialidad pura y esperas con paciencia que empiecen a florecer a su tiempo.

• Si sabes renunciar a la necesidad de un resultado determinado y vives y disfrutas la sabiduría de la incertidumbre que abordaremos en el siguiente principio (el 6). Tienes que estar dispuesto a disfrutar y saborear cada instante de tu existencia, sean cuales fueren los resultados y las circunstancias.

• Si, finalmente, dejas que ese universo del que formas parte, con su infinito poder organizador, realice la sinergia, la sinfonía universal y te lo organice todo, mientras tú no dejas de hacer con verdadera ilusión y entusiasmo aquello que debes hacer, según tu conciencia.

El principio de la atención-intención y el deseo llevado a la vida cotidiana

Es conveniente que te acostumbres a concretar y especificar tus deseos y propósitos por escrito, estableciendo un orden de prioridad. Esa página escrita de objetivos a corto, medio o largo plazo irá siempre contigo en tu agenda o cartera. Antes de hacer el silencio en tu interior para meditar algún pensamiento, máxima o principio, dedica unos minutos a reflexionar y a repasar cada uno de tus objetivos-deseos, dejando claro que tu felicidad y plenitud no dependen de que se hagan realidad aquí y ahora, más tarde o más pronto.

Las cosas pueden no ir a tu favor y entonces es probable que te invada la incertidumbre, el negativismo, la preocupación o el desánimo. Si esto te ocurriera, piensa que en ese plan universal, en esa sinfonía de sinergias sin límites, no ha llegado todavía el momento de hacer realidad esos deseos y propósitos. Esto no impide que un nuevo plan y unos designios más grandes para ti no vengan a cambiarlo todo y a llenar tus deseos mucho más allá de tus expectativas.

Mientras tanto vive con intensidad el presente que es verdad, conciencia, eternidad, potencialidad pura del espacio-tiempo, de la materia y de la energía. Acepta el presente como es y como te viene, sin olvidar que el pasado es recuerdo y que el futuro es proyecto de tus intenciones y deseos, que se harán realidad, si son lo más conveniente para ti y si pones buen cuidado en no permitir que los obstáculos, contratiempos y circunstancias negativas impidan que dediques toda tu atención (e intención) al instante que vives ¡ahora!

PRINCIPIO DE LA NO-DEPENDENCIA, DEL DESAPEGO, DE LA SABIDURÍA DE LA INCERTIDUMBRE...

Es maravilloso el poder del que nunca desespera.

DANIEL PAYOT

«Puede que sí, puede que no» pero, sea como fuere, todo estará bien y no hará mella hasta el punto de menoscabar mi equilibrio y mi gozo por vivir. Este principio de desapego defiende que, para lograr cualquier cosa y hacer realidad un proyecto, un objetivo, un deseo en el universo físico, es fundamental abandonar el apego a lo que pretendemos conseguir. Cualquier célula de nuestro cuerpo cumple a la perfección el principio del desapego, ya que ni está apegada al resultado de su intención ni vacila ni se bloquea, porque su conducta como célula es una función del conocimiento del momento presente, del aquí y del ¡ahora! Centrado en la vida, vive el presente sin dependencias.

¿Qué le sucede al individuo humano? Que dominado por el miedo y la inseguridad su existencia transcurre buscando incansablemente una seguridad imposible, que nunca encuentra.

Cualquier apego es ya una muestra evidente de inseguridad. Se dice a sí mismo: «Si me tocan mil millones de euros, si tengo un trabajo seguro, si encuentro a mi mujer o a mi hombre ideal, si llego a ser una persona muy famosa de gran prestigio..., entonces me sentiré seguro y feliz». Pero no ocurre así. Todos esos apegos y falsas seguridades no proporcionan verdadera seguridad, porque la búsqueda de la seguridad en este mundo es una quimera, mientras no renunciemos a los apegos a las cosas.

¿Dónde está la solución a nuestra inseguridad? En aprender a vivir cada momento saciados por la inagotable seguridad que proporciona la incertidumbre y la misma inseguridad que es una inmensidad abierta a todas las posibilidades. Cuando de forma raquítica y pobre nos aferramos desesperadamente a la búsqueda de lo seguro y cierto, nos limitamos y circunscribimos al apego a lo conocido que, evidentemente, es nuestro pasado. ¿Qué es el pasado? Lo que ya es y no puede dejar de ser y no admite ninguna evolución y novedad. Si no admite evolución es fijación y estancamiento, pero en el universo todo es dinamismo. Las personas somos realidad presente y proyectos de futuro, y el futuro sólo podemos encontrarlo en lo incierto, en lo desconocido, en lo inseguro.

Sin la incertidumbre, sin la inseguridad permanente que debemos saber disfrutar seríamos víctimas de nuestro pasado, y nuestra vida se reduciría a repetir constantemente el disco rayado de una existencia monótona, oscura. La sabiduría de la incertidumbre, de lo desconocido, nos rescata de la tristeza, del adocenamiento, de la involución y de la desesperanza, pues la incertidumbre se convierte en permanente esperanza, en abanico de infinitas posibilidades.

El aprendiz de sabio ha sabido encontrar el máximo de seguridad a que es posible aspirar en este mundo, precisamente viviendo y disfrutando en plenitud esa incertidumbre insoslayable, pero en la que todo es posible y especialmente la alegría de vivir, de nuevas emociones, de experiencias, de afectos, de aventuras, de sentimientos, de alegrías, de gozos...

Cada nuevo día nos regala el amanecer de una madrugada distinta, con vida propia y con incontables posibilidades, porque el desapego y la nodependencia de la seguridad nos libran del miedo y de todos los atascos y obstáculos mentales. Por el contrario, si nos apegamos a algo, si necesitamos esa seguridad imposible, hasta el punto de que un determinado acontecimiento o una respuesta condicionen nuestra estabilidad y nuestra vida, ese apego nos esclaviza, nos convierte en seres temerosos, infelices e inseguros y nos cerramos a infinitas posibilidades.

¿Son compatibles el principio del desapego y el de la atención-intención y el deseo? Sin la menor duda. Continuamos marcándonos objetivos concretos, aplicando la atención a lo que hacemos en cada instante y nuestra intención y deseo a lo que proyectamos y buscamos de inmediato, pero sin apego al resultado, sin perder el equilibrio interior, con verdadera calma y confianza, porque entre «A» y «B» no existe una posibilidad única, sino infinitas.

Aplicando el principio del desapego y la sabiduría de la incertidumbre que nos abre a todas las opciones y posibilidades, entre «A» y «B» puede surgir algo más emocionante, superior o interesante y podemos cambiar. El aprendiz de sabio, que viene llevando a la realidad de cada día el principio de la no-dependencia y la sabiduría de la incertidumbre, de la seguridad en la inseguridad, vive y disfruta la única solidez y tranquilidad que puede depararle la perenne fragilidad de cada instante, de ese presente continuo que está viviendo, como un gozoso estado de alerta sereno y optimista. Es consciente de que toda dificultad, problema o crisis que pueda surgir encierra la semilla de la oportunidad de un nuevo logro, de un beneficio mayor, de nuevas emociones y proyectos.

El aprendiz de sabio es cada vez un poco más inmune al desaliento y al derrotismo, y en los momentos más críticos sabe disfrutar y capitalizar la incertidumbre que vive como la oportunidad de un sinfín de posibilidades. No necesita hacer nada especial, simplemente está ahí bien atento y dispuesto a lo que su condición vulnerable y la inseguridad le deparen, pero sin miedo, sin ansiedad, con la fuerza y la tranquilidad que proporciona el desapego y el no necesitar nada de forma desesperada para seguir sintiendo la dicha de vivir.

El principio del desapego y de la no-dependencia llevado a la vida diaria

A lo largo de esta semana llevaré a la práctica el principio del desapego:

- Procurando evitar la manía que tengo de dirigir a los demás y marcarles la línea que deben seguir.
- Permitiendo que cada cual ejerza el derecho a comportarse como le venga en gana.

- Evitando crear nuevos problemas de un determinado problema, quizá porque el mayor problema sea yo mismo.
- Superando con humildad y sensatez mi habitual empecinamiento al exigir que todo se resuelva según mi particular, obcecada y limitada forma de ver las cosas.
- Comprobando que la incertidumbre y la inseguridad, que son inevitables, paradójicamente pueden hacerme sentir más seguro, más libre y con incontables posibilidades.
- Viviré con gozo la paz y la tranquilidad que proporciona saber que en cualquier circunstancia tanto si es que sí, como si es que no, lo que me suceda estará bien, porque lo que ahora mismo puede estar mal, momentos después puede ser lo más conveniente y adecuado.
- Tengo motivos sobrados para estar alegre y despreocupado y con muchas ganas de vivir. A partir de ahora mi vida será una permanente novedad vivida con interés y emoción, porque todo puede suceder y sin duda todo puede resultar interesante y enriquecedor.
- Finalmente, como aventajado aprendiz de sabio no dejaré de reflexionar y de meditar en la gran verdad que encierra la afirmación de que: la mayor seguridad a que podemos aspirar es aprender a vivir y a disfrutar de las inmensas posibilidades que nos deparan la inseguridad y la incertidumbre que nos acompañan del nacimiento hasta la muerte.

PRINCIPIO DEL PORQUÉ, DEL PARA QUÉ DE LA VIDA, DEL FIN DE LA PROPIA EXISTENCIA

> El que tiene siempre ante sus ojos un fin hace que todas las cosas le ayuden a conseguirlo.
>
> ROBERT BROWNING

Todo tiene su porqué y su para qué en la vida. Nada es al azar. Cada ser, cada persona es singular, pieza única, ser irrepetible con un proyecto, con un propósito existencial, que debe llevar a cabo en beneficio de los demás y para hacer posible el bien, el orden y la armonía universal.

El aprendiz de sabio es consciente de que su plenitud y su energía sin límites emanan del inconmensurable potencial universal (que todos los creyentes identifican con un ente superior, Dios), pero materializada, concretada en el ser, en la persona concreta de carne y hueso, singular e irrepetible que es él mismo. Esta realidad le lleva a la convicción de que como ser humano es tan absolutamente excepcional y único que no hay nadie igual a él.

Pero además lo que él aporta al universo, lo que hace, la labor que desempeña, su propio proyecto es de su exclusiva responsabilidad y, en consecuencia, él, al igual que todos sus semejantes, tiene un porqué y un para qué en su vida, su existencia tiene un fin. Todo cuanto logre puede redundar en beneficio propio y de sus semejantes, en el cumplimiento y realización de este proyecto encuentra la felicidad, la máxima autorrealización como persona.

El principio del porqué y del para qué en la vida lo vemos expresado también en una simple célula, cuyo porqué es servirse a sí misma y a las demás células. Todas las células conectadas con la potencialidad pura pueden expresar sus potencialidades con naturalidad y sin esfuerzos, manteniendo su propia integridad y la de todo el organismo. Todas las células de nuestro cuerpo tienen como fin ayudarse y ayudar a todas las demás células. De igual forma, el individualismo humano activa la interacción entre su singularidad, su proyecto de vida y la actitud de servicio a los demás, haciendo realidad el porqué y el para qué de su existencia en el proyecto universal de la creación. Así cristaliza su proyecto personal.

El principio del objetivo de la propia existencia llevado a la vida cotidiana

Consciente de la bondad y trascendencia de este principio, el aprendiz de sabio se pregunta: ¿Qué puedo hacer? ¿Qué puedo aportar? ¿Cómo puedo ayudar y contribuir al bien común, al bien de las personas con las que hoy me relacione y a mi propio bien? No pregunta cuánto gano o en qué me enriquezco con esta o aquella actitud, reacción o respuesta, porque ha llegado a entender que ser y trabajar en provecho y beneficio de sus semejantes es la manera más noble, inteligente y práctica de ser y de trabajar para sí mismo. No importa la profesión que se ejerza, lo verdaderamente interesante es que la aportación que hace cada persona es tan excepcional y singular que nadie puede mejorarla.

Hoy voy a reflexionar sobre los aspectos de mi personalidad que me hacen diferente y ensayaré la forma de ofrecerme y darme a mis semejantes, de servirles y ayudarles. Hoy observaré la actitud de servicio de mis semejantes, descubriré su singularidad, lo que aportan y los sentimientos que son reflejo de su conducta y actitudes. Aprenderé lo que pueda de su forma de actuar y de contribuir al bien de los demás.

TERCERA PARTE

CIEN «LECCIONES-REFLEXIONES» DE SABIDURÍA ESENCIAL QUE DEBEN SER BIEN MEDITADAS Y LLEVADAS A LA PRÁCTICA EN LA VIDA COTIDIANA

No es necesario haber vivido muchos años para beneficiarse de la experiencia de los demás.

EDWARD DE BONO

1. TU PRENDA DE FELICIDAD; DE CONFECCIÓN PROPIA

Felicidad es no necesitarla.

SÉNECA

Confecciónate tu propia prenda de la felicidad, fabrícatela
a tu gusto, llévala siempre puesta. Vístela cada día
y llévala bien ceñida a tu piel y, como buen aprendiz
de sabio, no esperes inútilmente, como el necio,
a que algo o alguien te la regale o te la preste.
Sería inútil, porque algo tan personal e intransferible
como la felicidad es un producto de producción propia.
Cada persona se fabrica a su medida su felicidad,
su dicha, su presente, su futuro y su destino.

Solemos decir: «Esta o aquella persona me hace sufrir» o «este o aquel acontecimiento me hace desgraciado», cuando en realidad lo correcto sería afirmar: «Lo que hace o dice esa persona me hace sentir mal, me hace sufrir y soy yo, únicamente yo, con mi manera absolutamente subjetiva y personal de vivir las cosas como graves, desgraciadas o traumáticas, quien me confecciono a cada instante una nueva prenda de sufrimiento a mi medida».

No hay que darle más vueltas, está en nuestras manos hacernos el traje de una vida de felicidad y de ganas de vivir a nuestra medida con la tela del entusiasmo, del optimismo, del amor a la vida y del sentirnos a gusto con lo que somos y tenemos. Pero si elegimos la tela del derrotismo, del lamento y de la actitud mental negativa, nosotros mismos nos estamos vistiendo del traje del pesimismo, de la desgracia y del sufrimiento. «Felicidad es no necesitarla», como dijo Séneca, porque la llevamos incorporada, vamos revestidos de ella.

El problema está en que pocas personas llegan a entender que nada ni nadie puede proporcionarles esa felicidad que ansían desesperadamente. Nace del interior y es un sentimiento tan absolutamente personal que si no aprendemos ya desde nuestros años de juventud a buscarla y a confeccionarla a nuestra medida, el frío del desamparo, de la soledad y de la desgracia puede acompañarnos de por vida.

La asignatura de «saber vivir» de forma gozosa, constructiva y positiva, no se imparte en los colegios y en las universidades de forma expresa, pero en realidad una verdadera educación inteligente en la familia y en la escuela debería ir orientada primordialmente a proporcionar al inmaduro las habilidades y estrategias que le permitieran convertirse en constructor y hacedor de su felicidad. No en vano, como bien ha dicho W. M. Godwine, «el verdadero objeto de la educación, como el de cualquier otra disciplina moral, es engendrar felicidad». Me permito añadir que más que «engendrar felicidad», debe entenderse: enseñar al educando a procurarse a sí mismo la mayor felicidad posible.

2. MÉDICO DE TI MISMO

> Los mejores médicos del mundo son los doctores dieta, reposo y alegría.
>
> J. SWIDT

¡Cuídate! Siempre, en cualquier tiempo, lugar y circunstancia. Eres lo mejor y más importante que tienes y tendrás: cuida la salud de tu cuerpo, de tu mente y de tus sentimientos.

Alguien dijo que nuestra falta de coherencia en lo que se refiere al cuidado de nuestro cuerpo tiene sobre el ser humano efectos mucho más contundentes y desastrosos que la edad, que el envejecimiento. ¿Por qué? Porque durante la primera mitad de nuestra vida, salvo excepciones, la mayor parte de los mortales arruina su salud. Son pocos los que, conscientes de su error, dedican la otra mitad de su vida a cuidarse y curarse.

El aprendiz de sabio, de acuerdo con Juvenal, pronto aprende que no hay mayor bien en este mundo que «una mente sana en un cuerpo sano...» y obra en consecuencia con este principio.

Para el cuerpo nada más saludable que una **alimentación mediterránea**, variada y equilibrada, rica en cereales (preferiblemente integrales) y derivados (pan, pasta...), frutas, verduras, legumbres, frutos secos, aceite de oliva virgen, vino con moderación, pescado, poca carne roja, bastante yogur y queso, pero poca leche y poco azúcar...

Pero el cuerpo además necesita una vida activa, por lo que es necesario hacer ejercicio físico con regularidad a cualquier edad. Hoy nadie pone en duda que la actividad física frecuente previene la aparición de numerosas enfermedades (cáncer de colon y de mama, infarto de miocardio, diabetes, osteoporosis, hipertensión…) y mejora la calidad de vida y el bienestar no sólo físico, sino mental.

Armonizar cuerpo y mente es la manera más directa y segura de prevenir cualquier enfermedad y también de curarla, puesto que en toda enfermedad se produce un desequilibrio en el cuerpo psicofísico, por emociones conflictivas que afligen como: la ira, la depresión (tristeza), la ansiedad y el estrés, la preocupación, el miedo y la represión o negación de lo evidente.

Del lado positivo, están las emociones saludables que curan como: la calma, el optimismo, el autocontrol, la seguridad, la amistad y las conexiones sociales, el júbilo, la felicidad, la risa, la bondad. Con razón se dice que la mente (actitud mental positiva) puede sanar el cuerpo. Hoy sabemos que se da una interconexión entre el cerebro (pensamiento), el sistema inmunitario y las emociones.

Propósito

Cultivar en nosotros las emociones benéficas, curativas y poner los medios para que nuestros semejantes también desarrollen emociones saludables. Pensar que no podemos crear sufrimiento y dolor para nosotros mismos, sin crear el sufrimiento para los demás. Como también el sufrimiento que crean los demás nos afecta a cada uno.

Hoy cuidaré mi cuerpo con una buena alimentación variada y equilibrada; haré ejercicio de forma racional y mantendré una actitud mental positiva con la ayuda inestimable de emociones tan saludables como la calma, la bondad y el optimismo. No olvidar que el cuerpo que se tiene a los veinticinco años depende de los genes, pero el que tengamos a los cuarenta, sesenta u ochenta años dependerá del trato que le hayamos dado, de nuestra conducta.

3. SERENIDAD INTERIOR ANTE LO IRREMEDIABLE

> Si tiene remedio, ¿por qué te quejas? Si no tiene, ¿por qué te quejas?
>
> PROVERBIO ORIENTAL

Admite con beneplácito y serenidad que la vida no es justa, ni las cosas suceden siempre a nuestro gusto, ni las personas son perfectas… y siente paz interior por que así sea. Deja que la paciencia infinita del tiempo trabaje a tu favor y espera el milagro, a pesar de todo.

Aceptar lo que ya es y no puede dejar de ser es señal de sabiduría. La misma sabiduría que pone todos los medios a su alcance por mejorar y remediar lo que todavía tiene remedio.

En el lado opuesto de la sabiduría se encuentra la estulticia de quien pierde el tiempo en lamentos o no aprovecha la última oportunidad que se le presenta para resolver un problema.

Ese gran sabio, que es el tiempo, hermano gemelo de la terca paciencia, nos recuerda a cada instante que hay que saber esperar, porque cada cosa y acontecimiento tiene su momento, pues como diría Jalil Gibran:

No hay primavera sin flores,
ni verano sin colores,

ni otoños sin racimos,
ni inviernos sin nieves y fríos...

Claro que la vida no es justa y no suceden las cosas según nuestros deseos y expectativas. Precisamente por eso lo inteligente es hacer lo que está en nuestras manos y aprovechar todas las oportunidades, pero ante lo inevitable se impone la serena aceptación de los hechos y esperar que la infinita paciencia y sabiduría del tiempo trabaje a nuestro favor.

Alguien me contaba no hace mucho con qué paz, sensatez, sabiduría y sentido del humor una inteligente anciana tranquilizaba a sus hijos y nietos ante la inevitable aproximación de su muerte: «Hijos, debéis aceptar lo inevitable con la misma tranquilidad y gozo que yo lo hago. Soy muy mayor y mi cuerpo pide tierra. ¿De qué me va a servir quejarme, protestar o amargarme? Ya he vivido mucho y ahora, después de tantos años, entiendo la necesidad de la muerte. No estamos pensados para vivir siempre. A lo mejor ser eternos sería hasta un suplicio»...

Dejo a la consideración y reflexión del lector la tarea de pensar y repensar estas palabras de serena aceptación pronunciadas por una anciana a las puertas de su muerte.

Las cosas no pocas veces serán contrarias a nuestros deseos y expectativas. Las personas se comportarán con arreglo a su carácter, formación y motivaciones, independientemente de nuestro criterio y apetencias. No está en nuestras manos cambiar las cosas ni las circunstancias ni a las personas, aunque sí se puede lograr algo, a veces, con oportunas e inteligentes intervenciones. Pero, en cualquier caso, nadie nos impedirá que nosotros cambiemos de actitud y todo lo amoldemos a nuestra forma de ser y de pensar y a nuestras particulares circunstancias.

4. FELICIDAD DÍA A DÍA

Sólo puede ser feliz siempre el que sepa ser feliz con todo.

CONFUCIO

Quien sólo se siente feliz y a gusto consigo mismo cuando las cosas le salen bien, lo normal es que con frecuencia se sienta desgraciado. El aprendiz de sabio se procura paz, sosiego interior y felicidad en cualquier circunstancia.

Cuando nuestro filósofo universal José Ortega y Gasset afirma que el programa de una vida feliz apenas ha variado a lo largo de la existencia humana, comparte con el viejo Séneca la idea de que ese estado de gozo interno, de paz consigo mismo y de alegría de vivir se lo fabrica, se lo hace a su medida cada persona. «Felicidad es no necesitarla», dice Séneca o lo que es lo mismo, tú ya eres felicidad, pero en lugar de vivir la dicha y el privilegio de tu propia vida, de lo que eres, te dedicas a buscar la razón de tu alegría y de tus ganas de vivir en lo que puedan ofrecerte las personas, las cosas, las circunstancias: que el día amanezca soleado o nublado o que las personas con las que vives o trabajas te hagan grata la jornada...

Ahí está el gravísimo error y la causa de por qué no sólo cualquier persona corriente, sino incluso algunos grandes escritores, se mofen de la palabra felicidad y de cuantos pretenden defender que es posible ser felices. Condicionar la felicidad, el gozo de vivir y la aceptación de la realidad que te ha tocado vivir a lo que te depare la vida equivale a negar a cualquiera la posibilidad de ser feliz. El aprendiz de sabio no tarda en entender que sólo es posible una felicidad no condicionada. Hasta que no asumas que tú ya eres felicidad y que nadie puede proporcionarte algo que sólo depende de ti, no habrás avanzado nada.

La felicidad es una actitud personal interior, pensada y decidida ante la vida, como talante, como opción saludable. El aprendiz de sabio es consciente de que la felicidad es posible y depende del tipo de respuesta que dé en cada situación, momento o circunstancia. Como bien dijo M. Katzeff, «el hombre interpreta la partitura que él mismo ha compuesto y vive la vida que él mismo hace».

«No tengo nada y así lo tengo todo», me decía el año pasado en Fuengirola un mendigo muy lúcido y todavía joven. Todas sus propiedades se reducían a una vieja maleta, a una bicicleta y un perro. Me acerqué con la intención de ofrecerle una pequeña ayuda económica y él me regaló su paz, su nobleza y su sabiduría. «Veo que su perro está fatigado, ¿le da de comer?» «Mi perro ha estado perdido dos días y he sufrido y llorado por su ausencia. Con él comparto todo, a él le cuento mi vida y me entiende tanto o más que usted. En cuanto a la comida, primero come mi perro y después como yo. Eso lo tengo claro. ¿Sabe una cosa?, sé que soy un pobre mendigo, pero poca gente ha disfrutado más amaneceres y atardeceres que yo. Quien come caliente todos los días no sabe lo que es comer una vez al año una comida decente y, aunque algunos te desprecian o no te miran a la cara, otras personas, muchas más de las que usted se imagina, te tratan con respeto y hasta con cariño o se interesan por ti… y eso no hay dinero que lo pague.»

5. LAS TRÁGICAS MINUCIAS

> Plantearse los menos problemas posibles es la única manera de resolverlos.
>
> JEAN COCTEAU

Si todo lo magnificas y dramatizas, si lo cotidiano y casi insignificante te agobia y hasta te saca de quicio, no sé por qué te extraña sufrir tanto, que por todas partes se escuchen tus lamentos y que no dejen de «crecerte los enanos» de los problemas contigo mismo y con los demás.

No hace mucho me escribió una mujer de treinta y seis años, pidiéndome ayuda porque reconocía que se «enfadaba muy a menudo, por cualquier cosa sin importancia, y el enfado y el malhumor le duraban a veces varios días». Este tipo de personas aprendieron desde sus primeros años a preocuparse por todo, a ponerse en lo peor y a esperar con miedo y rabia que las personas, las cosas y las circunstancias les fueran adversas. Cuando tratas de profundizar un poco en sus complejas vidas, descubres que permanecen sumidos en un «estrés anticipatorio», de nefastas consecuencias físicas y psíquicas, que las instala en la desgracia.

Como lo más insignificante se convierte en algo peligroso y terrible, el grano de arena se percibe como el Montblanc y el rasguño es una herida mortal de necesidad. Quien de todo hace un problema, esté donde esté y sea cual fuere su suerte, su edad o condición, se convierte «ipso facto» en el pararrayos de todos los males, desgracias, problemas y mala suerte. La propia persona es el problema. ¿Cuándo encuentra una salida a tan lamentable estado? En el mismo instante en que, valiéndose de su capacidad de observación y de su inteligencia, descubre al igual que el aprendiz de sabio que la misma situación que él vive como desgracia o catástrofe el vecino de enfrente la vive, asume y encara como algo normal, perfectamente superable y que en nada afecta a su estado de equilibrio, de gozo y de ganas de vivir.

Puesto que hablamos de personas que todo lo magnifican frente a las que saben relativizar las cosas y hasta disfrutar de las desgracias y contratiempos, el año pasado me contaba un médico amigo que en la misma habitación de un hospital atendía a dos enfermos que se veían obligados a guardar cama durante tres o cuatro meses. Uno de ellos le decía: «Me ha tocado la lotería, doctor; nunca he tenido vacaciones, siempre he trabajado como una mula y dentro de lo malo tengo la suerte de tener cuatro meses por delante para no hacer nada más que lo que me apetezca: leer, ver la tele, pensar, escuchar música, dejarme atender y mimar…».

En otra cama de la misma habitación y con el mismo problema, otro hombre maldecía cada día su suerte, amargaba la vida de su familia y la de cuantas personas pasaban por la habitación. «¿Por qué no aprende de su compañero? —le dije—. Tiene su mismo problema y no sólo no se lamenta, sino que rebosa felicidad.» «No sé por qué se extraña —me respondió con evidente malhumor—. ¿No se ha fijado en su cara? Parece que todo le hace gracia sin venir a cuento. Yo le digo que no sé si es tonto o inconsciente o las dos cosas…» «Alguien que es capaz de encontrar felicidad en los contratiempos y desgracias se escapa a nuestros niveles de comprensión —le dije—, usted piense lo que quiera, pero me siento inclinado a imitarle más a él que a usted, querido amigo.»

6. LA DICHA DE EXISTIR

> La desgracia depende menos de las cosas que se padecen que de la imaginación con que se aumenta nuestra desventura.
>
> FÉNELON

Tú solo produces tu desgracia si conviertes en condiciones para sentirte mejor y ser feliz lo que no son otra cosa que simples deseos, preferencias y anhelos. Es bueno y loable tener aspiraciones e intentar superarse en todo cada día. El problema te lo creas en el mismo instante en que colocas en el mismo plano tu felicidad, el gozo por vivir y la satisfacción de tus deseos y propósitos. Que tu primordial deseo, anhelo y objetivo sea vivir y disfrutar con todo tu ser el hecho de existir ¡ahora!

Hace algunos años, pasó por mi consulta, acompañado de su esposa, un hombre de cuarenta años, hijo de notario, cuyo propósito en la vida y condición para ser feliz y sentirse bien consigo mismo era ser notario como su padre. Terminó la carrera de derecho con veinticuatro años, a los treinta se casó y nada importaba, salvo tener la satisfacción de colocar en la puerta de su despacho la reluciente placa que le había regalado su padre y en la que se remarcaba en relieve su nombre y apellidos y la palabra NOTARIO, mucho más resaltada.

El motivo de la consulta no era otro que ayudar a ese hombre a convencerse de que podía perfectamente ejercer como abogado, montar un despacho con otros compañeros y sentirse feliz, aunque no ejerciera la profesión de notario. Me resultó imposible ayudarle y nunca supe después qué fue de la vida de ese pobre hombre. La esposa tenía negocio propio del que vivían, y el aspirante a notario me dejó muy claro que si no aprobaba la oposición y ejercía como notario, la vida carecía de sentido para él.

Le pregunté si tenía intención de tener hijos, puesto que la esposa se quejaba del estado de abandono en que la tenía, ya que su mente se centraba exclusivamente en aprobar la oposición. Su respuesta fue tajante: «Nada de hijos, por el momento». Ya sé que dirá el lector que éste es un caso extremo y propio de la consulta de un psicólogo o de un psiquiatra, pero puedo asegurar que son incontables las personas que de manera irracional y estúpida labran su desgracia, porque condicionan y ligan el hecho de ser felices y de sentirse bien consigo mismas a absurdos e insensateces semejantes al que convirtió a mi paciente en un ser desgraciado.

No pasa absolutamente nada por no ejercer esta o aquella profesión ansiada y deseada, porque lo verdaderamente importante en la vida es la existencia misma, y vivirla es la mayor prueba de sabiduría. Por eso, el aprendiz de sabio en que debes convertirte sabe disfrutar de los deseos satisfechos y de las metas logradas, pero no dedicará ni un minuto a quejarse y lamentarse por los anhelos que no pudieron ser colmados ni por los objetivos que se quedaron en un mero proyecto, cuando cada día nos depara incontables momentos, satisfacciones y motivos para sentirnos plenamente felices.

7. ENEMIGOS, LOS JUSTOS

> Perdona siempre a tu enemigo. No hay nada que le enfurezca más.
>
> OSCAR WILDE

No libres batallas que no te interesan ni luches con enemigos que no te has buscado. Debes ser tú quien de manera fría, serena y consciente decidas en qué batallas y con qué enemigos prefieres luchar, si es que realmente, desde una sosegada objetividad y libre de apasionamiento, consideras que merece la pena enfrentarte al enemigo más que librarte de él dándole de lado o perdonándolo. Por favor, no te metas en más líos, no pretendas ser el perejil de todas las salsas.

Seguro que el amable lector conoce a algún familiar cercano, amigo, compañero de trabajo, etc., que siempre anda metido en líos y problemas. Dice que se los encuentra, pero la verdad es que son estas personas quienes no hay día que no busquen el conflicto como el tábano la herida donde picar.

No me cabe la menor duda de que hay momentos en nuestras vidas en los que hay que reaccionar con energía y pasar a la acción con valentía cuando alguien trata de aprovecharse de nuestra bondad o lesionar nuestros intereses. Dejarse pisar y avasallar y que el ofensor, calumniador o violento se vaya de rositas es un grave error. Pero también es un grave error ofenderse y enfadarse por todo e ir por la vida interpretando el papel de bucanero, maldiciendo, amenazando y mostrando un constante malhumor y cabreo por casi todo, viendo enemigos por todas partes.

Salvo en esos casos en los que no queda otro remedio que poner en su sitio a quien nos ofende o pretende causarnos un grave daño, lo inteligente es demostrar al ofensor que no es enemigo para nosotros, que nos encontramos en un nivel superior de autorrealización y que no perdemos el tiempo en bobadas.

Aquí sí que es verdad que el mejor desprecio es no hacer aprecio de las ofensas de un acomplejado, de un resentido o de un engreído. Nada le afecta ni le molesta más que el perdón en el sentido de saber dejarle con su maldad, su odio y resentimiento y decirle que tiene todo el derecho a juzgarnos y calificarnos tan negativamente como lo hace, pero que nosotros tenemos mucho mejor concepto de nosotros mismos y hasta de él, que es quien nos ataca y pretende herirnos.

El aprendiz de sabio ha llegado a entender que si está siempre dispuesto a responder a cualquiera que pretenda hacerle daño, menospreciarle o amargarle el día, no le quedará tiempo para sí mismo, para sentirse bien con quienes le tienen gran estima y para disfrutar de la vida. Por eso, con buen tino y gran sabiduría es él quien decide si merece la pena o no enfrentarse a enemigos que no se ha buscado, ni a quien considera verdaderos enemigos. Opta casi siempre por el perdón y por no estar disponible para personas de las que no les interesan ni sus vidas, ni sus ataques, ni sus maldades. No buscarse problemas y evitar en lo posible los que pretendan endosarnos es una prueba de sabiduría.

8. PERFECCIÓN; NO PERFECCIONISMO

> La felicidad que no perfecciona es mentira: la perfección que hace desgraciados no es verdad.
>
> CONCEPCIÓN ARENAL

El perfeccionismo es fuente de ansiedad, de estrés y de neurosis y, en consecuencia, es incompatible con la paz interior, con la salud psíquica y con una personalidad equilibrada y armónica. Es preferible ponerse como meta buscar en todo la excelencia, es decir, hacer las cosas lo mejor posible. Pero al perfeccionista esto no le satisface y pretende el imposible de la perfección en todo, algo que le agota y estresa constantemente. Es suprahumano e inhumano buscar la inalcanzable y frustrante perfección, porque todos somos limitados y nadie es perfecto. El aprendiz de sabio se decanta por la excelencia, hace todo lo mejor que puede y sabe, se acepta como es con limitaciones, defectos, algunas virtudes y cualidades y ¡¡lo disfruta!!

La mayoría de los perfeccionistas que he conocido se sentían mal consigo mismos y al pretender la perfección, acabaron por instalarse en la inanición y el fracaso quejumbroso, trinando contra sí mismos, contra su mala suerte, contra la maldad de los demás o contra la vida.

El perfeccionista nunca llega a ser una persona de éxito por culpa de su mente dicotómica, que todo lo percibe y proyecta en la línea de «todo-nada». No le interesan los pequeños éxitos, no soporta aprender de los fracasos y al pretender este imposible, se instala en la renuncia en no intentar nada si no tiene garantizado el éxito.

Hay una prueba sencilla que hacemos los psicólogos a los niños, que predice en buena medida quiénes tendrán éxito y lograrán sus objetivos al llegar a adultos. Se invita a los niños de ocho o diez años para que consigan meter en la boca de una rana metálica, en un plato o en un agujero todas las monedas o arandelas metálicas que puedan. Se les indica que el mérito está en conseguir meter el mayor número de piezas posibles a más distancia. Pues bien, los niños perfeccionistas y los que siguen la ley del menor esfuerzo se colocan tan cerca que meten todas las fichas porque no soportan los fallos, o bien se colocan demasiado lejos y así justifican su fracaso. Algunos niños, los eficaces, los que no buscan la perfección, sino la excelencia, se entrenan desde diversas distancias hasta lograr una dificultad media y se sienten satisfechos si desde una buena distancia consiguen colar cuatro o cinco fichas de diez. Ellos mismos asumen que esos «fracasos» son necesarios para adquirir más habilidad. A medida que son más hábiles, aumentan la dificultad, es decir, la distancia.

El ser humano está pensado para superar obstáculos, vencer dificultades, asumir responsabilidades y lograr objetivos. Las cosas casi nunca salen a la primera y mucho menos a la perfección, y a lo máximo que podemos aspirar los humanos es a poner todo el esfuerzo, toda nuestra inteligencia y todo nuestro empeño en aquello que nos proponemos. A eso llamamos actitud inteligente que suele tener como consecuencia excelentes resultados, eficacia, felicidad que perfecciona.

9. DEMASIADO RUIDO, DEMASIADA PRESIÓN, DEMASIADA PRISA

> He buscado en todas partes sosiego y no lo he encontrado sino sentado en un rincón apartado con un libro en las manos.
>
> George Santayana

La vida no es necesariamente una carrera de obstáculos, ni un cuadrilátero en el que compites por ser el número uno. No te equivoques; sólo tú eres el responsable de la presión a que te ves sometido. ¿Has pensado adónde te conduce una existencia en la que apenas queda tiempo para el silencio y la paz interior?

María es una joven ejecutiva de treinta y siete años. Tiene casa propia, un magnífico coche, un sueldo de impresión y un brillante futuro laboral, pero no tiene tiempo para sí misma porque el trabajo le absorbe, le exige. «Sé que mi situación puede ser envidiable para muchos —me dice—, pero a mí empieza a cansarme, incluso a agobiarme. Con el nivel de exigencia y dedicación que impone mi empresa a una persona de mi categoría, si me caso y tengo hijos, apenas tendría un rato al día para estar con mi esposo e hijos. Pago el éxito que tengo a mis treinta y siete años a un precio demasiado alto...»

No pocos hombres y mujeres entre treinta y cuarenta y cinco años se están haciendo las mismas preguntas que María y se plantean la posibilidad de tener menos cosas, reducir los ingresos y mejorar su calidad de vida personal y familiar. Al fin y al cabo, ¿adónde conduce una vida en la que casi todo es entrega en cuerpo y alma a una empresa, y la dedicación a ti mismo y a los tuyos no pasa, en el mejor de los casos, de un 15-20 por ciento del tiempo total? Si tan siquiera nos queda tiempo para el silencio, el sosiego y la paz interior, seguramente nos convendría revisar nuestra propia escala de valores. Todo cuanto hacemos, proyectamos, trabajamos y a lo que nos dedicamos o bien nos sirve para sentirnos satisfechos disfrutando el día a día gozosamente con nosotros mismos y con nuestros seres queridos o bien de poco nos sirve. Poseer más cosas, sin tiempo, sosiego y quietud no nos proporciona la felicidad que necesitamos.

¿Para qué queremos cosas y bienes si no tenemos tiempo y a veces ni ganas para disfrutarlos? Multipliquemos los momentos de silencio fecundo y de sosiego en un lugar apartado, con un libro en las manos, cuya lectura nos reconforte y nos construya el alma y la sensibilidad. Olvidamos con demasiada frecuencia, como bien dijo F. de la Rochefoucauld, que el primero de los bienes, después de la salud, es la paz interior. Yo añadiría que difícilmente puede haber verdadera salud física y psíquica sin la serenidad, sin el sosiego, sin el necesario tiempo libre para ser y sentirse uno mismo, para poder sentirse mejor y de forma más grata con los demás…

10. PACIENCIA, VIRTUD IMPRESCINDIBLE

> La paciencia es la más heroica de las virtudes, precisamente porque carece de toda apariencia de heroísmo.
>
> GIACOMO LEOPARDI

Alíate con la paciencia que es mucho más que la «madre de la ciencia» y, lógicamente, de la sabiduría. Es la madre del equilibrio, del éxito, de la convivencia pacífica, de la paz interior y de todas las virtudes… ¡de tantas cosas…!

Confieso públicamente que soy un enardecido defensor de la paciencia como virtud imprescindible, pero conviene aclarar que nada tiene que ver la paciencia, coraje de la virtud, con la indolencia, la falta de voluntad o la cobardía.

Nada importante se ha hecho sin la paciencia. La misma naturaleza practica a cada momento la paciencia, que es pura sabiduría. ¿Qué sucedería si el sol apareciera de improviso, sin la lentitud necesaria del amanecer, de la alborada? Pues que además de cegar nuestros ojos, todos los seres vivos perecerían si el paso de la noche al día no se llevara a cabo de forma gradual. El árbol más gigantesco y la hierba más pequeñita crecen con la necesaria paciencia. ¿Qué sucede con la ciencia? No hay descubrimiento científico sin paciencia, sin límites. La ley del «ensayo error» lo deja bien claro. A base de eliminar errores se llega poco a poco a éxitos pequeños y de éstos a los grandes logros. Invito al lector a que intente encontrar una sola virtud, logro importante o acción meritoria en los que no juegue un papel decisivo la paciencia.

¿Qué hacer ante lo irremediable, ante lo que no se puede evitar?

Aceptarlo, armarse de paciencia y esperar a que el tiempo, nuestra buena disposición y hasta el sentido del humor nos ayuden a superar los posibles efectos negativos de la situación o del acontecimiento desgraciado.

¿Te consideran débil?

Tienes la oportunidad de hacerte fuerte con la paciencia, incluso impacientar con tu equilibrio y tu paz a los que se tienen por fuertes, poderosos e invencibles.

¿Cómo se comporta el paciente e inteligente ante la maldad,
venga de donde venga?

Espera que termine por beberse su propio veneno quien pretenda ofenderle y descalificarle. Nunca se sitúa en su mismo plano y sólo responde a las ofensas con el silencio, que no concede categoría ni entidad al ofensor, o con un trato amable y considerado, que rompe todos los esquemas al enemigo.

Se cuenta que una anciana le preguntó al presidente Abraham Lincoln cómo podía tratar con amabilidad y consideración a sus enemigos, cuando lo lógico sería destruirlos. A lo que contestó Lincoln: «¿Acaso no los destruyo al convertirlos en amigos?».

Gandhi, ejemplo vivo de paciencia inteligente, siempre decía que al adversario no hay que aplastarle, sino ganarlo, conseguir que se ponga de nuestra parte. Nadie tenga la menor duda de que no hay paciencia posible sin autocontrol, pero sobre todo sin inteligencia. Todas las virtudes sin excepción cristalizan y se sintetizan en la paciencia. Por eso el aprendiz de sabio no se anda por las ramas y se ejercita y entrena cada día en la extraordinaria virtud de la paciencia. No cesa de sembrar, pero sabe esperar a que las mieses crezcan, granen y se doren las espigas y llegue el día de la cosecha.

11. SILENCIO FECUNDO

> Todos los problemas de la humanidad proceden de la incapacidad del hombre para permanecer sentado, en silencio, a solas en una habitación.
>
> Blaise Pascal

Reserva cada día y en todos los días de tu vida un tiempo para el silencio, para estar a solas contigo mismo, para escuchar tus anhelos, para hacerte reconvenciones, para perdonarte, darte paz y sentirte en tu íntima plenitud interior. Como buen aprendiz de sabio ya has experimentado que la serenidad de los sentidos, la creatividad y los contenidos del espíritu se activan y potencian en el silencio y en la soledad fecunda. Todos abrevan en la misma fuente de energía vital que es la paz interior.

Me vienen a la memoria los inmortales versos de fray Luis de León, en su *Vida retirada*:

¡Qué descansada vida
la del que huye del mundanal ruido,
y sigue la escondida
senda por donde han ido
los pocos sabios que en el mundo
han sido!

En el mundo moderno, si algo sobra es el ruido, tensión, ansiedad, estrés, que muchos denominan «la enfermedad de nuestro tiempo» y seguramente es verdad. El estrés, constante en nuestra vida porque no conseguimos «desconectar» de los problemas cotidianos, es seguramente el responsable de la mayor parte de nuestros problemas y conflictos personales, tanto físicos como psicológicos.

Si hablamos de **trastornos asociados al estrés**, bien sea porque el propio estrés provoque su aparición o porque colabore a agravar un trastorno ya desarrollado por otras causas, se suelen señalar los siguientes:

- **Trastornos cardiovasculares:** hipertensión arterial, enfermedad coronaria, taquicardias, arritmias episódicas...
- **Trastornos respiratorios:** asma bronquial, hiperventilación, taquipnea, disnea, opresión torácica...
- **Trastornos inmunológicos:** alteración de la respuesta del sistema inmunológico, encargado de defender al organismo de posibles antígenos y como consecuencia: acelerar el desarrollo de trastornos infecciosos: tuberculosis, gripe, herpes...
- **Artritis reumatoide:** En este trastorno están implicados múltiples sistemas orgánicos; se caracteriza por el deterioro de los cartílagos de las articulaciones que revisten el hueso.
- **Trastornos endocrinos:** hipertiroidismo, hipotiroidismo, síndrome de Cushing.
- **Trastornos gastrointestinales:** úlcera péptica, dispepsia funcional, colon irritable, colitis ulcerosa...
- **Diabetes e hipoglucemia.**
- **Trastornos dermatológicos:** prurito, sudación excesiva, dermatitis atípica, alopecia, tricopilomanía...
- **Dolor crónico y cefaleas.**
- **Trastornos musculares, trastornos sexuales, trastornos psicopatológicos:** ansiedad, miedos, fobias, depresión, conductas obsesivas y compulsivas, exhibicionistas, insomnio, obesidad, anorexia y bulimia, trastornos de la personalidad.

El lector se preguntará por qué detallo todos estos trastornos asociados al estrés, pues bien, existe una razón: dejar claro que, si bien no está en nuestras manos librarnos de tantas situaciones estresantes que nos acosan a cada instante en el mundo moderno, sí podemos entrenarnos para no dar respuestas automáticas que siempre nos perjudican, sino respuestas bien pensadas, inteligentes, relajadas, no estresantes. Ante una situación estresante como el atasco circulatorio, una persona entrenada puede relajarse escuchando música o un programa de radio o simplemente analizando a los demás conductores en sus reacciones. Otra persona, no entrenada, ante el mismo atasco circulatorio, maldice su suerte, se desespera, toca el claxon constantemente y llega al trabajo agotado y casi enfermo.

Hoy, más que nunca, necesitamos la práctica de la relajación, de la respiración completa (abdominal) pausada y profunda, de la meditación y otras técnicas psicológicas como la de «detención del pensamiento», «solución de problemas» y de «reorganización cognitiva», que el lector puede encontrar detalladas en mi libro *Aprendo a vivir* (Temas de Hoy, 1996).

El contacto con la naturaleza, con el mundo animal en soledad, sin prisas, sin reloj, lejos de obligaciones ineludibles y de situaciones y personas generadoras de tensión, lo imprescindible para cualquier persona que pretenda mantener su equilibrio y su paz interior en buen estado. No sirven las vacaciones estivales que casi todos disfrutamos. Necesitamos mucho más esos pequeños paréntesis y retiros de tres, cuatro o seis días cada mes o cada dos meses, aprovechando un puente, o la celebración de unas fiestas patronales. En caso de que no sea así, sería suficiente la desconexión total cada quince días a partir del mediodía del viernes, el sábado y el domingo.

12. SOCIABILIDAD; EL OTRO SIEMPRE TE CONSTRUYE

Quien quiere el bien de los demás ha hecho ya el suyo.

PROVERBIO CHINO

No te duela ser el primero en dar el primer paso
y en mostrarte afectuoso, comprensivo y solidario.
El otro siempre te completa y enriquece, si tú le completas
y enriqueces. Ser para los demás, acuérdate, es la manera
más inteligente y práctica de ser para ti mismo.

Juana es una mujer de mediana edad que practica el bien y ejerce de persona generosa con todos, como el sol que nos alumbra cada día y nos prodiga su luz y su calor sin esperar a que se lo pidamos. Pasó por mi consulta hará unos tres años con el único propósito de preguntarme si dar y no recibir nada a cambio, salvo en contadas ocasiones, y sentirse feliz podría significar que ella no estaba en sus cabales o era una persona poco inteligente, como le decían su esposo y sus hijos.

«¿Tú eres feliz, te sientes bien?» «Sí —me contestó—. Me satisface cuando alguien me agradece un favor que le he hecho, pero si no lo hace, me niega algo que yo le pida o pasa de mí, yo sigo sintiéndome bien. No resulta imprescindible que me agradezcan nada para sentirme bien y a gusto conmigo misma. Le voy a decir más: a estas personas que no saben agradecer ni son capaces de hacer nada por ti sigo tratándolas con afecto y les presto mi ayuda tantas veces como me lo pidan. ¿Soy tonta realmente?»

«No, no solamente no eres tonta, sino muy inteligente. Perteneces a ese selecto grupo de personas que saben que no hay otra manera más directa y clara de labrar la propia dicha y felicidad que contribuir al bien y a la felicidad de nuestros semejantes.

»En cualquier caso y reconociendo que estás obrando bien —le dije a Juana—, tu esposo y tus hijos tienen parte de razón porque temen que personas de mala voluntad se aprovechen de tu bondad. El calificativo de "tonta" debe entenderse como: demasiado bondadosa, manipulable, vulnerable…»

El otro, el prójimo, siempre nos completa y enriquece si nosotros salimos a su encuentro y con nuestras buenas obras le completamos y enriquecemos. ¿También nos completa y enriquece el ingrato y el malvado que se beneficia de nuestra bondad y generosidad? Sin la menor duda, porque es el mismo acto generoso, solidario y empático el que genera esa plenitud interior que nos inunda y que nadie nos puede arrebatar.

De todas formas y hablando de «dar», sobre todo cosas materiales, aconsejo seguir la recomendación de Miguel de Unamuno. «No des a nadie lo que te pida, sino lo que entiendes que necesita; y soporta luego la ingratitud.»

13. LOS DEMÁS SON TÚ: DAR ES RECIBIR

> Realiza el bueno acciones generosas, lo mismo que un rosal produce rosas.
>
> RAMÓN DE CAMPOAMOR

Date el gustazo de encontrarte entre los pocos mortales que deliberadamente y con alegría permitan a los demás que compartan tu éxito, tengan razón y se sientan valiosos e importantes.

Carlos es un humilde camionero que siempre trabajó a sueldo; un buen día Pepa, su esposa, tiró la casa por la ventana y jugó una cantidad importante de dinero en la lotería de Navidad, sin contar con él. Nunca habían tenido suerte en nada ni les había tocado ni siquiera un premio en una tómbola, pero esta vez les tocó el «gordo de Navidad», trescientos millones de pesetas de los de hace diez años.

Carlos y Pepa hicieron partícipes de su suerte a familiares y amigos gastando en regalos y atenciones parte de ese dinero. Su vida cambió de camionero a sueldo a ser propietario de una pequeña flota de camiones. Pasado un año, se enteró de que tres de sus antiguos compañeros habían perdido el trabajo y le faltó tiempo para integrarlos en su pequeña empresa, pero no como simples trabajadores a sueldo, sino como socios de su nueva empresa. «Hay pocos hombres así», me decía uno de esos compañeros a los que hizo socios y trató como a hermanos.

Si las cosas nos vienen de cara, si nos va bien en la vida y hasta nos sonríe la suerte como al bueno de Carlos y a su atrevida esposa Pepa, ¿por qué no hacer partícipes de nuestra suerte a quienes tenemos más cerca y a quienes más lo necesitan?

Preciosa frase la de Campoamor para describir con gran belleza al hombre bueno y generoso que se siente feliz tratando a sus semejantes como a él le gustaría ser tratado y atendido si estuviera en su lugar... «lo mismo que el rosal produce rosas, una persona de gran corazón realiza acciones generosas». Esta generosidad va más allá de lo material y el aprendiz de sabio, consciente de que en dar está la recompensa, no sólo da de lo que tiene, sino que sabe alentar lo más valioso y meritorio de sus semejantes para que se sientan importantes y seguros de sí mismos.

Dar la razón a quien la tiene, reconocer las propias limitaciones y carencias y contribuir a que quien más necesita valorarse, quererse y afirmarse eleve su autoestima, es señal evidente de un corazón magnánimo como el de Carlos y Pepa de nuestra sencilla historia. ¡Cuántas buenas acciones llevadas a cabo por tanta buena gente desconocida! Siempre he dicho que este mundo nuestro sigue su curso y merece la pena nacer y vivir en él gracias a esos héroes sin nombre, que en la realidad de su vida cotidiana se comportan como incansables sembradores del bien. A ellos debemos imitar tanto en la forma solícita con que actúan como en la humildad de su actitud, sin buscar otra cosa que el gozo íntimo que les proporcionan sus nobles acciones que no necesitan salario, que se pagan por sí mismas.

14. DUEÑO DE TI MISMO

Todo lo que no se comprende, envenena.

EUGENIO D'ORS

Si la ira se desata en tu pecho porque alguien te hace mucho daño, te irrita, te menosprecia o te saca de quicio, imagínate a esa persona que te crea esos problemas, como un niño que gatea y ni siquiera sabe andar todavía, o como un anciano decrépito que no se vale por sí mismo. Sentirás que tu ira deja de rugir, tu rostro recupera la serenidad y en tu boca se dibujará una sonrisa de comprensión, que te devolverá la paz y el sosiego de tu espíritu.

Como a muchos españoles me tocó en suerte hacer el servicio militar en África, concretamente en El Aaiún. Aunque aquello fue duro, no sólo no reniego de la obligada experiencia, sino que la considero positiva por diversas razones. Un buen día un soldado compañero, que nunca había tenido nada contra mí, montó en cólera acusándome de que la tenía tomada con él porque le ponía más guardias que a los demás en el Fortín (el lugar más peligroso donde se guardaban bombas, explosivos, etc.). Yo era cabo primero, podía aprovecharme de mi rango superior o simplemente responder como hombre orgulloso al desafío de sus palabras: «Si no estuviéramos en la mili, te ibas a enterar»; partiéndole la cara o arrestándole. Evidentemente, no lo hice, porque en la mirada furibunda de aquel muchacho lleno de ira, que estaba desatando en mi pecho una ira semejante, descubrí dolor y desesperación. En ese momento, surgió en mí un sentimiento de comprensión y de afecto hacia ese chico. Recordé que hacía tan sólo dos semanas había recibido una carta de la novia diciéndole que estaba saliendo con un chico de su oficina, que lo sentía mucho y que todo había terminado entre ellos. «Perdóname —le dije—, es posible que lleves razón en lo de las guardias, porque yo haya tenido un despiste, pero si te has puesto así conmigo, desafiándome, es porque te pasa algo grave.» Puse mi brazo sobre sus hombros, ofreciéndole mi ayuda, y aquel pobre chico se derrumbó por completo y entre sollozos me dijo: «Era poco que me dejara la novia hace unos días y acabo de recibir otra carta diciéndome que a mi padre le ha dado un infarto». Le di un fortísimo abrazo, le consolé y desde ese día fue uno de mis mejores amigos.

Aprendí que detrás de la rabia y de la ira no siempre se encuentra una mala persona, sino alguien frustrado, dolorido, acomplejado, con miedo, desesperado... No se apaga ni se resuelve la reacción iracunda con otra respuesta también violenta y desafiante, sino con grandes dosis de ecuanimidad, empatía y comprensión, recurriendo a nuestra inteligencia, armándonos de paciencia, de bondad y tratando de averiguar las causas de una actitud tan explosiva e incontrolada (reorganización cognitiva se denomina en psicología a esta forma de intervenir en casos semejantes).

Dice Arthur Schopenhauer que «lo que la lluvia es para el fuego, es la lástima para la ira». Yo diría que más que lástima, es comprensión, empatía, bondad, grandeza de espíritu y gran madurez mental y psíquica.

En la próxima ocasión en la que alguien con sus palabras y actitudes despierte en ti la ira, recuerda que detrás seguramente se encuentra no un ser malvado, sino alguien muy herido, temeroso y decepcionado.

15. SIEMPRE SERENO Y EN CALMA ANTE LOS GRITOS

> Porque los hombres gritan para no oírse, para no oírse cada uno a sí mismo, para no oírse los unos a los otros.
>
> MIGUEL DE UNAMUNO

Cuanto más grite y se exaspere tu oponente, más te ataque y pierda el control de sí mismo, más largo y profundo debe ser tu silencio, más calmada, serena e impasible tu actitud y más tardía y pausada tu respuesta.

Antes de escribir unas palabras sobre los gritos desaforados, las expresiones groseras, las descalificaciones y la falta de control, a lo largo de una semana (junio de 2004), me he tomado la libertad de echar un vistazo, zapeando, a los diversos programas de todas las televisiones en las que se diserta cada día sobre los noviazgos, cameos, miserias, proezas sexuales e infidelidades de los personajes de ese mundillo del «corazón».

La conclusión a la que he llegado es que el «éxito» (para mí inexplicable) de la telebasura se debe a dos constantes sobre las que se sustentan estos programas.

- *La primera* es que todas las variantes temáticas confluyen en un monotema común que es no tener nada importante ni de verdadero contenido que decir (sólo rumores, cotilleos, chismes y estúpidas vaciedades).

- *La segunda* es que todos los que debaten ¡están cargados de razones! En este mundillo del chismorreo, hablan a gritos, se quitan la palabra constantemente y se despedazan con sus expresiones insultantes, chulescas y groseras.

Me viene a la mente una frase que rescaté para mí del impar Enrique Jardiel Poncela hace algunos años: «Todos los hombres y mujeres que no tienen nada importante que decir hablan a gritos». Ya sé que no siempre es así y que hay excepciones. ¿Por qué gritas tú? Piénsalo y sé sincero contigo mismo. Puede ser que grites porque tu interlocutor no te escucha o se va por la tangente, y piensas que si le gritas le obligarás así a escucharte. Eso puede ocurrirte en alguna ocasión. Pero otras veces también gritas para apagar las voces y las razones de tu conciencia, que no deja de recordarte esa realidad insoslayable que pretendes pasar por alto.

A veces gritamos, no sólo para no oír la propia conciencia sino, sobre todo, para no escuchar ni atender los argumentos, las peticiones razonables y las demandas de los demás. ¡Nos duele la verdad del otro y la consistencia de sus argumentos!

Espero que el lector de este libro no pertenezca a un tipo «especial» de personas que, siendo conscientes de que no llevan razón, que están cometiendo un desatino y causando un grave daño a alguien concreto, a fuerza de gritos y sinrazones, pretenden robustecer su opinión y acallar su conciencia.

Al final del curso pasado, una joven profesora, que desempeñaba con gran capacidad y solicitud su labor educativa y se encontraba en período de pruebas, fue echada de su puesto de trabajo por el presidente de una sociedad que regenta un colegio. Las razones que aducía este individuo era que «la echaba porque a él le daba la gana». De nada sirvió que los padres de los alumnos se opusieran y le suplicaran, diciéndole que era la mejor profesora que habían tenido sus hijos.

Estaba en período de pruebas y esta magnífica profesora perdió su trabajo, su ansiado primer trabajo, porque le daba la gana a alguien que tiene mayoría de acciones en el colegio, pero ninguna capacitación personal ni profesional para juzgar y evaluar a un profesor. Lógicamente, la fuerza de sus argumentos (gritos) no podía ser otra que ¡¡porque a mí me da la gana!! Poco después, el estado de angustia, desesperación y estrés en que quedó inmersa la joven profesora ante tamaña injusticia la llevó a sufrir un infarto cerebral, del que por suerte se ha recuperado en parte. Como psicólogo, sé muy bien adónde puede llevar un estrés postraumático y que una canallada así pudo conducirla a la muerte.

No me cabe la menor duda de que alguien capaz de obrar así es consciente de su desatino y del tremendo daño causado a una buena persona. Al final y hasta hoy venció el mal, supo llevarse las aguas a su cauce. Sus gritos y amenazas seguramente lograron acallar su conciencia (¿tiene conciencia una persona así?) y robustecer su aviesa e incalificable intención. ¿Asistimos al triunfo del mal? Yo creo que no. La aparente dulce satisfacción que puede proporcionar salirse con la suya a costa de causar un grave daño a un inocente se troca antes o después en amargura. Todos los gritos, amenazas y sinrazones pueden probablemente acallar la conciencia de las personas que carecen de ella, pero no pueden silenciar la conciencia de la verdad.

En casos como éste, como respuesta a los gritos de la maldad y de la mentira, no conozco mejor respuesta que el profundo silencio del desprecio, en el sentido de no hacer el menor aprecio a esas personas y esas conductas.

16. LO PERMANENTE Y LOS CAMBIOS

Nadie se baña dos veces en el mismo río.

HERÁCLITO

A la noche sigue el día, como a la tempestad la calma. Así es la naturaleza y tú formas parte de ella. Por eso, toma conciencia de tus sentimientos y de tus estados anímicos y de cómo alternan los buenos con los regulares y los pésimos. Acepta que las cosas sean así y no te tomes demasiado en serio esas variaciones y alternancias... vivir es cambiar.

Hace casi cincuenta años yo era un niño que estudiaba latín, como tantos otros de los años sesenta. Disfrutaba especialmente traduciendo a Horacio y a Ovidio. De este último recuerdo una frase que siempre llevé en mi mente y que me ayuda a vivir con mayor plenitud: «*Tempora labruntur, tacitisque senescimus annis, et fugiunt freno non remorante dies*» (El tiempo corre, y silenciosamente envejecemos, mientras los días huyen sin que ningún freno los detenga).

Por motivos profesionales llegan a mi consulta muchas personas que sufren porque en su vida se ha producido un cambio rápido de estado: por enfermedad grave, por pérdida de un ser querido o simplemente porque les angustia el inexorable paso del tiempo: «Dios mío, si hace cuatro días yo era una niña que correteaba por estas calles y acabo de casar a mi nieta», se lamentaba una buena mujer, obsesionada con la idea de la muerte.

«Ya sabe que la muerte forma parte de la vida y que usted es de esas personas que tiene la inmensa suerte de ver casada a su nieta y dentro de nada será bisabuela. Otras muchas personas no pueden decir lo mismo. Su problema —le dije— es que únicamente valora y se fija en el tiempo, que razonablemente puede quedarle de vida, pero ¿qué pasa con todo lo que ha vivido? Todo cambia en este mundo nuestro. Quizá en otras esferas, en otros mundos sea de otra manera. Aceptar esta realidad es madurar, negarla u oponerse a ella es necedad y crearse problemas mentales, físicos, emocionales y ¡no vivir!»

No hay cambio en nuestras vidas que no tenga un cierto tinte de melancolía, ya que en cada cambio dejamos trozos de nosotros mismos, pero al mismo tiempo estamos siempre renaciendo a una nueva vida, a nuevas experiencias y vivencias.

El aprendiz de sabio, que cada día se siente más en sintonía con la madre naturaleza, sabe que «vivir es cambiar» y que lo inteligente es no aferrarse demasiado a nada, no condicionar nuestra felicidad ni nuestro estado de ánimo ni nuestras ganas de vivir a que todo ocurra como esperamos, sino que suceda lo que suceda y cambie lo que cambie salgamos bien parados, como diría Epicteto. La sabiduría está en disfrutar y vivir plenamente la niñez, la adolescencia y la madurez, pero con no menos plenitud, gozo y fruición la vejez.

Otro tanto hay que decir de nuestros estados anímicos, de nuestros días grises o de nuestros días de sol. Tan bello es el atardecer como el amanecer, el sol como la lluvia, el huracán como la brisa, la playa como la montaña. El secreto está en saber disfrutar cada tiempo, cada momento, cada cambio, cada novedad, con cada persona y en cualquier lugar, porque a pesar del cambio constante tú estás ahí, como ser irrepetible que acepta el cambio irremediable del universo que te acoge.

17. CAMPO DE PAZ, TIEMPO DE BONANZA

> La vida, la naturaleza, la humanidad, sólo son bellas cuando son transfiguradas por un cerebro creador.
>
> EDMON JALOUX

No te equivoques y que nadie te confunda, porque ni la vida es un «ring» ni un campo de batalla ni tú eres un guerrero, salvo que tú así lo decidas. La vida es tu mejor oportunidad para ser más, para crecer y para disfrutar, pero si todo lo vives y te lo tomas por las bravas y como una cuestión de vida o muerte, nunca lograrás la paz y bonanza en tu interior.

Muchas veces digo que Dios, creador de todas las cosas, creó el tiempo, pero sin manual de instrucciones, y para saber emplearlo de manera adecuada y beneficiosa los seres humanos nos vemos obligados a aprender de la sabiduría de la vida misma, de la naturaleza que nos ofrece lecciones magistrales a cada instante y de la experiencia vivida durante siglos por la humanidad. Saber aprovechar el tiempo precisa una elaboración bien pensada, reflexiva y coherente, pero sobre todo humilde y paciente. Por eso tantas personas optan por la prisa, por los resultados inmediatos y por la satisfacción de sus deseos, sin caer en la cuenta de que no es posible cosechar sin sembrar, que parte de la siembra puede malograrse por causas ajenas a uno mismo y que hay que saber esperar pacientemente hasta el día de la cosecha, dándole tiempo al tiempo.

Somos los hombres los que hemos creado la impaciencia, la prisa y el desasosiego y hemos convertido nuestra existencia, nuestro quehacer cotidiano en un cuadrilátero, en el que a cada instante nos calzamos los guantes de la ira, del mal carácter, de la preocupación, de la insatisfacción y del resentimiento. No dejamos tiempo para la paz y la bonanza de nuestro espíritu, y como diría W. Shakespeare, llegamos al final de nuestra existencia sin haber descubierto que «en un minuto hay muchos días».

No conozco otra forma más eficaz de prolongar un instante que vivirlo en paz y sosiego exterior, y sobre todo interior. Todo pasa, todo fluye, decíamos en la reflexión anterior (16), pero permanece la serenidad. Además, la profundidad del pensamiento sólo es posible en la quietud y hondura del espíritu, como sólo en la profundidad de los mares es donde el agua se mantiene más en calma. Las tormentas, las olas gigantescas y el ruido ensordecedor de los golpes de mar contra el acantilado sólo se producen en la superficie. ¿Qué tal, si para evitarte problemas y conflictos y para evitárselos a los demás, imitaras al aprendiz de sabio, procurando llevar a tu vida cotidiana el principio «vivir y dejar vivir»? Deja de meterte en dichos y en hechos ajenos, que en poco o nada te atañen, y verás cómo suben los niveles de tu paz interior y desaparecen la mitad de los problemas y sinsabores que te amargan la vida.

¿Conoces un logro más rentable que estar en paz contigo mismo? No te molestes en buscarlo, no existe otro mayor, es más, una prueba evidente de gran sabiduría es supeditarlo todo a permanecer en paz interior y la garantía más firme de conseguir estar en paz con los demás.

18. NO LES PIDAS TANTO A LOS DEMÁS Y A LA VIDA

¿Quién siendo amado es pobre?

OSCAR WILDE

Confórmate y da gracias porque alguien te admira, te quiere, te valora y te respeta, pero no pretendas el imposible de que todos te jaleen, quieran y valoren...
Probablemente te abrumaría ¡tanto amor y admiración...!

Acabo de regresar de Castro Urdiales (Santander), donde durante una semana, del 26 al 30 de julio de 2004, he dirigido e impartido clases del curso «La ansiedad y el estrés: cómo nos afecta y cómo superarlo», dentro de los cursos de verano de la Universidad de Cantabria. Más de ochenta alumnos han realizado el curso con gran interés y aprovechamiento. Al final, como suele hacerse, se pide una valoración del profesorado, de los medios y técnicas empleadas, del aprovechamiento, etc. Pude leer la valoración, alumno por alumno, y todos manifestaban estar encantados y daban una puntuación alta. Mi ego estaba en las nubes, disfrutando del éxito, hasta que un estudiante de medicina con toda rotundidad afirmaba: «Bernabé más bien flojo, haciéndose el simpático, se ve que domina el tema, pero es un prepotente»... Seguí leyendo valoraciones y otros tres alumnos más me calificaron con un aprobado.

Debo decir en honor a la verdad que para no bajar demasiado mi autoestima he necesitado releer varias veces valoraciones como ésta de una alumna anónima: «Figúrate, Bernabé, si el curso me habrá causado mella que tengo intención con otras compañeras de transmitir todo lo que nos has enseñado. Ya me estoy imaginando cómo todo lo que hemos aprendido se convierte en una cadena y ocurre eso tan precioso de ir logrando que el bien que recibimos no se quede en nosotros. De ti, sólo puedo decirte que ha sido una experiencia maravillosa aprender cómo hacer de forma sencilla algo tan complicado como vencer el propio estrés y aprender a vivir sin tensión y en paz con uno mismo».

Mi egoísmo y mi orgullo desmedido no han podido soportar que apenas un 3 o 4 por ciento de los alumnos me calificaran sólo con un aprobado y que uno me tildase de prepotente. Una cosa es «predicar» y otra bien distinta «dar trigo». Tanto escribir sobre la humildad y sobre la sabiduría y pretendo a mis años que todos me jaleen, me valoren y califiquen como excepcional. ¿Se da cuenta el lector por qué este libro se titula *Aprendiz de sabio*? Es lo más a que podemos aspirar por más que nos esforcemos. No llegamos a simples aprendices. Hoy tengo todos los motivos para sentirme feliz porque alguien me quiere de manera especial, muchas personas me aprecian y valoran y unas pocas incluso me admiran, sin duda, sin merecerlo, como prueba mi falta de humildad y mi engreimiento, pero con todo me siento un ser privilegiado.

Haz tú, querido lector, una reflexión y valoración sobre ti mismo y verás que tienes motivos sobrados para sentirte bien contigo mismo, a pesar de tus defectos y miserias. Nada debe arrebatarnos los deseos de superación y de alegría por vivir. Ahí están nuestras limitaciones y carencias, pero también la gran riqueza de lo bueno y meritorio que podamos hacer. No pidamos demasiado a la vida y demos gracias por lo que somos y tenemos, porque alguien nos quiere y valora, pero no pretendamos el imposible y la actitud soberbia de que todos nos quieran, alaben y valoren.

19. LA OPINIÓN DE LOS OTROS

> Si puedes afrontar el triunfo y el desastre, y tratar exactamente igual a esos dos impostores… tuya será la tierra y todo lo que hay en ella.
>
> RUDYARD KIPLING

La aprobación y la reprobación, la bendición y la maldición, la alabanza y el vituperio pueden venir de un mismo impostor. Por eso el aprendiz de sabio procura no prestar demasiada atención ni a unas ni a otras e intenta que no alteren su vida cotidiana, su paz, su alegría y sus deseos de vivir.

El fracaso, la pobreza y la enfermedad son huérfanos de necesidad. Del éxito, de la riqueza y de la salud, por el contrario, todos se disputan su paternidad. Cualquier persona que en estos momentos, por el puesto que ocupa, ya sea en la política, como en los medios de comunicación social o en las finanzas, esté en contacto con el poder y tenga fama e influencia, hará bien en reflexionar sobre la frase de Rudyard Kipling. Si usted ocupa un puesto importante le lloverán los compañeros de infancia, los compañeros de estudio, los familiares lejanos e incontables personas con las que apenas tuvo trato y de las que no se acuerda en absoluto. Querrán una fotografía suya y le recordarán alguna anécdota, vivencia o historia en común, que probablemente no guarda en su memoria… Todos se disputarán su amistad y tratarán de llenar el vacío y la insignificancia de sus tediosas vidas con el destello de fama y poder que usted disfruta en estos momentos.

Su partido político pierde las elecciones, usted ya no está en contacto con el poder, la fortuna le da la espalda y se convierte en un menesteroso, entonces puedo asegurarle que todos esos grajos y aves de rapiña que volaban en su derredor huirán despavoridos, y si se los encuentra por casualidad, le rehuirán, volverán la cara para otro lado e incluso serán capaces de decirle que no le conocen de nada.

El triunfo y el desastre, el éxito y el fracaso, la fama y el más absoluto anonimato, nada añaden o quitan a la esencia de la persona. Ni somos el éxito ni somos el fracaso; somos lo que es la esencia misma de nuestro ser como personas humanas, pero se nos juzga y valora por las apariencias, por las circunstancias: el estatus social, la fama, las riquezas, la edad, la salud, el poder, la influencia... Pero todas estas cosas que pueden cambiar con facilidad y de un día para otro no forman parte de tu esencia, no son tú, ni dan verdadera consistencia a tu vida.

¿Qué es lo que da consistencia a tu vida? La forma en que vivas los éxitos y fracasos, sabiendo que estos últimos son guías útiles que te ofrecen una valiosa información para averiguar por qué no sabes convertir tus errores y fallos en sabiduría y experiencia para tu vida futura. En realidad, la mayor parte de los grandes éxitos son consecuencia de la experiencia obtenida tras el error y aprovechada con mucha inteligencia.

Recuerda:

Que los problemas, las dificultades y los errores son parte integral y continua de la experiencia cotidiana. Acepta que la realidad de la vida está llena de dificultades, la mayoría de las cuales tienen solución. La actitud del aprendiz de sabio no es otra que pasar a la acción y mantener una actitud positiva como constante, lo mismo ante los éxitos que ante los fracasos, procurando averiguar **qué** debe hacer, **cómo**, **cuándo** y **con qué** medios. Es consciente de que tras el fracaso, si se actúa con inteligencia puede llegar el éxito, simplemente con perseverar cuando los demás ya han desistido, pero en todo caso el éxito no es condición «sine qua non» para ser feliz.

20. BUENAS ACTITUDES

> Lo mismo tarda uno en ver el lado bueno de la vida que en ver el malo.
>
> JIMMY BUFFET

Si quieres iniciarte con esperanzas de éxito en el camino de la sabiduría, elige para siempre como actitud ante la vida y como compañeras de viaje la amabilidad, la serenidad potenciada por el autocontrol, la felicidad no condicionada y el pensamiento positivo.

Antonio acaba de cumplir sesenta años y desde hace una década se decía que no podría mantener por mucho tiempo el ritmo frenético de trabajar catorce horas diarias, a excepción del domingo. Todo iba bien hasta que hace cuatro meses tuvo un infarto cerebral. Dirige cuatro empresas pequeñas y siempre pensó que era imprescindible, pero el infarto le ha abierto los ojos, y hoy es consciente de que lo único importante de verdad es seguir viviendo lo mejor posible. «Ya verán mis hijos lo que hacen con las empresas porque a mí lo único que me importa es vivir plenamente cada día. Hay un antes y un después tras el infarto. Mis amigos dicen que yo era el alma y el oxígeno de todas mis empresas y yo les digo que seré cualquier cosa menos idiota, y que ahora debo ser el alma y el oxígeno para mí mismo.»

Es evidente que quien habla así es un aventajado aprendiz de sabio que bien podría poner como ejemplo el mismo Epicteto al afirmar: «Los acontecimientos no te lastiman, pero tu percepción de ellos sí puede hacerlo». Digo esto porque Antonio, tras el infarto cerebral, del que ha quedado bastante bien, ha sabido ver el lado positivo: «Éste es el último aviso que me da la vida y me dice: ¡vive, idiota! Y es lo que voy a hacer. Que se preocupen los demás, que se enfaden los demás. Ya sólo me queda tiempo para disfrutar de cada instante, para ser la mejor persona que pueda ser y para no condicionar mi existencia a nada que no sea el vivir cotidiano».

Estamos ante una persona verdaderamente inteligente, que sabe extraer lo mejor de un grave acontecimiento, como es sufrir un infarto cerebral. ¿Qué hubieran hecho tantas otras personas? Unos lamentarse por la fatalidad de no poder seguir trabajando como antes y pensar que la desgracia había entrado en su hogar. Otros se pasarían el día lamentando su estado, pensando que ya no sirven para nada y que su vida no tiene sentido. Otros, muertos de miedo, se sentirían enfermos e incapaces de disfrutar de la vida en el futuro.

Entre todos ellos ofrezco hoy el ejemplo de Antonio, que ha elegido como actitud ante su futuro, serenar y ordenar su interior, tomar la decisión positiva de vivir lo más feliz que le sea posible su nueva situación de infartado y tan sólo ocuparse en vivir y en ser una buena persona. Seguramente ha llegado a la misma conclusión que Antonio Gala de que «la felicidad es darse cuenta de que nada es demasiado importante»... Salvo vivir, añadiría yo.

21. SABER MIRAR MÁS ALLÁ DE LOS DEFECTOS Y CARENCIAS

> Si quieres montarte en una mula sin defectos, acabarás siempre yendo a pie.
>
> MIGUEL DE CERVANTES

Si sabes mirar en tus semejantes más allá de sus defectos, más allá de sus virtudes y más allá de sus carencias y apariencias, descubrirás a un ser humano, ni más ni menos vulnerable, defectuoso y limitado que tú mismo.

Creo que fue en Zaragoza, hará unos siete años, con motivo de la aparición de uno de mis libros, yo daba una conferencia en el teatro Fleta, cuyo título era: «Saber vivir y ser felices hoy». Se me acercó al final un joven de unos veinticinco años y me dijo que había traído a su abuelo de ochenta y seis años porque me leía en *El Semanal* (Taller de Editores) y necesitaba hacerme una consulta. Pedí perdón y permiso a tanta gente que deseaba hacerme preguntas y me dirigí al lugar donde se encontraba un hombre bajito y de dulce mirada agradecida: «Dígame, amigo, ¿qué desea preguntarme?». «Usted —me dijo en voz baja y entrecortada— ha dicho cosas preciosas sobre cómo hay que vivir para ser felices, pero ¿cómo se puede ser feliz con alguien que tiene el defecto de encontrar a todo defectos y para quien nunca haces nada bien?» Me quedé unos instantes pensativo mientras le abrazaba cariñosamente con mi brazo derecho y le dije: «No hay medicina psicológica, amigo mío, que yo ni nadie conozca, salvo hacerse a la idea de que quien tiene a su lado a una persona así la acepta, como acepta tener lunares o los ojos pequeños y decide no darle mayor importancia o bien se separa de esa persona. El defecto de verle a todo y a una persona en concreto defectos difícilmente se corrige, porque quien tiene el "defecto de ver defectos" necesita patológicamente esta práctica para no ver los suyos propios. Los vería si tuviera un poco de humildad, pero no la tiene».

En honor a la verdad, debo reconocer que el «defecto de ver defectos» es bastante común, lo tenemos todos, salvo algún mortal muy avanzado en el camino de la perfección. El problema está cuando sólo hay ojos para los defectos de alguien muy cercano (esposa, hermano, compañero de trabajo) y no se acierta a descubrir ninguna virtud y cualidad en esa persona. Vivir con alguien que siempre tiene razón y que para sus defectos y errores es un topo y para los tuyos un lince es muy duro de sobrellevar.

Si el amable lector conoce algún caso de una persona habituada a ver permanentemente defectos en los demás y que se ha corregido de verdad, me encantaría que me escribiera dándome detalles.

Antes de criticar los defectos de alguien deberíamos echar un vistazo a los nuestros, porque sólo nos molestan en los demás el ver reflejados nuestros propios defectos. Nunca nos molestan los defectos que no tenemos, por paradójico que parezca. Resultaría inútil tratar de encontrar a un ser pluscuamperfecto, sería insoportable para un mortal vivir junto a tanta perfección…

Tratemos de ver más allá de las limitaciones y defectos de nuestros semejantes. Recordemos que si nos molesta algún defecto en alguien es una prueba evidente de que somos portadores del mismo defecto que criticamos y optemos, como suele hacer el aprendiz de sabio, por descubrir lo más aceptable, meritorio y positivo de los demás y algo se nos pegará, algo adelantaremos en perfección.

En cualquier caso, que no cunda el pánico en este tema porque, como bien dijo La Bruyère, a veces cuesta mucho más eliminar un solo defecto que adquirir cien virtudes.

22. MALOS SENTIMIENTOS

Quien me insulta siempre no me ofende jamás.

VICTOR HUGO

En el supuesto de que todavía no lo hayas conseguido, debes proponerte como objetivo prioritario superar el miedo al qué dirán, la necesidad imperiosa de tener razón, la impaciencia estresante y el resentimiento. El odio, la ofensa y la injuria son los dardos afilados con los que el cobarde, el débil y el resentido tratan de vengarse de aquellos a quienes envidia o teme. No despilfarres tu tiempo, tus pensamientos y tus sentimientos en tarea tan innoble y mezquina como ofender o responder a las ofensas de tus enemigos.

Nos referíamos en la reflexión anterior al «defecto de ver defectos» en los demás, de manera tan injusta y parcial que no se acierta a ver las pocas virtudes, méritos y valores de una persona en concreto. Detrás de quien raramente encuentra algo valioso en sus semejantes y por añadidura mantiene una crítica implacable y despiadada siempre se encuentra un ser insatisfecho consigo mismo, frustrado y devorado por la envidia y el resentimiento. Pero ¿quién está detrás del insulto, de la injuria, de la descalificación y del menosprecio permanente? Siempre, de forma inexorable, está el odio de quien pretende causar el mayor daño posible al denostado y vilipendiado. Estamos ante una vuelta de tuerca más por parte de quien se ahoga en sus propias miserias, actúa a la desesperada, ha perdido el control sobre sí mismo y ya no le queda en su corazón otra cosa que el odio que escupe y la furia que sigue alimentando la pequeñez y miseria humana de una tortuosa y desgraciada existencia.

¿Para qué y por qué necesitas tener razón?

Quien de verdad cree que tiene la razón en algo no necesita que nadie se la dé, a menos que no confíe en sí mismo.

¿Por qué tienes miedo al qué dirán, si cualquier frustrado, acomplejado, envidioso o resentido hablará pestes de ti, te denigrará y procurará hacerte el mayor daño posible? No gastes ni un instante siquiera en pensar en lo que puedan decir de ti, no le des la menor importancia a quien trata de escupirte el veneno de sus palabras y le caerá el esputo de su ofensa en su propio rostro.

En cuanto a manifestar resentimiento contra el ofensor, ponerte a su altura y odiarle, es decir, pagarle con la misma moneda, diría muy poco en tu favor, porque sería un despilfarro de tu tiempo, de tu inteligencia, de tu voluntad y de tus sentimientos.

Quien no deja de insultarte, quien busca crearte zozobra y desasosiego, merece todavía más tu compasión que tu desprecio, más tu amor y comprensión del deplorable estado psíquico y emocional en que debe encontrarse que tu crítica. ¿No te parece poca desgracia que alguien dedique la mayor parte de su tiempo a denostar e injuriar al prójimo, a repasar sus defectos y a hacerle daño, en lugar de invertir ese mismo tiempo en disfrutar de la vida y de los suyos y en ser feliz? Dedicar la corta existencia a ofender, insultar y molestar al vecino, al hermano o a quien se tercie, es el súmmum de la estupidez. No alientes con tu actitud la estupidez de nadie.

23. LA MODESTIA, ANTESALA DE LA GRANDEZA

> Cuanto más grandes somos en humildad, tanto más cerca estamos de la grandeza.
>
> RABINDRANATH TAGORE

Demuestra tu buen nivel de autoestima, pero también de humildad y de inteligencia, y no alardees ni te las des de nada. La autoalabanza y el autoincienso, aparte de crearte problemas y enemigos, te hace aparecer como un ser vacío, estúpido y primario.

Que la grandeza está en la humildad es algo tan evidente que ni el más tonto lo duda. Quien es verdaderamente grande se reconoce por sus buenas y nobles acciones, no por su boca, que sólo se abre para reconocer su propia pequeñez, sus limitaciones y carencias.

A lo largo de mi vida he observado que las personas verdaderamente grandes que se cruzaron en mi vida eran básicamente amables, sencillas, muy cercanas y humanas, y tan simpáticamente positivas y motivadoras que a cuantas se encontraban en su camino les contagiaban su alegría y positivismo, y les hacían sentirse valiosos e importantes. Además de estas cualidades que resaltaban su grandeza dentro de su natural sencillez, descubrí dos virtudes muy destacadas: La *primera*, la de saber estar siempre por encima de las ofensas, de las injurias, de las injusticias sufridas y del dolor; y la *segunda*, resurgir de las cenizas y de la basura con que pretendían lodarles los necios, los envidiosos, los frustrados por su insignificancia y los cobardes.

¡Cómo se crece ante el dolor, la injusticia y la injuria la indestructible fortaleza del humilde! Recuerdo a un pequeño empresario que montó un negocio del que vivían veinte familias. Era un trabajador humilde que hipotecó su casa para poner los cimientos de una empresa familiar que en quince años ya tenía dieciséis empleados. Fue en aquellos años en que se cerraron miles de empresas. Francisco, de la noche a la mañana, se vio denostado, injuriado y denunciado por la casi totalidad de sus trabajadores, muchos de ellos compañeros de trabajo, bien pagados y mimados, que un día se vinieron con él atraídos por su trato humano y generoso. «Yo soy un trabajador como vosotros, que me la jugué dejando mi trabajo e hipotecando lo único que tenía, mi piso», les decía suplicante este buen hombre. Ellos, implacables, le respondieron: «Tú ya no eres un trabajador, tú eres un rico más que nos explotas a tu modo»...

Francisco tuvo un amago de infarto a sus cuarenta y dos años, se quedó sin un céntimo y empezó de nuevo de la nada. Eran malos tiempos aquellos para las pequeñas y para las grandes empresas, pero este gran hombre logró superar la maldad, injusticia y traición de los que tenía por amigos y hoy vive en paz y bastante bien, dirigiendo una diminuta empresa familiar formada por seis personas: él, su esposa e hijos. Dice que no guarda ningún rencor contra quienes le hundieron y pretendieron destruirle.

Me encanta referirme con frecuencia a tantos grandes hombres y mujeres desconocidos y humildes que no se dan la menor importancia, no alardean de nada y tienen gran mérito por su coraje, su sencillez y su eficacia. Gracias a ellos progresa la ciencia, se realizan acciones generosas y solidarias, se crean empresas arriesgando lo poco que se tiene y se construye un mundo mejor.

No me cabe la menor duda de que también hay personas que realizan acciones meritorias y arriesgadas de las que todos nos beneficiamos, pero su prepotencia, su orgullo y su arrogancia empañan en gran medida su labor. Aprende del aprendiz de sabio a sentirte a gusto contigo mismo y no busques el beneplácito ni quemes incienso ante la estatua que tú mismo te has erigido. Resulta insoportable y patético.

24. ACEPTACIÓN DE LAS PÉRDIDAS. PRONTO PUEDEN SER GANANCIAS

> ¿Queréis que no os sea tan sensible la pérdida de las cosas del mundo? Pues no deseéis con ansia lo que no tenéis, ni tampoco améis con exceso lo que poseéis.
>
> SAN FRANCISCO DE SALES

Acepta la dinámica inexorable de la existencia: todo acaba por destruirse, morir, perecer, quedar reducido a la nada; un vaso que se rompe, el perro «tan querido» que muere... Todo se diluye y fenece. Acéptalo con paz, sabiendo que también todo se renueva constantemente. Sabemos que todo es un incesante morir y renacer. ¿Qué pasa con los sentimientos, con los afectos, con las buenas acciones? Quiero creer que existe, no sé en qué dimensión, un universo del bien llamado eternidad, en el que viven por siempre hermanadas las almas de las personas que pasaron por la vida sembrando amor y bondad.

No podemos quedarnos enganchados en las cosas ni en las personas ni en las situaciones. Todo es un fluir y un renacer permanente al que en vano intentamos resistirnos. Esto es la vida, así es nuestra existencia. Estamos ante realidades que es inútil negar y sólo nos queda aceptarlas de buen grado.

En la reflexión del apartado 19, me refería a una actitud básica del aprendiz de sabio que es aceptar que los problemas son un componente de nuestra existencia, que es absurdo perder tiempo y esfuerzo en lamentarnos en vano y que la única actitud inteligente es darles la mejor solución que podamos, buscar alternativas y si no se puede hacer nada, soportarlos como algo que padeceremos un tiempo, pero con una disposición positiva.

Hoy, reflexionamos sobre otra realidad en la que nada se puede hacer, salvo vivirla con gozo y sabiduría, con actitud inteligente, la realidad de que todo se destruye, diluye y fenece, pero vuelve a construirse, a cristalizar y a renacer: el incesante morir-nacer-vivir que tanto nos inquieta y que seguramente tiene que ver con ese principio natural del equilibrio o compensación. Por cada aspecto negativo hay otro positivo, como por cada negación existe una afirmación compensadora. Como bien decía Emerson, el universo está en equilibrio porque nada tiene una sola cara: macho, hembra; noche y día; vida y muerte; electrones y protones...

El aprendiz de sabio procura que no le afecten demasiado las pérdidas de las cosas de este mundo, porque es consciente de que en cada pérdida puede encerrarse una ganancia, que cada «fracaso» proporciona las semillas de un éxito compensatorio, equivalente o superior. La fe y la confianza en sí mismo, la esperanza y la actitud mental positiva tienen su base firme en este constante renacer en la naturaleza. Si nos encontramos en un momento neutro o negativo, es lógico que alberguemos esperanza, como tras la noche sabemos que viene el día y después de la tempestad la calma y al invierno le sigue la primavera.

En el supuesto de que los días aciagos se prolonguen y la mala racha se enquiste en nuestras vidas, nos queda el recurso de maximizar los aspectos positivos que podamos rescatar de las situaciones negativas.

Por último, se me antoja que más allá de lo material y corpóreo y en otra dimensión existe un universo del bien, de las buenas obras que en vida no recibieron reconocimiento y recompensa. Me reconforta pensar que los sufrimientos, los esfuerzos, las acciones nobles y heroicas y el paso callado, pero eficaz e imprescindible, del bien en el deambular cotidiano de muchísima buena gente no pueden convertirse en humo, en eco, en nada.

No tendría sentido un mundo en el que la estulticia, la maldad, la superchería y la mentira fueran los valores y virtudes de unos descerebrados sin sensibilidad y sin cordura. Cabe esperar el imperio del bien, de la inteligencia y de las nobles acciones.

25. TÚ Y TU FELICIDAD

> La mayor felicidad del hombre es ser él su causante, gozando de aquello que él mismo ha adquirido.
>
> EMMANUEL KANT

Recuerda que no puedes huir de ti mismo, pero sí cambiar de actitud, si piensas que, en otro lugar, con otra persona, en otras circunstancias, serías feliz; te equivocas, porque eres tú, y no las circunstancias, la verdadera causa de tu felicidad o de tu desgracia.

Querido lector, sé que, así de entrada, no se digiere bien esta reflexión y te encuentras molesto, e incluso enfadado por esta afirmación que acabo de hacer tan rotunda de que «eres tú y, no las circunstancias, la verdadera causa de tu felicidad o de tu desgracia» y te comprendo, porque a mí me costó bastante tiempo tanto «masticarla» como «digerirla». Mira cómo «respiraba» un paciente cabreado: «A usted le daba yo a mi jefe, a mi suegra y a mi vecino de arriba que se cree Plácido Domingo y Paco de Lucía al mismo tiempo. En mis circunstancias, cualquiera estaría ya en un psiquiatra más loco que una tartana o en la cárcel por haber hecho una barbaridad. Yo no soy la causa de mis desgracias, oiga, mis desgracias me llegan de la gente que me rodea, por mi mala suerte y porque soy estúpido y no tengo un par de "c" para poner a la gente que me "j" en su sitio».

Quien así hablaba era Paco, un andaluz afincado en Madrid, buena persona, pero incapaz de llegar a entender que las personas tenemos la posibilidad de cambiar nuestra actitud respecto de las circunstancias que nos desequilibran o nos afligen. Si no cambiamos de actitud, se nos podría comparar con el boxeador que no esquiva los golpes del contrario ni baila en su derredor y se queda con la guardia baja y estático ante los puños de su atacante.

Al final de sus palabras, Paco encontraba la solución sin percatarse de ello, cuando pensando en voz alta decía: «porque no sé poner a la gente en su sitio». Ahí está la clave, porque si alguien se mete con todo descaro en nuestra vida, en nuestro exclusivo espacio vital y pretende domesticarnos como a un perrito, lo conseguirá, salvo que le dejemos claro que somos nosotros los que decidimos nuestra forma de ser, de vivir y de comportarnos.

«Al jefe, durante el tiempo que estás en el trabajo —le dije a Paco—, trátalo como tal, pero sin perder jamás un ápice de tu dignidad. Si está cabreado con frecuencia, puedes verle como a un bebé caprichoso o como a un estúpido que piensa que amargándote la vida va a sentirse más importante. Demuéstrale que tú eres positivo, simpático y buena gente con tu actitud. Dile con ironía: "Yo le aprecio mucho, señor X, y sufro cuando le veo tan enfadado. El otro día le oí a un médico que las personas tan exigentes y trabajadoras como usted sufren de infarto a edades relativamente jóvenes. Alégrese un poquito. ¿Le apetece que le cuente un chiste que le hará que se ría como nunca?".

»Con la suegra, sé cariñoso y respetuoso y bromista, sea cual sea su actitud y déjale claro, sin perder la sonrisa, que eres tú y tu esposa quienes tomáis decisiones en vuestra casa, aunque le agrade infinitamente las molestias que se toma con vosotros.

»En cuanto al vecino, proponlo como animador de las fiestas del barrio y dile que te grabe algún casete con sus interpretaciones, pero al mismo tiempo le pides que baje el tono y busque momentos del día en los que no estéis descansando o durmiendo. Dale a entender que tú sabes que es persona comprensiva o buen vecino y sabrá comportarse como tal.»

No llegué a saber si las alternativas que sugerí al bueno de Paco surtieron el efecto deseado, pero sí sé que las peores circunstancias pueden manejarse de manera inteligente para que resulten menos adversas y nos condicionen la vida.

26. DUEÑO DE TUS PALABRAS Y CONCORDADAS CON LA VIDA

Hay que masticar las palabras más que un trozo de pan.

PROVERBIO GEORGIANO

Espera tu turno para hablar, escucha, haz una pausa, piensa antes de dar una respuesta. Deja que tu interlocutor se vacíe y diga lo que piensa, reflexiona detenida y serenamente en las consecuencias de tus palabras y después responde con sensatez y sin perder la calma, la compostura y el control de ti mismo.

Salvo del amor, de ningún otro tema se habrá escrito tanto como de las palabras. Hace bastantes años leí un proverbio árabe que quise poner en práctica, pero no fui capaz. En cualquier caso, tenerlo presente en mi mente me ha librado de no pocos problemas, pero hasta hoy no he conseguido llevarlo a la práctica más allá de un 5 por ciento de las veces. Dice así: «No abras los labios si no estás seguro de que lo que vas a decir es más hermoso que el silencio».

¿Quién no ha tenido la certeza de que era el momento preciso en que debía terminar una conversación y sin embargo ha seguido hablando hasta provocar la catástrofe? Si supiéramos de verdad hablar con sensatez, cordura y control de nosotros mismos, también sabríamos cuándo debemos hablar y cuándo es preferible callar. Pocos temas trabaja tanto y con tanta intensidad el aprendiz de sabio como las palabras, porque es consciente de que la discreción en lo que dice debe ocupar un lugar preferente en la escala de valores de quien pretenda hacer camino por la estrecha senda de la sabiduría.

Si antes de hablar tuviéramos presente que cuando hablamos y emitimos juicios y opiniones revelamos lo más profundo de nuestra personalidad y nos juzgamos a nosotros mismos, probablemente no le permitiríamos a nuestra lengua ir a mayor velocidad que nuestro pensamiento...

En la vida familiar, entre esposos, entre hermanos, entre padres e hijos y con las personas con las que se tiene gran amistad, es frecuente que no se cuiden las formas. Seguramente tiene algo de verdad ese dicho un tanto vulgar, pero claro y lapidario, que dice: «donde hay confianza, da asco». Por desgracia, los gestos, las formas y sobre todo las palabras, levantan muros a veces infranqueables entre las personas con las que nos une una relación de sangre, de compromiso o de amistad. Volviendo a echar mano de otro proverbio árabe, «las heridas de la lengua son más profundas e incurables que las del sable»...

Pensar antes de hablar, decirse a uno mismo primero lo que vamos a decir al otro, sentir antes lo que pensamos comunicarle, sopesar previamente las consecuencias de nuestros juicios y pareceres, recurrir siempre a la cortesía y a la amabilidad en las formas y no sentirnos con el derecho de juzgar ni de condenar a nadie con nuestras palabras hiriéndole y ofendiéndole, es el camino seguro, la actitud correcta.

¿Significa esto que siempre hemos de guardar silencio? Evidentemente, no. Las palabras pueden ser muy necesarias, reconfortantes y decisivas. Además si no se habla nunca de algo en concreto, es como si no existiera. Las palabras de reconocimiento, de aliento, de ánimo son un verdadero tesoro y no hay energía más reconfortante que las palabras sinceras que salen del corazón y llegan a otro corazón. Hablar lo necesario, saber escuchar y no hablar por hablar ya que si se habla en demasía, sin pensar qué se dice y sin control, es fácil terminar diciendo necedades e inconveniencias.

Por encima de todo, estemos atentos, no vaya a ser que con tantas reflexiones nos dejemos una fundamental que hago en forma de pregunta. Pido sinceridad: ¿Pertenece usted a ese grupo de personas para las que hablar y ofender es prácticamente lo mismo? Si lo es, difícilmente será capaz de reconocerlo, pero puede tener la certeza de que el mal que se causa es tremendo y que nada delata de manera tan clara a una persona como sus palabras.

Séneca nos da una recomendación final: «Decir lo que sentimos, sentir lo que decimos y concordar las palabras con la vida». ¡Buen programa de trabajo!

27. AFRONTAR LOS MALOS MOMENTOS

> El secreto de la felicidad no consiste en hacer siempre lo que se quiere, sino en querer siempre lo que se hace.
>
> LEON TOLSTOI

La diferencia entre una persona que casi siempre se siente feliz de otra que con frecuencia se siente desdichada no está en la cantidad de malos momentos que la vida les depara, sino en la forma de afrontarlos.
El aprendiz de sabio saborea y disfruta hasta el último rayo de sol de los días esplendorosos y llenos de luz, pero también adapta las pupilas de su mente y de su espíritu a las tinieblas de los días aciagos y tenebrosos y espera, con gozo, que pasen, como todo pasa en esta vida. En definitiva, acepta lo irremediable sin hacer un drama, sin perder la paz y la compostura del espíritu y viste de felicidad la desdicha siempre que le es posible.

Si se han vertido incontables opiniones sobre el amor y sobre las palabras de los hombres, hay que reconocer que acerca de la felicidad ya se ha dicho todo. No hay pensador, literato, filósofo, escritor o científico de todos los tiempos que haya podido resistir la tentación de ofrecer su particular opinión sobre la felicidad del hombre. José Ortega y Gasset, que sin duda conocía todas esas opiniones, nos dice que el programa de la vida feliz apenas ha variado a lo largo de la vida humana.

Lo primero que delata y distingue a una persona feliz de otra que se siente desgraciada es la facilidad con que se contenta por todo, tiene vocación de felicidad, lo ocupada que está disfrutando con lo más nimio y cotidiano y plenamente consciente de lo que es su felicidad. Si le preguntas: «¿Eres feliz?». Te responde de inmediato: «¿Cómo no voy a ser feliz si...?». Y te ofrece una larga lista de motivos por los que es feliz y tú te sonríes porque te percatas de que prácticamente todo lo que es, lo que tiene y le sucede a una persona feliz, la hace feliz. Ahí reside el verdadero secreto de la felicidad.

Dice Chamfort que sucede con la felicidad como con los relojes, que los menos complicados son los que menos se estropean, y es que la felicidad es muy barata y absolutamente sencilla y está al alcance de cualquiera. Por ejemplo: querer y que te quieran; ocuparse en actividades gratificantes y si no lo son en un principio, hacer que sean y resulten agradables; tener proyectos e ilusiones; saber reconocer los méritos de los demás y alegrarse del bien que disfruta, como si fuera tu propio bien; amar y sentir vivamente el amor porque quien ama es feliz; no recrearse ni detenerse en el dolor; huir del aburrimiento y de la pereza; más que acumular bienes y riquezas, reducir los deseos y no acostumbrarnos a la felicidad como una constante, sabiendo que alternarán los días aciagos, los momentos difíciles y la mala racha... pero como todo esto es irremediable, incluso esos trances de infelicidad hay que saber pintarlos, teñirlos de felicidad con nuestra actitud positiva y esperanzadora.

También encontramos grandes dosis de felicidad en la experiencia cotidiana de saber que con lo que hacemos podemos contribuir en alguna medida a la felicidad de nuestros semejantes. Ahora mismo, 8 de agosto de 2004, me encuentro disfrutando en la terraza de mi piso en Fuengirola, frente a un mar precioso y en calma; llevo escribiendo desde las 8.30 de la mañana y la idea central es pensar que los pensamientos que estoy desgranando en este libro, *Aprendiz de sabio*, van a dar un fruto copioso enseñándole a muchas personas a vivir, a ser más felices y a disfrutar haciendo felices a los demás.

No concibo que una persona pueda sentirse desgraciada, si es capaz de salir de sí misma y comprobar que con sus palabras, sus gestos, su sonrisa, su ayuda, otro ser humano es más feliz y está más preparado para superar las dificultades y adversidades de la vida.

Me quedo con el pensamiento de Tolstoi: No podremos hacer siempre lo que queramos, pero sí está en nuestras manos querer aquello que hacemos. Eso es sabiduría y buena estrategia para ser un poco más felices cada día.

28. AHOGARSE EN UN VASO DE AGUA

> Lo mismo tarda uno en ver el lado bueno de la vida que el lado malo.
>
> JIMMY BUFFET

Si observas con atención y miras en tu derredor, observarás que la mayoría de las personas fácilmente hacen un drama de una minucia; sacan las cosas de quicio, se sienten gravemente ofendidas y molestas y montan un cirio ante el menor contratiempo o contrariedad. Obrando así, convierten su existencia en una permanente emergencia. No es de extrañar que el estrés sea la patología más generalizada hoy en día.

Ya he repetido en multitud de ocasiones que mi vida personal cambió, dio un giro de 180º el día que entendí que nuestras desgracias, problemas, sinsabores, temores, penas y desasosiegos no dependen tanto de las circunstancias y de los momentos más o menos difíciles y problemáticos que nos toque en suerte pasar, cuanto de la forma, la actitud que adoptemos ante esas circunstancias, personas y hechos. Por eso, el comienzo de este libro lo preside una frase de Epicteto que me acompaña desde mi juventud y a ella recurro cada día, cada vez que tengo ante mí una cuestión difícil o una situación crítica: «No busques que los acontecimientos sucedan como tú quieres, sino desea que, sucedan como sucedan, tú salgas bien parado».

Cuando en la primera parte del libro, capítulo 5, me refería a esas personas que son «el rigor de las desdichas» y que padecen la necesidad imperiosa de preocuparse y de ver o crearse por todas partes problemas y dificultades ya hice la pertinente distinción entre «ocuparse y preocuparse», o lo que es lo mismo entre preocupación positiva y preocupación negativa, y estaría bien volver a releer este punto. Pero lo que me interesa destacar en esta reflexión es la facilidad patológica que tienen no pocas personas de decantarse por lo negativo, hacer un drama de una minucia y magnificarlo todo. Hay un ligero atasco circulatorio, no tendrá más retraso que tres o cuatro minutos y ya tienes a esa persona normal convertida en un energúmeno, con el rostro demudado, maldiciendo su suerte y gritando como si en ello le fuera la vida. ¿Cómo no vamos a estar estresados, cardíacos y locos?

¿Adónde vas tan deprisa? ¿Quién te empuja? ¿Qué te preocupa? Si fuéramos fríos observadores de nuestras neuras, reacciones y estupideces, viviríamos más, sin duda, pero sobre todo mejor. Tanto nos cuesta ver el lado bueno de la vida, de nuestra vida, de la de los demás, y sin embargo no tenemos ojos ni pensamiento ni atenciones nada más que para las cosas menos buenas y problemáticas, y nos recreamos con nuestras llantinas en ver, repasar y rumiar lo peyorativo de la vida en general, de nuestra vida en particular y de las personas que nos rodean. Con estas premisas, no puede extrañarnos que todo y todos nos molesten, que la armemos por lo más insignificante y ante la menor contrariedad pongamos el grito en el cielo.

Hoy me gustaría recordar que no hay mejor médico que la esperanza y la ilusión, que, aunque sea muy ruidosa, amenazadora y larga la tormenta, el sol volverá a brillar y el cielo aparecerá en toda su plenitud azulada, limpio de nubes.

Seguramente estás leyendo *Aprendiz de sabio* en invierno y las ramas de la higuera, del peral o del manzano están secas y frías, pero sabes muy bien que al llegar la primavera reverdecerán, florecerán y poco después darán su fruto. ¿Por qué no aprendes de la permanente sabiduría de la naturaleza y dejas de ser pájaro de mal agüero que todo lo contamina con su derrotismo y negativismo?

Aprende desde hoy a construir con tu mente positiva, con tu entusiasmo y tenacidad esperanzada, y deja ya de focalizar tus pensamientos en lo deplorable y lamentable. Decántate por ennoblecer y engrandecer tu espíritu con la esperanza, vive con ella y de ella y no olvides dos cosas: que la esperanza es el flujo y el aliento de la vida y que todas tus esperanzas están en ti… ¡OPTIMIZA TU VIDA!

29. LOS OTROS TAMBIÉN PIENSAN

> Cuanto más se conjugan voces diversas y contrarias, más maravilloso resuena el concierto.
>
> ANGELUS SILESIUS

Abre de par en par las puertas de tu mente, de tu corazón, de tu curiosidad y de tu sensibilidad y entrégate sin temor a nuevas ideas y proyectos, a motivadoras experiencias y a valorar de forma desapasionada diferentes criterios y puntos de vista de tus semejantes. Tu manera de ver el mundo es la única correcta para ti, pero si pretendes avanzar por el camino de la sabiduría, tienes que aceptar de buen grado que los demás piensen y defiendan también que la suya propia es la correcta.

En la diversidad está la vida o, mejor, la vida es inagotable diversidad. En la uniformidad está la monotonía, la carencia de visiones, de opciones y de alternativas y al final la muerte. Dejamos de existir cuando ya no responden nuestras constantes vitales, deja de latir nuestro corazón y la gráfica de nuestros latidos es una línea recta (uniformidad). ¿Qué necesita nuestro organismo? ¿Qué es lo más saludable para el cuerpo? La movilidad, el ejercicio razonable, comer de todo, en definitiva, la diversidad y la variedad.

A nuestra mente le ocurre lo mismo. Cuantas más cosas sabemos, comprendemos, almacenamos, relacionamos y utilizamos, mayor es nuestro bagaje intelectual y más pertrechados y capacitados estamos para la vida... otra vez la diversidad es la causa de nuestro enriquecimiento intelectual y de nuestra sabiduría.

Si nos circunscribimos a las personas, a cada individuo humano, precisamente aquello que les confiere su identidad es el ser distinto, diferente a los demás, único e irrepetible. Vivir es ser tú mismo y diferenciarte de las demás personas.

La naturaleza es un ejemplo vivo de la maravillosa y bella diversidad que todo lo llena. La diversidad en los animales y en todas las especies, la diversidad en las plantas y en las flores, pero cada ser vivo conserva su impronta, lo que le hace distinto. La abeja y la avispa liban el néctar de las mismas flores, pero la miel que producen es distinta...

Las personas tendemos a generalizar, a conseguir una cierta uniformidad que a veces es necesaria, pero hay que saber cuándo es correcta y necesaria la generalización; generalizar siempre equivaldría a cometer incontables errores.

La diversidad nos lleva a la humildad y a la aceptación pacífica y serena de los demás con sus limitaciones, virtudes, debilidades o méritos. Cada cual tiene su propia forma de ver las cosas, con la que podemos o no coincidir y estar de acuerdo, pero es la suya y debes respetarla, aunque no la compartas. Dos presos conviven en la misma celda y miran al exterior tras los mismos barrotes, pero cada cual dirige su mirada hacia un sitio distinto. Uno no cesa de mirar el fango de la calle y de escuchar el ruido de los carruajes y el grito de los transeúntes; otro dirige su mirada al cielo estrellado y se concentra en el trino de un ruiseñor que canta en solitario.

Deja que la diversidad y la variedad convivan amistosa y plácidamente con tu individualidad. No pretendas que los demás tengan tus mismas ideas, aficiones, creencias y conocimientos. Como bien dice con sentido del humor un proverbio judío, si todos tirásemos en la misma dirección, el mundo volcaría.

Nadie da los primeros pasos con éxito en la senda de la sabiduría si no acepta y aplaude la diversidad del universo y entiende y asume, como defendía Isaac Newton, que la unidad es la variedad y la variedad en la unidad es la ley suprema del universo contra la cual sería descabellado y estúpido revelarse.

Como ejercicio para hoy

Ver lo que de distinto y personal tienen las personas con las que convives y qué es lo que aportan a tu vida.

30. LA NECESARIA ECUANIMIDAD

> El hombre debería aprender a mantenerse ecuánime. Con el fuego de la ira a sus inferiores les hace superiores a sí mismo.
>
> RALPH WALDO EMERSON

Si alguna vez estás a punto de estallar, de perder el control, de herir a alguien con tus palabras, recuerda, aunque sólo sea en un momento de lucidez, que tú mereces ser dueño de ti mismo y no perder la oportunidad de calificarte con un «10» en sosiego y en paz interior. Corta en seco la furia desatada de tus pensamientos, realizando diez inspiraciones-espiraciones profundas, lentas, completas (respiración abdominal) y todo cambiará en breves instantes, dentro y fuera de ti, para tu bien.

En el capítulo 4 de la primera parte ya abordamos el tema de la ira como una de las 12 necesidades imperiosas y descontroladas del ser humano. En la reflexión 14 del presente capítulo nos hemos referido a la ira con una causa justificada, no como necesidad imperiosa propia de un iracundo cascarrabias, compulsivo e irrefrenable. Ahora nos importa reflexionar sobre el aprendizaje de la ecuanimidad como medida eficaz para mantener el control de nuestras palabras y conductas. Podemos tener razón, pero sin el dominio de nuestros nervios, ofuscada nuestra mente y perdidos por completo los papeles, nos convertimos en seres débiles, patéticos y a la deriva y tan necios que, al dar rienda suelta a nuestra cólera, paradójicamente llegamos a vengar las faltas ajenas en nosotros mismos. En otras palabras, permitimos que nuestros enemigos se salgan con la suya y satisfagan plenamente sus deseos de venganza y de causarnos el mayor mal posible.

Hay algo cierto en toda respuesta iracunda y es que decimos lo que pensamos y sentimos y no nos atreveríamos a verbalizar estando tranquilos. Bien decía Franklin que lo que empieza en cólera acaba en vergüenza. Vergüenza de nosotros mismos, por nuestra conducta y nuestras expresiones desmedidas, ofensivas y fuera de control; vergüenza que causamos en los demás, al vernos demudados, ofuscados y sin capacidad para pensar en las consecuencias de nuestra reacción virulenta, y vergüenza porque la aparente energía que parece desprenderse de nuestra cólera, rencor e irritabilidad es tan sólo una prueba evidente de nuestra gran debilidad.

¿Cómo lograr la necesaria y deseada ecuanimidad?

Es fundamental tener bien presente las consecuencias negativas, el precio que nos vemos obligados a pagar al dejarnos llevar por los impulsos de la cólera: no vemos claro, porque la ofuscación mental nos impide obrar de forma razonada. El enfado y cualquier reacción airada nada construye, sólo destruye y perjudica al que se enfada.

Buen antídoto contra la ira son sus contrarios: la calma, el hablar pausado y sereno, la actitud relajada, la respiración lenta y profunda y el sentido del humor. Además, el evitar la reacción iracunda inmediata, reactiva y explosiva, tratando de retrasarla en lo posible, suele ser una excelente medida. Mediante la dilación nos enfriamos emocionalmente y damos tiempo a que llegue algo de cordura y de sensatez a nuestra mente.

Si conseguimos superar la necesidad imperiosa de dar una respuesta descontrolada y con la misma carga destructiva de rencor o de rabia de nuestro oponente, nos haremos con los mandos de nuestra propia reacción y seremos capaces de posponer la cólera para otro momento.

Sólo un apunte final:

Existe la ira justificada ante las injusticias y la maldad. No hay que confundir al que sabe controlar la ira, con quien no monta jamás en cólera porque se parapeta con la astucia y la vileza de las peores intenciones y traduce la ira contenida en maldad de la peor calaña contra aquel (aquellos) que odia.

31. PAZ Y SOSIEGO DEL ESPÍRITU

Solamente puedes tener paz si tú te la proporcionas.

MARIE EBNER-ESCHENBACH

En medio del caos, del desastre, del desamor, del infortunio, de la mala racha y del dolor, sé tú paz, calma y refugio para ti mismo y para los demás… como si estuvieras físicamente en el centro de un tornado, donde todo es quietud y serenidad, a pesar del rugido ensordecedor y huracanado que te circunda.

Cuando en mis años adolescentes traducía a escritores latinos como Ovidio y Horacio, recuerdo que cuando nos tocó traducir el conocidísimo «*Beatus ille qui procul negotiis ut prisca gens mortalium*» de Horacio, el profesor nos dijo que los santos y los sabios siempre habían procurado buscar la paz y la soledad en lugares apartados, lejos del ruido, del ajetreo y de la prisa. «Horacio ya veía en su tiempo que las personas estresadas y en permanente actividad procuraban buscar el sosiego en la vida campestre, fuera del bullicio de la ciudad», nos siguió aclarando el profesor.

A mí no me pareció mal la propuesta del escritor latino, pero pensé que, si para tener paz y ser sabio o santo era necesario convertirse en un anacoreta o en un monje benedictino, el resto de los mortales estábamos condenados a vivir en constante desasosiego y sin esa necesaria paz exterior y ese silencio imprescindible para la paz interior… Para aclarar mis dudas me atreví a preguntarle al profesor: «¿Qué pueden hacer para tener paz los que carezcan de vocación de fraile y todas las personas normales que nos vemos obligadas a vivir entre tanto ruido, prisa y preocupaciones?». El profesor me miró, pensó durante unos instantes y me dijo: «Bernabé, Horacio nos dice cuáles son las mejores condiciones para que pueda darse y conservarse el equilibrio y la paz en el ser humano, pero en realidad nadie puede darte paz si tú no te la das a ti mismo, si tú no te la proporcionas cada día»... Desde entonces he procurado interesarme por todo aquello que contribuye a proporcionarle a cada persona esa deseada paz y después de medio siglo transcurrido desde que tradujera a Horacio, me encuentro en el mismo sitio. Procuro hacer el silencio fuera de mí, buscar el contacto con la naturaleza y huir del bullicio, pero la fórmula para la paz está en acostumbrarnos a encontrar en medio de todos los avatares, tensiones, dramas y situaciones conflictivas ese «centro del tornado», donde todo es quietud y paz, a pesar del ruido ensordecedor que nos circunda, de esa vida agitada en la que no tenemos más remedio que vivir.

La paz es un logro personal, una conquista, una actitud, una forma de ser y de vivir la vida. Por eso, el aprendiz de sabio sigue los consejos del escritor latino y aprovecha cualquier oportunidad para cargar las pilas y darle facilidades a la paz interior, buscando muchos momentos y lugares en los que reine el silencio y la quietud, pero no deja de cultivar en lo más profundo de sí la fuerte y bella pauta de la paz y del equilibrio de su espíritu, para que florezca y esté presente también en las peores circunstancias.

En definitiva, la paz llega a instalarse en la mente y en el corazón del sabio y del santo, como decía mi profesor, haciendo realidad el proverbio indio: «El corazón en paz ve una fiesta en todas las aldeas».

32. LA INTELIGENTE FLEXIBILIDAD DEL MIMBRE

> Frecuentemente es más breve y más sutil adaptarse a otros que hacer que los demás se ajusten a nosotros.
>
> Jean de La Bruyère

El aprendiz de sabio descubre por propia experiencia que siempre es preferible anteponer la flexibilidad a la rigidez, la tenacidad inteligente a la tozudez, la paciencia a la impaciencia y la calma a reacciones hirientes y desabridas. Por eso, si sus planes o proyectos cambian repentinamente por cualquier motivo, no se siente frustrado ni decepcionado, acepta la nueva situación y dedica todas sus energías a darse aliento, mucho afecto y paz interior.

Toda persona iniciada en la sabiduría aprende muy pronto de la inteligente flexibilidad del mimbre y la incorpora a sus pensamientos, sentimientos y obras, y abandona para siempre la estúpida rigidez de la caña, siempre quebrada ante la menor dificultad u obstáculo. A esto hay que añadir que la inflexibilidad genera gran estrés y frustración y nos convierte en personas inseguras, desasosegadas, irritables e insensibles con los demás.

El amable lector puede dudar de mis palabras y pensar que las personas tercas y aquellas que nunca dan su brazo a torcer demuestran mayor voluntad y firmeza en sus convicciones, pero en realidad no es así. Quien no necesita tener razón, ni la aprobación de los demás y posee verdadera seguridad en sí mismo, no tiene el menor problema en admitir sus errores, en adaptarse, en dar la razón al otro si sus argumentos son sólidos… Esto no quiere decir en absoluto que no se tenga criterio ni ideas propias o que para no enfrentarse con el prójimo que nos lleva la contraria optemos por darle la razón, como a los locos, y evitarnos problemas. No es una actitud cobarde ni timorata, sino verdaderamente inteligente, valiente, sensata y de probada sabiduría.

¿Por qué digo inteligente? Porque si el contrario se aferra desesperadamente a sus intereses y vemos que le va la vida en un asunto que se nos antoja de relativa importancia es señal de inteligencia saber ceder en aquello que para nosotros es secundario y permitirle al otro disfrutar de su parte de satisfacción de un ego inseguro, que necesita sentirse en posesión de la verdad, de «su» verdad.

¿Por qué digo valiente? Porque sólo si se tiene seguridad en uno mismo y una alta autoestima se posee la capacidad de renunciar a la satisfacción del propio ego, cuando es muy fácil anular al contrario. Además de valentía, evidentemente hace falta humildad y desde luego sensatez y sentido común.

Saber esperar, permitirle al otro su momento de satisfacción y de gloria, que necesita para reafirmarse y sentirse valioso, y renunciar al éxito y al reconocimiento de forma inmediata es prueba de sabiduría. La flexibilidad, adoptar buenas formas, pacificar, encontrar alternativas a los problemas y no necesitar que se nos reconozca constantemente la valía, eso es sabiduría.

Por eso, el aprendiz de sabio practica el proverbio irlandés que aconseja «amasar según la harina», es decir, utilizar la inteligencia y evitar los conflictos, desencuentros, situaciones tensas e insostenibles, estrés e irritabilidad, buscando siempre sumar y no restar, unir y no separar… ¡Cuántos males se evitarían en el mundo si los seres humanos, en determinados momentos, fuéramos capaces de bailar según la música que nos ofrecen los demás!

33. AFÁN DE SABER

Conviene aprender hasta del enemigo.

OVIDIO

El iniciado en sabiduría tiene hambre y sed por saber; por eso aprende de todo y de todos, en cualquier circunstancia, y es tan humilde como para aprender de las personas más queridas y cercanas, algo que casi nunca hace el necio porque se lo impide su estúpido orgullo.

Cualquier persona que se nos cruce por la calle, que conozcamos desde hace tan sólo unos días o de toda la vida y sea cual fuere su edad y formación, puede enseñar algo al más sabio y, con mayor motivo, a personas corrientes como usted o como yo.

¡Cuántas cosas nos enseñan los niños! ¡Cómo aprendemos de los animales! y ¿qué podemos decir de esas personas sencillas, cargadas de años y de experiencia, que no poseen títulos académicos, pero que son auténticos pozos de sabiduría porque son alumnos aventajados de la más difícil de las escuelas, que es la escuela de la vida?

¡Cómo enseña el dolor! ¡Cuánto se aprende, incluso de los miserables que te desprecian y te hacen no sólo el vacío, sino la vida imposible!

A lo mejor es usted un padre o una madre que ha visto cómo un hijo/a, muy preparado e inteligente, después de enviar cientos de currículos, por fin, entra con toda su ilusión a trabajar en una empresa en la que le tratan como a un despojo: le ignoran, le hacen el vacío, apenas le dan trabajo para que se sienta como un ser insignificante. Al final, tras varios meses de sufrimiento, la fuerza inquebrantable de su hijo/a se ha multiplicado por dos o por tres. Todas las malas artes y mala baba que han empleado en su contra no sólo no le han debilitado sino que le han fortalecido... ¿Por qué? Porque la profunda inteligencia de su joven hijo ha sabido aprender de la miseria humana de sus enemigos, como bien nos aconseja Ovidio.

¿Cómo se aprende del enemigo? No hay que entrar en su juego ni permitir que sus maldades minen tu autoestima, tus capacidades o tus deseos e ilusión por seguir capacitándote y preparándote en la medida de tus posibilidades.

Si hace falta humildad y sabiduría para aprender incluso de la actitud de quienes pretenden hacernos desgraciados, también es necesario ser humildes para aprender de los seres más cercanos y queridos. A veces tenemos los mejores maestros en nuestro hogar y andamos por ahí perdiendo el tiempo en busca de personas extrañas que suponemos, erróneamente, como más hábiles y capaces.

El aprendiz de sabio, aunque sabe que es verdad aquello de que «nunca es tarde para aprender», procura sin embargo poner todos los medios para aprender más bien pronto que tarde; aprender de todos y, desde luego, no abandonar jamás la escuela de la vida, que es la catedral de la sabiduría.

Como ejercicio práctico, le sugiero al lector que haga una lista de las ocho o diez personas de su entorno que considere más llenas de sabiduría, de sentido común y de habilidades para saber vivir mejor y con más paz interior. Estoy convencido de que en todas las personas de esa lista resaltan las siguientes virtudes o cualidades: sencillez, humildad, curiosidad, capacidad para aprender de todo, en cualquier circunstancia y de cualquier persona, y gran fuerza de voluntad.

34. PENSAMIENTO Y ACCIÓN

> El que puede cambiar sus pensamientos puede cambiar su destino.
>
> STEPHEN CRANE

Cualquiera que se encuentre ya dando los primeros pasos por el camino de la sabiduría habrá descubierto la gran verdad que encierra el axioma que dice: «Nos convertimos en lo que pensamos» y, en consecuencia, hará lo posible por pensar bien para vivir mejor. Pero es la experiencia del vivir cotidiano la que nos lleva a otro descubrimiento nuevo: la verdad más insoslayable es aquella que afirma que «llegamos a convertirnos en lo que practicamos, en lo que hacemos».

En coherencia y en perfecto acuerdo con este principio, quien practique la paz y la calma será paz y calma para sí mismo y para los demás. Quien practique la crítica feroz, el rencor y la violencia verbal será probablemente violento de palabra y de obra. A quien todo le estresa, desquicia, aburre y saca de sus casillas se ha convertido seguramente en un ser insoportable, desquiciado, esquinoso, siempre alterado y neurótico… y así sucesivamente.

Desde Almería, me escribe Alfredo a *El Semanal* (Taller de Editores), publicación en la que colaboro desde hace más de quince años. Un compañero de trabajo le dio un artículo mío, titulado «Persona medicina», para que lo leyera, aconsejándole que hiciera lo posible por imitar a este tipo de personas, amables, con sentido del humor, cercanas y muy positivas, y que «probara a no quejarse ni a maldecir ni a crearse problemas por todo durante un solo día». Alfredo me dice en su carta que tiene cincuenta años y que no recordaba ni un solo día verdaderamente contento sin enfadarse, sin gritar ni maldecir..., «le he amargado la vida a todo el mundo», me confesaba. Pero hizo la prueba y primero aguantó un día sin enfadarse, sin meterse con nadie, sin insultar. Al contrario, fue amable en casa y en el trabajo, estuvo alegre e incluso tuvo sentido del humor. Cuando vio que era capaz de mantenerse uno o dos días con un buen tono psíquico y alegre, se atrevió a intentarlo durante una semana y, aunque con algunas recaídas, lo consiguió.

«¿Por qué lo he conseguido?», me preguntaba. Porque probaste a pasar directamente a la acción y te comportaste como si fueras una de esas personas medicina, que yo describía en mi artículo. Expliqué a Alfredo que todo comenzó en el momento en que decidió probar por un día tan sólo no enfadarse, no insultar, no mostrarse insoportable y, por el contrario, adoptar una actitud cercana, comprensiva, tolerante, afable y con sentido del humor. No es nada fácil cambiar las conductas si no cambiamos los pensamientos, ya que somos y nos hemos convertido en lo que pensamos.

Por otra parte, tampoco es fácil cambiar un pensamiento negativo y derrotista por otro positivo. Pero hay algo que es mucho más fácil y es, sin pensárselo dos veces, pasar de manera directa y decidida a comportarse «como si» ya fuéramos la persona que queremos ser. Eso es lo que hizo Alfredo, probando tan sólo durante un día al principio y, al comprobar los buenos resultados, se atrevió a probar durante varios días, hasta percatarse de que ahora ya puede cambiar su forma de pensar, variando su conducta. Si no podemos cambiar de signo nuestra mente, probemos con la misma conducta y obtendremos los mejores resultados.

Recuerda:

«El pájaro no canta porque está alegre, sino que está alegre porque canta». Que tus acciones positivas te lleven a sentirte mejor y a pensar con ilusión, confianza y optimismo.

35. SABER CALLAR

> Todos los problemas de la humanidad proceden de la incapacidad del hombre para permanecer sentado, en silencio, a solas en una habitación.
>
> BLAISE PASCAL

La paz interior se traduce en paz exterior y la paz exterior propicia la paz interior. Busca el silencio fuera y dentro de ti; haz meditación-reflexión sobre tu presente y tus proyectos más inmediatos y sobre el por qué y el para qué de tu existencia. Sin duda, ese silencio buscado, deseado y mantenido será siempre para ti muy gratificante y fecundo.

Desde Confucio a Lacordaire, pasando por Pitágoras, Ovidio, Catón, Solón y Séneca hasta Nietzsche, por mencionar sólo a algunos de los grandes pensadores, escritores y filósofos, el silencio es la gran palabra, siempre fecunda y llena de contenido que «pronunciaron», sintieron y vivieron los más aventajados aprendices de sabiduría de todos los tiempos.

Si anda un tanto torpe nuestra razón, la mejor forma de hablar es callar, nos aconsejaría Pedro Calderón de la Barca. Ahí van algunas reflexiones:

- Más que en saber lo que debemos decir, el talento se muestra en saber lo que debemos callar, lo que debemos silenciar.

- Casi siempre, tras la verborrea y la locuacidad, tras una «cotorra» humana que no escucha y no para de hablar y de expeler palabras, se esconde la primariedad o la estupidez. Tras la capacidad de una escucha atenta y del silencio, lo normal es que se oculte una persona inteligente, cauta y llena de sabiduría. Por eso es tan difícil conocer al necio si sabe guardar silencio.
- El aprendiz de sabio entiende que por la palabra y la inteligencia es superior a los animales, pero si sabe utilizar y manejar el silencio, sin duda se superará a sí mismo.
- La parte más importante de una conversación, la que precisa mayor sabiduría y arte, no es la que se refiere a lo que decimos, a las palabras habladas, sino la que está relacionada con lo que no decimos, con lo que callamos por prudencia, con las palabras no pronunciadas.
- Si eres sabio, tienes todos los motivos para demostrarlo, utilizando tus silencios con inteligencia, mucho más que tus palabras. Si eres necio, mejor es callarte y que algunos sospechen de tu necedad y que no hables, porque si hablas ya no tendrían ninguna duda.
- Si el aprendiz de sabio quiere subir un peldaño más en sabiduría, lo logrará si, aun teniendo razón, sabe callarse. Usted y yo no lo entendemos, querido lector, pero para Catón es «casi un dios» quien así sabe comportarse.
- Para los árabes, el silencio es el muro que rodea a la sabiduría, para Lacordaire, el silencio es el segundo poder del mundo después de la palabra y para Nietzsche, el camino que conduce a todas las cosas grandes pasa por el silencio…
- ¿Y para ti, qué es el silencio? ¿Cómo lo utilizarás en el futuro?

36. HAZ BIEN SIN MIRAR A QUIÉN

> Vivifica el sol a todos los seres con sus rayos benéficos: Imita pues tú su ejemplo, haciendo, aunque no se te pida, todo el bien posible.
>
> EPICTETO

En dar está la recompensa… Haz el bien siempre que puedas, en todo lugar y circunstancia y el mismo bien que reportas a los demás te será devuelto con creces. ¿Quién hay ahora mismo cerca de ti que te necesite? Haz el bien primero a quienes tienes más cerca y siempre a cualquiera que se cruce en tu camino… pero sin distinción, sin mirar a quien lo haces, necesariamente.

No pretendo con mis palabras convencer al lector de que, si quiere ir al cielo, tiene que ser una persona bondadosa. En mis años juveniles, dada mi formación en la fe católica, me esforzaba en convencer a la gente de que las buenas obras eran la garantía de nuestro paso a una feliz vida eterna, junto a Dios Nuestro Señor. Mi bondadoso padre, sencillo agricultor, bueno e inocente entre los más buenos e inocentes, cada vez que alguien blasfemaba decía en voz alta: «¡Alabado sea Dios!». No se cortaba en absoluto y añadía: «Por cada ofensa que tú hagas a Dios, yo lo bendeciré». Pues bien, yo, que crecí en una familia católica practicante y de sólidos principios, pronto me di cuenta de que a muchas personas, fueran creyentes o no, poco les importaba su futuro después de la muerte y les traía al fresco que hubiera cielo o infierno. Llegué a pensar que los malos, los que no tenían principios, se lo pasaban bien en esta vida, y como alguno me decía: «A mí que me quiten lo bailado...»; mientras que los buenos eran un tanto estúpidos porque llevaban una vida de sacrificio y de práctica del bien, que no les proporcionaba demasiada felicidad ya que siempre tenían la duda de si sus buenas acciones serían lo suficientemente meritorias como para ganarse el cielo...

Estando así las cosas, un día se hizo la luz en mi mente y descubrí la solución a todos mis problemas: es propio del sabio ser bueno, no tanto por amor a los demás, ni porque se trate de un mandato divino, sino sencilla y llanamente para estar en paz con uno mismo, para sentirse valioso, para ser feliz. Porque nada produce mayor felicidad que ver que con nuestra vida, con lo que pensamos, decimos o hacemos, un ser humano, bastantes seres humanos son más felices o menos desgraciados.

Por eso, hoy cuando alguien predica o dice que debemos ser buenas personas porque Dios así lo manda y para ganarse el cielo, yo le digo que añada a todo eso que hay que ser también buenas personas porque es prueba evidente de verdadera inteligencia. Al final, uno llega a entender que el gran problema del malo es ser tonto de remate porque se priva del mayor de los bienes que le es dado al hombre para ser y sentirse feliz, hacer y practicar el bien.

Por todo lo que llevo dicho, cuando alguien repite convencido que nadie es más que nadie y que nada nos hace superiores a los demás, yo le corrijo con firmeza y respeto y le digo: Para Beethoven y para mí, sí hay algo por lo que un hombre puede ser superior a otro, y es por su bondad.

37. APRENDER DE LA ADVERSIDAD

> Aunque las espinas me pinchen, quiero coger la rosa. Quien pretenda arrancar la rosa, no debe preocuparse de los pinchazos.
>
> ANÓNIMO

Desgracias, adversidades, contratiempos, dificultades, problemas… son ostras del cotidiano vivir que guardan valiosas y preciosas perlas de experiencia y de sabiduría que debes aprovechar.

El problema está en que la rosa se cría entre espinas, al igual que la vida está jalonada de adversidades y contratiempos, y el ser humano pretende el imposible de que, al coger la rosa de la vida cotidiana, las espinas de las desgracias y del dolor no le hieran con sus pinchazos.

Negar la evidencia de nada sirve ni al sabio ni al necio. La realidad de la adversidad en el vivir cotidiano del hombre es insoslayable; pero la misma realidad a unos curte, pule y hace virtuosos, fuertes y sabios, mientras que a otros hace más débiles, vulnerables, malvados, necios y desgraciados. El secreto está en la manera de afrontar las desgracias, las dificultades y los problemas de cada día. Las reflexiones que se ofrecen a continuación pueden ayudar a encontrar pistas sobre cómo afrontar y aprovechar la adversidad.

«El hombre es un aprendiz y el dolor es su eterno maestro», afirma Alfred de Musset; y ningún gran pensador, filósofo o sabio, que yo sepa, de ayer o de hoy, le ha llevado la contraria. Lo que hacen la mayoría, entre ellos Séneca a la cabeza, es decirnos cómo afrontar la adversidad y las ventajas que ésta nos reportará. «En las desgracias, conviene tomar algún camino atrevido», aconseja el filósofo. «No te inclines (doblegues) ante la adversidad; más bien oponte audazmente a ella, tanto cuanto tu suerte te lo permite», nos sugiere Virgilio. «Acuérdate de conservar en los acontecimientos graves la mente serena», nos manda Horacio.

¿Qué aconsejan los escritores y pensadores modernos?

Oscar Wilde, el sentido del humor: «El mundo se ha reído de sus propias tragedias, como único medio de soportarlas». Otros, como Henry Ford y Noel Clarasó, afrontarlas de inmediato, no tratar de esquivarlas, porque se gasta más tiempo y energías en evitar los problemas y en lamentarse que en resolverlos.

En cuanto a las ventajas y beneficios que nos depara afrontar con valor y hasta con placer la adversidad son incontables, en boca de todos los grandes pensadores:

- «La adversidad vuelve sabio al hombre y la desgracia es ocasión para la virtud.»
- «Es un gran privilegio haber vivido una vida difícil.»
- «Es ante la adversidad cuando sale a la luz la virtud.»
- «El hombre no puede hacerse sin sufrimiento pues es a la vez mármol y escultor», dice Alexis Carrel.

En conclusión:

La adversidad y el dolor nos acompañan de por vida y el aprendiz de sabio debe afrontarlos y encararlos con valentía y con esperanza, sabiendo que «de los males vienen también los bienes». Pero, la sabiduría, que es prudencia y aconseja no exagerar, también está de acuerdo con Antonio Machado cuando dice: «Fatigas, pero no tantas, que a fuerza de muchos golpes, hasta el hierro se quebranta».

38. INCERTIDUMBRE Y SEGURIDAD

La vida es duda, y la fe sin duda es sólo muerte.

MIGUEL DE UNAMUNO

«Puede que sí… puede que no»… No hay nada seguro bajo el sol, y el aprendiz de sabio no tarda en aprender a vivir y a convivir sin inquietarse con la incertidumbre y la inseguridad de la que no puede librarse ningún mortal. La mayor seguridad a que podemos aspirar es a aceptar de buen grado la inseguridad que nos asiste como una constante en nuestras vidas.

Dice Unamuno que la fe se mantiene resolviendo dudas y volviendo a resolver las que de la resolución de las anteriores hubieran surgido, porque en realidad la vida del hombre sobre la tierra es duda.

Para Aristóteles la duda es el principio de la sabiduría, para Francis Bacon es la escuela de la verdad y para Montaigne es la mejor almohada para una cabeza equilibrada. Emmanuel Kant mide la inteligencia de un individuo por la cantidad de incertidumbres que sea capaz de soportar, y yendo más lejos José Ortega y Gasset aconseja a todo enseñante que enseñe a sus alumnos a dudar de lo que él mismo enseña…

Y el ser humano busca afanosamente certezas, seguridades, verdades absolutas que le garanticen, que le aseguren… vana pretensión porque «nada hay seguro bajo el sol».

Lo verdaderamente inteligente y práctico es convencerse cuanto antes de que todo en nuestro rededor puede ser y puede no ser. Mañana podemos seguir vivos o morir. Hoy podemos tener salud, pero eso no nos garantiza que mañana o dentro de una semana no estemos enfermos. ¿Por qué nos inquietamos ante la incertidumbre y perdemos el tiempo y las energías buscando una seguridad, una certeza que nadie nos puede dar?

El aprendiz de sabio hace tiempo que opina como Montaigne, que cuanto más se duda más se sabe, y que la mayor «seguridad» a que podemos aspirar es a convivir tranquilos, con la incertidumbre que todo lo inunda, y aceptar que lo que hoy es, mañana puede no ser o ser de forma distinta.

No confundir duda con indecisión. El indeciso queda paralizado y no actúa por miedo a cometer errores. La persona que duda, por el contrario, actúa y toma decisiones sin temor a equivocarse porque sabe que es normal equivocarse y que de los errores se aprende, sabe que nada es seguro, pero esta convicción no sólo no le impide actuar, sino que le impulsa a vivir, a hacer cosas y a ser una persona segura dentro de la inseguridad en que todos estamos inmersos y de la que nadie puede escapar.

39. HEROÍSMO COTIDIANO

> Disfruta de las pequeñas cosas porque tal vez un día vuelvas la vista atrás y te des cuenta de que eran «las grandes cosas».
>
> ROBERT BRAULI

Lo verdaderamente grande es lo pequeño, lo normal, lo cotidiano, realizado con amor en el tedioso día a día de la existencia, sin esperar a que un hecho heroico nos catapulte a la fama y a la gloria. Precisamente, lo heroico de verdad es el constante buen hacer de lo cotidiano.

Decía Séneca que cuando el sol se eclipsa para desaparecer se ve mejor su grandeza. La mayoría de los mortales pasa por este mundo buscando «ser más»: más rico, más poderoso, más querido, más admirado, y en ese intento de ser y de tener más que sus semejantes, pierde la perspectiva, sin percatarse de que la búsqueda de la grandeza no es sino la prueba más evidente de sus complejos y de su pequeñez de espíritu. Por el contrario, apreciar y disfrutar de lo pequeño, lo natural, lo cotidiano es señal de grandeza interior.

El aprendiz de sabio centra su atención, su ilusión y sus energías en hacer bien lo prosaico y normal: hacer una ensalada, disfrutar compartiendo con los amigos una sabrosa comida, visitar a un compañero de trabajo que está enfermo, hacer la cama o pasar la aspiradora de buen grado porque en el hogar no se trata de ayudar, sino de compartir… hacer solo la compra, algo cotidiano y aburrido porque la esposa está cansada y ya tiene bastantes obligaciones, no escurrir el hombro y estar siempre disponible y con buen talante y ganas de ser útil, eso, precisamente eso, es lo grande, lo heroico, lo maravilloso en cualquier hombre y cualquier mujer.

¿Conoce el lector a alguien que no quiere mancharse ni realizar tareas que considera serviles porque se le pueden caer los anillos? ¿Va por la vida de gran señor, de gran señora y no se mezcla con el pueblo, con la plebe, por temor a dañarse, a ensuciarse o a que le confundan con un plebeyo, que considera un ser inferior? Pues ten por seguro, querido amigo, que si alguien así entra en tu espacio vital, en tu círculo de amistades, en tu terreno, tendrás graves problemas. Tienes ante ti a un ser realmente pequeño, mediocre y estúpido. Pregúntale a Bernard Shaw. Él lo tenía muy claro, toda manifestación de grandeza, toda exhibición de poder no es sino la sensación íntima de la propia pequeñez, que se esfuerza en impresionar, en causar impacto, en ocultar su insignificancia.

Cualquiera que pretenda una mayor grandeza de espíritu más debe crecer en humildad y en reconocer que es humano, limitado y pequeño y aprender a estar «por encima de la injuria, de la injusticia y del dolor», en palabras de La Bruyère.

Es en las calumnias, en la persecución, en la injusticia y en el dolor que un ser humano es capaz de soportar con temple y fortaleza de espíritu a lo largo de su vida, donde se prueba la verdadera grandeza de cualquier persona. Las grandes almas crecen entre espinas, son tan pequeñas como una rosa, pero florecen, no importa el estiércol que vomiten sobre ellos los cobardes, los trepas, los envidiosos y los inútiles de este mundo.

40. TIEMPO AL TIEMPO

> El tiempo es el error que se rectifica, la verdad que se aprende y que se enseña, el mal que se evita, el consuelo que se da, la aptitud que se adquiere para la plenitud de la existencia; el tiempo es virtud que se robustece, el sentimiento que se purifica, la inteligencia que se dilata; el tiempo es la perfección, la vida.
>
> CONCEPCIÓN ARENAL

Cualquier contratiempo, discusión y problema puede adquirir una importancia y una perspectiva insignificante si la contemplamos a cincuenta, setenta o cien años de distancia. El aprendiz de sabio adapta bien su pupila mental y consigue ver simples granos de arena donde otros ven montañas.

Dice Blas Pascal que el tiempo tiene la propiedad de curar las penas y las injurias porque todos cambiamos y dejamos de ser la misma persona, y ni el ofensor ni el ofendido son el mismo. Pues es la pura verdad y ahora mismo estoy recordando que muchas personas que hace años me caían mal o me eran indiferentes ahora me parecen estupendas. A ellas les sucederá lo mismo conmigo sin duda. Por eso, con los años y procurando no echar en saco roto la sabiduría que nos depara la experiencia de cada día, llegamos a relativizarlo todo, a enfadarnos menos y a no poner el grito en el cielo por cualquier fruslería.

Yo termino de hacer una lista de diez problemas, adversidades y contratiempos de mi vida pasada, y he tratado de rememorar la preocupación y la angustia con que viví algunos de estos hechos, como dejar la enseñanza y la dirección de un centro educativo con treinta y ocho años y embarcarme en el incierto proyecto de montar mi propio despacho profesional, colaborar en los medios de comunicación, escribir libros y abrirme un camino en la peligrosa selva de esta vida. Por suerte, gracias a Dios todo me salió bien, y ahora cuando vuelvo la vista atrás me parecen injustificados los temores y las dudas que me embargaban cuando por aquellos años di un nuevo rumbo a mi vida.

Por eso resulta beneficioso contemplar a una distancia de veinte o treinta años cualquier problema grave, conflicto o adversidad con que nos enfrentamos en estos momentos. Por cierto, si yo he confeccionado mi propia lista de adversidades y contratiempos de mi vida pasada, el amable lector podría hacer lo mismo y comprobar que apenas concedemos importancia a aquellos temores, desasosiegos y desvelos, contemplados con la distancia de los años.

Eso que tanto te angustia y quita el sueño ahora mismo será para ti una verdadera bobada, algo insignificante dentro de poco tiempo. ¿Sabes lo que hace el aprendiz de sabio? Pues que todo lo que puede preocuparle o crearle su intranquilidad lo proyecta en el tiempo y acaba por verlo y considerarlo en su propia insignificancia.

Tranquilízate y disfruta de la vida. Haz lo que debes y después déjale al tiempo su tarea, porque como decía García Lorca, «esperando, el nudo se deshace y la fruta madura».

41. DISFRUTA DE LO QUE TIENES

> Cuando uno se deshace de todo lo que posee, pasa en realidad a poseer todos los tesoros del mundo.
>
> MAHATMA GANDHI

El aprendiz de sabio no sufre ni se inquieta por lo que no tiene, por aquello de lo que carece, sino que concentra su atención y su complacencia en disfrutar de lo que realmente dispone. Se siente muy satisfecho y privilegiado con todo lo que posee, y no distrae ni malogra esta satisfacción suspirando por aquello que podría tener, pero que todavía no es una realidad.

¿Desear o no desear?

Desde luego no podemos vivir sin deseos. No desear nada sería no vivir. Como bien afirma Baruch Spinoza, «el deseo es la verdadera esencia del hombre», en el sentido de que para hacer cosas, para progresar, para perfeccionarnos, sin deseos, sin ilusión, resultaría imposible.

Ante la pregunta de si debemos o no desear, la respuesta es que sí tenemos que desear constantemente cosas, pero de forma moderada y sin que nos entristezca ni inquiete que buena parte de nuestros deseos nunca se conviertan en realidad. Pretender satisfacer todos nuestros deseos y apetencias y que esa satisfacción sea una condición para sentirnos bien y ser felices es la pretensión imposible más estúpida y perniciosa que malogra la vida del hombre.

¿Dónde está la sabiduría?

En desear de forma moderada, poniendo ilusión en lo que hacemos y nos proponemos. Muchas veces lograremos aquello que hemos deseado ardientemente porque hemos puesto todos los medios a nuestro alcance, pero otras muchas nuestro deseo no se convertirá en realidad. Pues tanto si se cumplen nuestros deseos como si no se cumplen, debemos sentirnos satisfechos y felices. ¿Qué quiere decir Gandhi al afirmar que si nos deshacemos de todo lo que poseemos es entonces cuando en realidad poseemos todos los tesoros del mundo? Sencillamente que el deseo y la posesión ansiosa de cualquier cosa, que nos ata y esclaviza, nos empobrece y nos impide desear y poseer sin exclusividad todo lo demás.

Si las cosas más deseadas y apetecibles las disfrutamos mientras suceden y llegan hasta nosotros, pero no las retenemos de forma egoísta, sino que permitimos que pasen de largo, constantemente estaremos recibiendo y al mismo tiempo transmitiremos lo recibido y permitiremos que el disfrute que yo tengo hoy no quede sólo en mí y pueda ser también disfrute de los demás. Podemos poseerlo todo, si no lo queremos y deseamos en exclusividad. El firmamento, el sol, la luna, los planetas están ahí para ser contemplados y pertenecen a cualquier ser humano que los observe mientras los admira.

La sabiduría está en sentirse satisfecho y feliz con lo que se tiene en cada momento, pero sin entristecerse por lo que no se puede disfrutar aquí y ahora, ni por tantas cosas que no se lograrán porque no hay tiempo para tanto. El desasosiego de no poseer y disfrutar de todo ya nos haría desgraciados.

Puesto que no podemos tener todo lo que queremos, dediquemos nuestra existencia a querer lo que podemos poseer. En cuanto a los deseos, imita al aprendiz de sabio que como sólo desea lo que tiene, tiene cuanto desea.

42. SIMPLEMENTE HOMBRES

> El hombre: un milímetro por encima del mono cuando no un centímetro por debajo del cerdo.
>
> Pío Baroja

Todos somos luz y oscuridad, sol y sombra, ángel y demonio, grandeza y miseria. Sólo el necio se siente divino, suprahumano y perfecto, pero el aprendiz de sabio asume y acepta sus debilidades y miserias, sus vergüenzas de hoy y sus nobles acciones de mañana… Piensa que todo está bien así y se siente en paz consigo mismo. Al fin y al cabo, ¿no somos hombres?… y por tanto volubles e imperfectos… Precisamente por eso, su meta en esta vida no debe ser otra que hacer lo posible por dar protagonismo al ángel sobre el demonio y su grandeza sobre su miseria humana.

Dice Amado Nervo: «Un lobo, un tigre, una vez hartos, dejan los restos para sus compañeros. Sólo el hombre, una vez harto, niega lo que le sobra a su hermano y le deja morir de hambre a las puertas de su despensa. Esta actitud es privativamente humana». Esto es verdad, pero también es verdad que millones de hombres y de mujeres, esforzados, sacrificados y generosos, con sus vidas, con su profesión, con su ciencia van haciendo el bien por donde pisan.

Si partimos de la cruda realidad de nuestras limitaciones, nuestras carencias y miserias, es cierto que sólo el hombre es capaz de complacerse y de disfrutar por el sufrimiento que causa a sus semejantes, pero no es menos cierto que ese demonio desalmado encierra en su interior un ángel capaz de realizar las acciones más nobles y generosas con inmensa satisfacción, no importa el sacrificio que conlleve. Pienso como Tagore que «los hombres son crueles, pero el hombre es bueno».

Las investigaciones, la ciencia, el arte, el progreso, los innumerables adelantos están ahí. Los logros obtenidos de cien años a esta parte son incontables y admirables, pero ¿en qué hemos adelantado los seres humanos como personas? ¿Somos hoy mejores personas, más solidarias, generosas, humildes y bondadosas que nuestros antepasados de la Edad Media?

Los fanáticos desalmados que pusieron las mochilas cargadas de explosivos en la estación de Atocha en Madrid y segaron la vida de doscientas personas inocentes e hirieron y mutilaron a miles demuestran una maldad, una violencia y deseos de hacer daño tanto o más cobarde, refinada y sutil que los torturadores y asesinos de ayer y hoy.

Admitamos nuestra miseria y nuestra grandeza, nuestras luces y nuestras sombras, y desde la humildad y la realidad de lo que somos, tratemos de dar protagonismo en nuestras vidas a ese «hombre bueno» que todos llevamos dentro, según Tagore. No lograremos ser buenos, nobles y generosos siempre, en todo momento, pero sí es posible conseguir que cada nuevo día de nuestra existencia futura, al hacer balance, sean muchas más nuestras acciones bondadosas que las innobles y deplorables, más las verdades que las mentiras, más el bien que el mal, los momentos de luz que los momentos de oscuridad.

43. NO A LA DESCALIFICACIÓN PERSONAL

> Si tú y yo discutimos y tú me vences, ¿será acaso verdadero lo tuyo y falso lo mío?
>
> LAO-TSE

En las discusiones y disputas, demuestra tu sabiduría y nobleza procurando comprender el punto de vista y los intereses del contrario. Si puedes, concédele la parte de razón que sinceramente pienses que le asiste. Después, defiende con firmeza y claros argumentos tus ideas, pero sin caer jamás en la descalificación ni perderle el respeto, porque te lo perderías a ti mismo.

La mayor parte de las discusiones derivan en acaloradas disputas y se corre el peligro de llegar hasta la violencia verbal, e incluso física, porque lo subjetivo se impone a la realidad sobre la que se discute, a lo objetivo.

Hoy es 31 de agosto de 2004, cuando escribo esto y me siento aliviado ya que por fin, después de cuatro días que hace que he vuelto de vacaciones, he podido ocupar mi plaza de garaje. Lo que me ha sucedido a mí puede sucederle a usted mañana mismo. Cuando llego al garaje de la comunidad en que vivo en Madrid, veo que el lugar que me permite hacer el giro para ocupar mi plaza está ocupado por un coche viejo. El portero no sabe de quién es ese coche, hablo con el presidente de la comunidad y le digo que puesto que el dueño no ha dejado ninguna nota, es peligroso dejar en el garaje un coche sin identificar, además yo necesito aparcar mi coche. Bajo al garaje y el portero ya había localizado al dueño del vehículo. Era el hijo de un vecino, que se había marchado de fin de semana, y se le ocurrió dejarlo ocupando mi plaza en lugar de en la calle. El padre del joven, nada más verme y sin mediar palabra por mi parte y en tono altanero, me dice: «Señor psicólogo, usted que tanto habla y escribe no es para que tome así las cosas, parece mentira»...

¿Sabe el lector cómo terminó la historia? Pasaron tres días sin que yo pudiera ocupar mi plaza y como le eché en cara a este señor su actitud chulesca, él me insultó. Por un momento me di cuenta de que estaba entrando en el juego de una persona que había creado un problema; yo era el perjudicado y sin embargo era él quien se sentía ofendido. «Sólo pido poder aparcar mi coche en mi plaza, llame a una grúa o haga lo que sea, caballero, es usted (o su hijo) quien ha creado el problema y le pido disculpas por echarle en cara su actitud chulesca». Él también me pidió disculpas, pero no creo que haya caído en la cuenta de que debió ser él quien de inmediato diera solución al problema que su hijo había creado, en lugar de permitir que pasaran tres días sin hacer nada.

Este vecino sólo tenía razón en una cosa, en que yo le reproché su chulería y, aunque yo llevara razón en todo lo demás y su actitud conmigo fuera altanera y despectiva, yo no debí caer en la trampa de expresar mis sentimientos, mi apreciación subjetiva sobre este caballero, sino centrarme en la realidad, en lo objetivo, en que se llevara su coche que me impedía ocupar mi plaza, y no entrar en el terreno de la descalificación personal.

¿Cuál hubiera sido mi actitud si yo fuera ya un aventajado aprendiz de sabio?

No hubiera perdido los papeles cuando él entró en el terreno personal y despectivamente me dijo: «Señor psicólogo...». Me hubiera limitado a responderle: «Su coche me impide ocupar mi plaza y usted que ha creado el problema estoy seguro de que lo solucionará».

44. METERSE A REDENTOR

> No des a nadie lo que te pida, sino lo que entiendes que necesita; y soporta luego la ingratitud.
>
> MIGUEL DE UNAMUNO

No cometas la torpeza de convertirte en redentor de causas perdidas o en pie que soporta todos los pisotones. Si alguien pretende pasarte la patata caliente de sus conflictos y problemas personales, no la cojas. No eres el delantero centro del equipo que ha de sortear obstáculos en la vida de nadie, recoger todos los pases y al final disparar para meter en la portería de su vida el gol del éxito. Nadie puede jugar por otro la pelota de la propia existencia.

Decía Albert Einstein que la vida es muy peligrosa, no sólo por las personas que hacen el mal, sino por las que se sientan a ver lo que pasa. Es decir, los que causan directamente un mal a sus semejantes, los malvados de oficio son los primeros que malogran nuestra existencia. Pero también son una fuente importante de males los que no hacen nada por los demás, los «tibios» de que habla la Biblia: «Ojalá fueras frío o caliente, pero como eres tibio te provocaré». Los que pudiendo hacer no hacen, los que permanecen indiferentes ante la injusticia y el dolor y no mueven un dedo para hacer algo por los demás, es decir, los tibios, también son culpables de los males que padecen los humanos.

Entre los que de forma directa causan el mal en el mundo y los que lo causan de forma indirecta, porque no hacen el bien que podrían o no evitan males que está en sus manos evitar, se encuentra el redentor de causas perdidas, el que se siente obligado a responsabilizarse de todo y de todos, se ve envuelto en todos los conflictos y problemas y siempre tiene sus manos quemadas por la patata caliente de graves cuestiones, que alguien sin escrúpulos le ha pasado, aprovechándose de su excesiva bondad y generosidad.

¡Cuánta buena gente ha firmado y avalado letras a canallas que les embaucaron y dejaron en la calle! La casuística es interminable y variopinta. He podido observar que tras una persona bondadosa, solidaria y de gran corazón siempre hay decenas de «listos» y aprovechados que le complican y amargan la vida. Por eso, el aprendiz de sabio practica la bondad y el bien a su paso, pero no permite que le confundan y le tomen por tonto, ni es redentor de causas perdidas ni coge en sus manos las patatas calientes de sus propios conflictos y errores que le lanzan los aprovechados, desaprensivos y «listos» de este mundo.

No está mal el consejo que nos da Miguel de Unamuno: no darle a los demás todo lo que nos piden, sino lo que suponemos que necesitan, y soportar después la ingratitud. En cualquier caso, tanto si le damos todo lo que nos piden, como si les damos lo que necesitan o más, la ingratitud es seguro que la padeceremos.

Hagamos el bien que en conciencia creemos que debemos hacer, pero no esperemos nada a cambio. Que sólo nos mueva el bien que hacemos y que nos hace ser buenas personas.

Recuerda:

¡Cuidado con crearnos obligaciones indebidas y convertirnos en el pie que soporta todos los pisotones de «listos» y caraduras! ¡Que cada cual aprenda a jugar la pelota de su vida y tú, como buen aprendiz de sabio, empléate a fondo en tus propias jugadas!

45. VIAJE A UNO MISMO

> Vive como si fueras a morir mañana. Aprende como si fueras a vivir siempre.
>
> MAHATMA GANDHI

Eres un pasajero de la vida, ligero de equipaje, en tránsito permanente y con un destino muy concreto: tu propia paz interior, la felicidad de cada instante que te cabe en el reducido cuenco de tus manos. Cuanto te sucede es un hecho más, una anécdota en el viaje de tu existencia, que tiene un principio y un fin. El momento que vives ahora mismo, feliz o desgraciado, será reemplazado por otro momento, también feliz o desgraciado. Sentirás paz sabiendo que todo es así y está bien.

Este verano de 2004 nos hemos llevado un gran susto en mi familia. Mi cuñado Luis Miguel, esposo de mi hermana Asunción, ha sufrido un infarto pulmonar. Mi hermana me llamó con el alma escapándose por la boca para decirme que su esposo tenía que permanecer completamente inmóvil porque el trombo que padecía podía llegar al pulmón y todo finalizaría. Han sido unos días de gran preocupación pero, cuando escribo esto, mi cuñado, un hombre todavía joven, está fuera de peligro.

Hacía poco que nos habíamos visto en el pueblo (Alberca de Záncara, Cuenca). Él se encontraba perfectamente, sin ninguna dolencia, tan bromista y dicharachero como siempre, y ha visto la muerte tan cerca que ya le había entregado a mi hermana sus llaves, su reloj, su cartera y sus cosas personales.

Acabamos de vernos de nuevo en el pueblo, se encuentra muy bien, pero sus ideas, su mente, su discurso ha cambiado por completo. A Luis Miguel, ahora, sólo le importa ver el amanecer de cada día y agradecer que está vivo.

Cualquiera que haya estado tan cerca de la muerte como mi cuñado, salvo que sea un irresponsable o un necio, sin duda habrá sufrido una importante transformación interior. Lo que antes nos agobiaba o preocupaba, los juicios y las críticas de familiares o amigos, haber cogido un exceso de peso, padecer una pérdida repentina del cabello o que nos hayan robado el coche y cosas por el estilo no nos hacen la menor mella. Por eso es muestra de gran sabiduría seguir el consejo de Gandhi y vivir cada día como si fuera el único de nuestra existencia, el último, y que ya nada tuviera más importancia que el vivir y saborear plenamente esas veinticuatro horas de existencia.

Si nuestra existencia es tan corta, tan pequeña como el vaso de agua que cabe en el cuenco de nuestras manos, no la malogremos ni enturbiemos con pesares, desasosiegos, rencores y temores. Si viviéramos doscientos o trescientos años, habría tiempo para crearnos problemas y resolverlos, pero no tiene sentido inquietarse ni complicarse el vivir cotidiano que no es ni tan siquiera un soplo en el tiempo.

El aprendiz de sabio lo relativiza todo, casi nada le inquieta ni altera su paz, ocupado como está en saborear cada gota de vida que recibe cada día como un regalo. Sabe que el momento feliz o desgraciado que vive ahora mismo será reemplazado de inmediato por otro nuevo momento también feliz o desgraciado. Está en las manos de cualquiera elegir que el instante sea de felicidad, si se «ocupa» en vivir o desgraciado si se preocupa y lo vive con angustia.

46. ENTREGA A LOS DEMÁS

La generosidad no necesita salario, se paga por sí misma.

H. DE LIURY

Ama, consuela, acoge, abraza, sonríe, acompaña, perdona,
entrega... Sal de ti hacia tus semejantes y dales lo mejor
de tu persona. Aunque nada recibieras a cambio,
tú ya te has llenado, completado y enriquecido,
invirtiendo en el banco universal del amor incondicional,
solidario y generoso.

Epicteto afirma de una forma bella que el sol no espera a que se le suplique para derramar su luz y su calor cada día sobre nosotros. Si tienes muchas cosas, si eres rico y no careces de nada material puedes enriquecer tu espíritu haciendo partícipes a los demás de tu riqueza, de tus bienes; y si tienes poco, podrás dar poco de lo material, pero mucho de tu bondad, de tu benevolencia y de tu consuelo espiritual.

Hoy me apetece reflexionar sobre dos pensamientos clave: *el primero* referido al bien y gozo que nos depara la noble y generosa acción de dar, consolar, acoger y amar a nuestros semejantes; *el segundo* pensamiento se centrará en la forma de dar y de hacer el bien.

Beneficios que reporta la generosidad, o el salir de uno mismo y dar lo mejor de sí a los demás:

- Dar es la mejor manera de recibir.
- Cuanto más damos más se incrementa nuestro gozo, porque el bien del prójimo se convierte en bien propio.
- Cuando damos algo con alegría siempre nos es devuelto con creces y en mayor medida.
- Como decía Marquina:

Oro, poder y riquezas
muriendo has de abandonar,
al cielo sólo te llevas,
lo que des a los demás.

La forma en que damos, es igual de importante que la misma acción generosa. ¿Cómo hemos de dar?

- Con una sonrisa, con agrado. Si vas a dar algo de mala gana es mejor que no des nada.
- Con cara amiga y con el gozo con que socorrerías a tu mejor amigo.
- Con oportunidad, cuando tu hermano lo necesite.
- Con verdadero afecto, pero sin llamar la atención… «Sin que tu mano izquierda se percate de lo que hace la derecha»…

¿Hay que dar siempre e incluso a nuestros enemigos?

Dice un proverbio hindú que el árbol no niega su sombra ni al leñador que le derriba. Tagore viene a decir lo mismo y de forma no menos bella: «El hacha del leñador le pidió al árbol el mango, y el árbol se lo dio». No está al alcance de cualquiera una muestra tan grande de generosidad y de nobleza como ésa. Sólo las almas verdaderamente grandes y excepcionales bendicen a quienes les maldicen y abren los brazos de su corazón a sus más encarnizados enemigos.

El aprendiz de sabio todavía no se siente suficientemente entrenado y con fuerzas para hacer el bien a quienes se empeñan en causarle graves daños, pero lo intenta, se esfuerza y comienza a entender que la verdadera grandeza consiste en devolver el bien por el mal.

47. LA CARCOMA DEL PENSAMIENTO NEGATIVO

Los acontecimientos no te lastiman, pero tu percepción de ellos sí puede hacerlo.

EPICTETO

La desgracia, el derrotismo, la infelicidad, la desdicha, la angustia, el estrés, los celos, los miedos... son sensaciones que precisan ser acompañadas y reforzadas por tus propios pensamientos derrotistas. Te olvidas de que lo negativo y determinante es tu forma de pensar, no tanto tu existencia y los acontecimientos que te rodean. Son los pensamientos de angustia esperando lo peor y los temores incontrolados los que te producen sensaciones del mismo signo y tan reales para ti que acaban por malograr tu vida cotidiana. Recuerda, tú no eres las sensaciones que te produces y experimentas. Lo negativo no está en ti ni en tu existencia, sino en la forma en que piensas y te comportas.

La realidad, el hecho en sí mismo, lo objetivo acontece y se presenta ante ti; pongamos por caso una observación o corrección sobre tu forma de ser o de comportarte que hace una determinada persona. Esa persona puede ser tu esposo/a, un amigo, un compañero de trabajo. Pues bien, los efectos, la reacción, la respuesta psicológica, emocional, fisiológica que tú des dependerá de varios factores como: la forma de ser de quien te hace la crítica, el tipo de relación que os une, el tacto o la dureza de sus palabras, el lugar en que te hizo la observación o corrección y el estado mental y anímico en que tú te encuentres en ese momento… y otros factores menos relevantes, pero que pueden influir.

Una simple observación sobre tu forma de ser o de comportarte, hecha en el peor momento, cuando estás bajo un estado de ira o con el ánimo por los suelos, puede convertirse en un drama y tu reacción será explosiva y demoledora.

Hay personas con la sensibilidad y la agresividad a flor de piel, que todo lo magnifican y cualquier pequeña contrariedad saca de quicio. No menos reactivas y explosivas son las personas acomplejadas, frustradas, tímidas y las que se sienten inferiores. En definitiva, lo que decimos, la forma en que lo decimos, el momento y las circunstancias que rodean a la persona que tenemos delante, determinan el tipo de reacción y de respuesta. Por eso, el aprendiz de sabio piensa y sopesa muy bien antes de hablar todas las posibles variables y prevé las consecuencias de sus palabras y de sus actos.

No son los hechos en sí, somos las personas volubles, susceptibles e impredecibles quienes nos lastimamos, agobiamos, preocupamos y malogramos cada momento de nuestra vida. El mismo hecho que para una persona en un momento determinado de su vida le hace completamente desgraciada y le quita las ganas de vivir, por ejemplo una infidelidad, una separación, para otra persona no significa nada, no la altera y lo acepta, incluso como un bien o una liberación. La muerte para una determinada persona, por su edad y circunstancias personales, es una liberación y para otra es, lo que para la mayoría, el mayor de los males.

Es necesario volver muchas veces sobre este punto y trabajarlo más y más, no sólo para que cada vez nos afecten en menor medida las cosas y de forma menos negativa, sino para aprender a manejar esas variables que hacen que cada persona se vea afectada de manera diferente por lo que le decimos y por lo que le sucede. A medida que crezcamos en sabiduría, sufriremos menos y evitaremos que otros sufran por lo que nos suceda y por lo que les suceda a ellos.

48. NO MÁS, SINO MEJOR

> Cuenta tu jardín por las flores, no por las hojas caídas…
> Cuenta tus días por las horas doradas y olvida las penas habidas.
> Cuenta tus noches por estrellas, no por sombras.
> Cuenta tu vida por sonrisas, no por lágrimas.
> Y para tu gozo en esta vida, cuenta tu edad por amigos, no por años.
>
> ROGER PATRÓN LUJÁN

Más riqueza, más trabajo, más responsabilidades, más amigos, más tiempo, más cosas…; no siempre son algo mejor para ti ni te reportan mayor paz y felicidad. El aprendiz de sabio no desprecia ni infravalora la cantidad, pero se decanta por la calidad. Por desgracia, buena parte de los mortales se afanan incansables a lo largo de su vida por tener «más de todo», corriendo en pos de una quimera y no logran tan siquiera un mínimo de lo esencial: sentirse en paz consigo mismos, ser razonablemente felices y disfrutar plácidamente de lo que son y tienen.

El camino de la sabiduría, como el Camino de Santiago, es un viaje que nadie puede ahorrarnos ni puede hacer por nosotros.

La sabiduría no se transmite genéticamente ni se nos da por ciencia infusa, cada persona tiene que descubrirla por sí misma y fabricársela cada día.

Me terminan de hacer una entrevista para una emisora de radio y también para una revista. El tema del que acabo de hablar es «**el síndrome posvacacional**». Todos los años, a finales de agosto o primeros de septiembre, es costumbre abordar este tema. Desde hace no más de cincuenta años disfrutamos de vacaciones y el síndrome apareció hace unos quince años. Antes, como casi nadie tenía vacaciones, no existía ese síndrome.

Algo tan deseado y gratificante como las vacaciones puede ser o convertirse en un problema para las personas que son ellas mismas un problema. Por ejemplo, están aquellos que esperan todo el año las vacaciones estivales como si éstas fueran la gran panacea, la solución definitiva, y que consideran que representan lo mejor de la vida, por lo tanto el resto de su existencia es malo. Estas personas sin duda se sentirán tristes al volver a la vida normal y al trabajo.

No me canso de repetir que el secreto está en contabilizar y disfrutar los buenos momentos, y «vacaciones» son todos los fines de semana (cuarenta y ocho horas) si sabemos desconectar y relajarnos, y «vacaciones» también pueden ser todos los días si logramos convertir la **vocación** (trabajo) en «**vacación**» (disfrute). Como bien aconseja el bello poema que encabeza esta página, «hay que contar los días por las horas doradas y el jardín por las flores, no por las hojas caídas...». En definitiva, todo es cuestión de «percepción» y de disfrutar de la rosa y de su belleza, en lugar de quejarse porque nos hayamos herido con alguna espina al cortarla con nuestra mano.

Desde hace varios años procuro disfrutar los dos días y medio (viernes tarde-noche, sábado y domingo) de que se compone cada fin de semana en las mejores «minivacaciones». En lugar de esperar once meses para sentirme feliz en las largas vacaciones estivales que duran un mes, apenas espero cuatro días y medio con gran ilusión y la certeza de que unas horas del viernes, el sábado y domingo me pertenecen para descansar y disfrutar... «Cuenta tu vida por tus sonrisas, no por tus lágrimas»...

49. …Y ADEMÁS ES IMPOSIBLE

> El que quiere de esta vida todas las cosas a su gusto, tendrá muchos disgustos.
>
> FRANCISCO DE QUEVEDO

La vida, las personas, las cosas… Todo es como es, y si te empeñas en que todo sea y se encuentre a tu gusto y conveniencia, te estresarás y agotarás. No puedes controlarlo todo y pretender que los acontecimientos te vengan siempre a favor es un empeño inútil. Acepta la realidad de cada día, deja que las cosas sean como son y sigan su curso y tú sé como crees que debes ser. Piensa que así está bien, y en cualquier caso que nada te impida vivir en paz y en sosiego contigo mismo.

Desde niños expresamos con claridad que esto o aquello no nos gusta. No nos gusta la comida que mamá ha preparado ese día, no nos gusta la profesora infantil que nos ha tocado en suerte y no nos gustan infinidad de cosas. Pronto aprendemos a expresar el gusto o disgusto, la atracción o el rechazo que sentimos ante las personas, las situaciones y las cosas. Mucho antes de hablar y de pensar con cierta lógica, el individuo humano aprende a expresar su agrado o desagrado y esto es bueno, es positivo porque en cierta medida el gusto o disgusto es un mecanismo de defensa, pero no siempre.

Habituados como estamos desde la más tierna infancia a decantarnos por lo que nos gusta o disgusta, nos agrada o nos desagrada, corremos el peligro de que infinidad de cosas que son buenas, convenientes y provechosas, incluso imprescindibles para nuestra salud y para nuestra formación como personas, las rechacemos, no las hagamos y nos privemos de un bien, de un hábito, de una habilidad o de un conocimiento fundamental.

Hacia los ocho años de edad un niño ya tiene que saber que hay muchas cosas que no nos gustan, pero son buenas y convenientes y tenemos que hacerlas, aunque no nos apetezcan y nos cueste trabajo llevarlas a cabo.

Una persona, cuya vida se rigiera solamente por el gusto o el disgusto, estaría abocada al fracaso. Discernir que algo es bueno para la salud, para nuestra formación y que nos conviene es uno de los primeros logros educativos de los padres y educadores.

No hace mucho unos padres bien formados e inteligentes me trajeron a la consulta a un niño de siete años, inteligente, pero caprichoso y terco. Decía que no quería ir a clase porque no le gustaba su profesora. Los padres me dijeron que era una profesora excelente, pero que no se andaba con bobadas y era firme y exigente con los niños. A Carlitos le gustaba mucho más su profe de primero. Era más mimosa y siempre estaba riendo. «Carlitos —le dije—, yo te veo muy grande y muy inteligente; necesitas aprender a responsabilizarte y estás en la edad en que todos, a mí también me pasó, tenemos que hacer cosas que no nos gustan, pero son buenas y nos convienen. Dices que no te gusta tu profesora. A lo mejor tú tampoco le gustas a ella, porque te portas mal y protestas por todo. Ella no dice nada y, aunque no le gustes, está haciendo lo posible por gustarte. También puede ser que sí le gustes y esté esperando a que le demuestres que te sientes bien en su clase, que hagas los trabajos y ella te felicitará por esforzarte. Lo que importa es que yo sé, y tus papás también, que es una buena profesora, de las mejores. ¿Por qué no pruebas tú a portarte bien y haces "como si" te gustara mucho tu profesora? Prueba durante una semana y veremos lo que pasa.» La profesora estaba al tanto de todo e hizo también lo que pudo de su parte, y Carlitos terminó encantado con ella.

Si las cosas, las personas y las situaciones no son de nuestro agrado y no es posible o conveniente cambiarlas, hagamos lo posible por «gustarle» nosotros a las cosas, a las personas y a las situaciones. Hagamos «como si» nos gustaran. Abandonemos actitudes infantiles e inmaduras regidas por el gusto o disgusto: un progreso de nuestra madurez.

50. BUSCA LO QUE QUIERES ENCONTRAR

El hombre es Dios por el pensamiento.

ALFONSO DE LAMARTINE

Busca la maravilla que encierra cada vivencia y experiencia de lo cotidiano. Tú eres ya ese ser único, pieza única, verdadera maravilla entre todos los seres de la Creación. Pero todo es cuestión de aprendizaje, de constante entrenamiento, de la pupila de tu alma y de los caladeros en los que realizas tu búsqueda: Si buscas en caladeros de conflictos, encontrarás conflictos; si buscas en caladeros de paz, encontrarás paz; si persigues la belleza, encontrarás belleza y si buscas amor, encontrarás amor…

El aprendiz de sabio, como aventajado discípulo del bien y de la sabiduría, ya juega con ventaja frente al común de los mortales, porque es plenamente consciente y alberga la convicción de que todo, absolutamente todo, por sencillo e insignificante que resulte a primera vista, puede ser tocado con la varita mágica de los pensamientos positivos, de la atención y de la intención y transformar lo más trivial y corriente en extraordinario.

El secreto de la sabiduría, del saber vivir (asignatura que sólo se imparte en la universidad de la vida) está en pensar convenientemente cómo debemos pensar. Por eso no es descabellada la afirmación de Alfonso de Lamartine cuando dice que el hombre es Dios por el pensamiento. Cuando hablo a padres y profesores siempre les repito que en toda acción educativa debemos tener presente que nuestro objetivo no es otro que educar al niño para pensar y obrar como es debido.

La mayoría de los problemas, conflictos y desgracias le vienen al hombre por actuar sin pensar, por no reflexionar adecuadamente y por habituarse a pensar de forma negativa y ponerse siempre en lo peor.

He necesitado toda una vida llena de tropiezos, de no pocos fracasos y de estudio y análisis de los tropiezos y problemas de los demás para llegar a descubrir que allá donde busca cada persona, donde **abreva** su sed y sus deseos, aquello con lo que alimenta sus pensamientos, en definitiva, es lo que determina su existencia.

Hay personas, por ejemplo, adictas a tener razón y no soportan que nadie les discuta o les lleve la contraria: todos sus problemas, de relación, conyugales y laborales se los crean ellas mismas por su forma de pensar y su actitud intransigente.

Otras personas, incapaces de responsabilizarse de su vida y de hacerse cargo de sí mismas, se habitúan a quejarse de todo y por todo y a maldecir su existencia y su mala suerte. Esta forma derrotista de pensar parece que les exonera de la responsabilidad de pasar a la acción... son los eternos «Jeremías», siempre quejándose, buscando compasión y que alguien cargue con ellos y les adopte de por vida.

Así podríamos continuar, pero siempre estará detrás de toda persona negativa, frustrada, quejica, amargada y fracasada una **forma de pensar inadecuada** (no pensar ni reflexionar sobre las consecuencias de la conducta, actuar sin pensar o pensar negativamente).

Esto es así y no vale darle más vueltas: nuestros sentimientos y nuestras acciones vienen determinados por la positividad o negatividad de nuestros pensamientos, los cuales a su vez se recargan (retroalimentación), se impregnan de lo que hacemos y sentimos. **¿Cuál es la solución?** Ya la he dado varias veces en este libro, dada su trascendencia: Si cambiamos de forma directa las conductas derrotistas, dejamos de lamentarnos y de lloriquear como plañideras, y nos comportamos de forma decidida, «como si» ya fuéramos la persona dinámica, responsable y eficaz que queremos ser, comenzaremos a pensar de manera positiva y a sentirnos bien.

51. EL MEJOR REGALO

> La vida es fascinante: sólo hay que mirarla a través de las gafas correctas.
>
> ALEJANDRO DUMAS

Que nada ni nadie te haga dudar de que la vida es el mayor
don, el regalo más extraordinario, y que estás en este mundo
para ser feliz y para hacer felices a los demás.
Que tu objetivo es hacer el bien por donde vayas
y hacerte el bien a ti mismo, y que el secreto está en que
sepas seguir tu camino a pesar de todos los conflictos,
avatares y circunstancias adversas, mientras te das paz
y disfrutas en cada momento de lo que eres y tienes,
de lo sencillo y cotidiano que te depare la vida.

En alguna medida, las reflexiones de este punto no hacen sino reafirmar y potenciar cuanto se ha dicho en el punto anterior: ya somos una maravilla, y cada vivencia y experiencia de lo cotidiano también es una maravilla. El problema está en que la mayoría de las personas no son conscientes de esta gran verdad, se equivocan de camino y buscan donde no deben hacerlo, pertrechados, además, con una forma de pensar y de actuar inadecuada.

En este punto nos referimos directamente a la vida como el mayor don, el mejor de los regalos que recibe cada ser humano y que nuestro proyecto vital no debe ser otro que poner todos los medios a nuestro alcance para que nuestra existencia sea verdaderamente feliz y gozosa.

El amable lector, por mucho que lo intente, no va a encontrar un proyecto mejor para la existencia humana: ser feliz y en lo posible contribuir al bien y a la felicidad de los demás.

Está en nuestras manos lograr ver la vida, que en sí misma ya es fascinante, a través de las gafas correctas, como aconseja Alejandro Dumas. Es la forma de percibir lo que determina «el color» de cada momento.

Ahora mismo, estés donde estés, amable lector, es muy probable que cerca de ti se encuentren dos o más personas, más o menos felices o desgraciadas por su forma de ver, de percibir. Acabas de salir de un restaurante y te han servido la cena dos camareros: uno, nada más cruzar su mirada contigo te ha sonreído, y en su expresión y en el matiz de sus palabras has percibido afecto, agrado y la sensación de que te decía, «estoy encantado de su presencia, caballero». El otro camarero es correcto, pero muy distante, casi frío, no te transmite confianza para pedirle que, además de la cerveza sin alcohol quieres que te traiga una jarra de agua del grifo (no agua mineral), porque el agua de Madrid es muy buena.

No quiero decir con esto que el primer camarero, muy cálido, cercano y amable, necesariamente sea feliz, pero me cuesta pensar que una persona así sea desgraciada. Tampoco me atrevería a afirmar que el segundo camarero, distante y un poco cortante, sea desgraciado… pero está haciendo oposiciones a serlo, por su actitud de desagrado.

Esté donde esté, la persona que se levanta cada mañana agradeciendo a Dios y a la vida precisamente el hecho de vivir, ya se siente premiado y regalado por tener a su disposición un nuevo día. Necesariamente impregnará cada momento de ese día del gozo interior que le embarga.

Un ejercicio que yo hago con frecuencia y que le recomiendo al amable lector es buscar donde me encuentre en ese momento a alguien que transmita felicidad, alegría y dicha por vivir. Me acerco a esa persona y le digo: «Perdone mi descaro, pero me apetece preguntarle si realmente es usted tan feliz como se le ve. Contagia usted su felicidad». Prácticamente en todos los casos he obtenido la misma respuesta: «No puedo quejarme, sí soy muy feliz, pero no todo es felicidad», rematan algunos.

52. OPTIMISMO VITAL

> Las lamentaciones no sirven para nada; entregarse a ellas es perder el tiempo presente por un pasado que ya no nos pertenece.
>
> A. DUFRESNES

El derrotismo, la autocondena y el lamento son la carcoma de la voluntad, de la mente y de la salud física y psíquica. Destiérralos para siempre de tu vida y practica el optimismo realista y el autodiálogo positivo, sin olvidar que llegarás a ser y a vivir según piensas y te juzgas a ti mismo.

En mis años de profesor, cada año me encontraba en clase dos o tres «Jeremías», lloricas, quejicas. Como eran clases de cuarenta alumnos, he llegado a pensar que debe de haber de un 6 a un 8 por ciento de quejicas en el mundo. Perdone el lector mis cálculos estadísticos y vayamos a lo esencial. Cuando tenía ante mí alguno de estos «Jeremías», le decía: «Abre tu cuaderno de tareas y en la primera página, con mayúsculas, escribe este proverbio oriental que tienes que leer cada día: "Si tiene remedio, ¿por qué te quejas? Si no lo tiene, ¿por qué te quejas?"». El niño o adolescente me miraba extrañado y lo mismo sus compañeros. Entonces, durante unos minutos, cerrábamos los libros de latín, de geografía o de lengua y todos nos poníamos a pensar y reflexionar sobre la sabiduría del proverbio. Pasaron los años y cuando me he encontrado con alguno de aquellos niños quejicas, hoy hombres o mujeres de cuarenta o cuarenta y cinco años, me han agradecido que les enseñara a no quejarse, a afrontar las dificultades con alegría y decisión y a entender que el lamento y la queja casi siempre es una estúpida pérdida de tiempo y de energías. Es curioso la felicidad que reporta a veces haber sido profesor y encontrarte a un tipo grueso, barbudo y canoso que te sonríe y te mira afectuosamente, al tiempo que te dice: «Si tiene remedio, ¿por qué te quejas? Si no lo tiene, ¿por qué te quejas? No sabe usted quién soy, doctor Bernabé, pero esa frase me la hizo usted aprender de memoria»... Al final, me tengo que dar por vencido hasta que mi alumno me da pelos y señales y, termino por caer del guindo y reconocerle y nos fundimos en un abrazo.

El problema del derrotista, del quejica y del eterno preocupado por todo es que se bloquea, no actúa, no pone medios y malgasta sus energías y su tiempo en lamentar su suerte; con el agravante de que llega a convencerse de que él es gafe, que nada le sale bien, o bien de que es tonto o incapaz. En cualquier caso se instala en la cómoda actitud de la queja y espera que las cosas se solucionen solas o que alguien con más decisión y capacidad le saque del atolladero.

La vida me ha enseñado que el hábito de la autodisciplina, de la responsabilidad y de hacerse cargo de sí mismo siempre conduce al logro del objetivo que nos hemos propuesto y a una vida más agradable, plena y feliz.

¿Y en las situaciones verdaderamente críticas? Con mayor motivo en momentos como ésos a nada positivo conduciría recurrir al lamento o dejarnos atrapar por el pánico y la pasividad. El aprendiz de sabio conoce por experiencia que por mal que estén las cosas, mientras quede una gota de coraje y de ilusión en un alma esforzada es posible llegar a la victoria desde la derrota y al éxito desde el fracaso.

Recuerda:

Pongamos remedio a lo que anda mal si es posible, pero no recurramos a la queja, y si no hay remedio, con menor motivo debemos preocuparnos de lo que no tiene solución ni arreglo.

53. LAS BUENAS RELACIONES

> Busca para compañero uno que sea mejor que tú, para luchar junto con él sirviéndote de tus mejores fuerzas. Quien no sea algo más que tú, no te llevará un poco más lejos.
>
> FRIEDRICH RÜCKERT

Por tu bien, busca la compañía y el trato frecuente con personas equilibradas, sensatas, optimistas, sosegadas y que disfruten haciendo el bien a sus semejantes. Que estén habitualmente alegres y recurran con frecuencia al sentido del humor y manifiesten de manera espontánea su alegría y ganas de vivir. Serán para ti el mejor y más poderoso estimulante y un fortísimo reconstituyente cuando lleguen las horas bajas y más lo necesites.

Acabo de saludar a un antiguo paciente mío, al que despidieron del trabajo hace unos diez años. Es un hombre inteligente y emprendedor y en lugar de malgastar su tiempo en lamentar su suerte (con cuarenta y cinco años, esposa y tres hijos, se quedó en la calle) vino a verme para reafirmarse en la idea de poner un pequeño negocio familiar por su cuenta. Las cosas le fueron estupendamente y dos años después tenía que ampliar el negocio familiar y buscar personas eficaces, responsables y honestas. Me dijo estas palabras: «Bernabé, yo lo tengo claro, para que mi negocio siga creciendo y me vayan bien las cosas, las personas que seleccione para trabajar en mi empresa tienen que ser más capaces y con más tesón que yo mismo y, a ser posible, jóvenes y que necesiten trabajar, o mayores, pero dispuestas a seguirme el ritmo y a poner de su parte, como si fuera su propia empresa». Como digo, acabo de saludarle hace tan sólo unos minutos y le he dicho: «¡Qué cara de felicidad tienes. Se ve que todo te va de maravilla!».

«Ya te lo dije —me ha contestado—, la gente que trabaja conmigo me supera en todo, y además no me duelen prendas reconocerlo y decirlo por todas partes, ¿cómo no me van a ir bien las cosas?»

En el caso que termino de relatar, lo que buscaba mi amigo eran personas más capaces que él para progresar en los negocios. Lo que le vendrá bien al amable lector, sin duda, es una persona positiva, con sentido del humor y muy vitalista si se siente con un tono psíquico bajo, cuando normalmente es optimista. Mejorará si se rodea de personas más abiertas, emprendedoras y entusiastas que él mismo y se deja contagiar de la energía y positivismo que le transmitan.

La idea clave en este pensamiento del aprendiz de sabio es que, para bien y para mal, al igual que se contagian algunas enfermedades, así también se nos contagian, en buena medida, las actitudes, las formas y el estilo de vida de las personas que pasan bastante tiempo a nuestro lado. Lo inteligente es rodearse de personas que puedan sumar aspectos positivos a nuestra vida. Procúrate la amistad y el trato frecuente de quienes te han dado pruebas de honradez, sinceridad, alegría, ganas de vivir, sentido del humor, bondad y actitud mental positiva. Invertir en este tipo de relaciones humanas es de lo más rentable y saludable.

54. NADIE SOBRA EN TU VIDA

> El arte de vivir consiste menos en eliminar nuestros problemas que en aprender a convivir con ellos.
>
> BERNARD M. BARUCH

Ten bien presente que la adversidad, el sufrimiento, las desgracias y también las personas neuróticas, desequilibradas, viles y problemáticas, que todo lo enredan, complican y agravan, estarán siempre ahí, muy cerca de ti: forman parte de la vida y de tu entorno, y no debes sorprenderte ni inquietarte demasiado porque te salgan al paso y hasta te visiten con frecuencia. Admítelas como pruebas y ejercicios necesarios para tu diario entrenamiento mental y psíquico y para potenciar en lo posible la masa muscular de tu espíritu.

¿Cuántas veces te has visto metido en problemas en tan sólo unos instantes, «sin comerlo ni beberlo», así por las buenas, como lo que me sucedió hace unos días al regresar de vacaciones y no poder acceder a mi plaza de garaje porque un desaprensivo había dejado su coche impidiéndome la entrada? El caballero, para más «inri», se comportó como si él fuera el perjudicado, el ofendido y yo el ofensor (asunto que ya he comentado en reflexiones anteriores).

Cualquiera que esté leyendo este libro en este momento tiene anécdotas personales semejantes, para contar y no acabar. Por eso, la reflexión que hoy se hace el aprendiz de sabio, y nosotros con él, es que, al igual que debemos contar con la visita más o menos frecuente de las desgracias y adversidades, también debemos no extrañarnos de que algunos de nuestros semejantes, cuya vida ya es complicada, nos involucren en sus conflictos y nos veamos sorprendidos y en situaciones completamente inverosímiles; y esto puede sucedernos en cualquier momento: en un viaje por carretera, haciendo la compra en el mercado, en la cola del autobús o compartiendo mesa y mantel con unos «amigos».

Siempre que le sea posible, el aprendiz de sabio no se mete en problemas. Si alguien pretende involucrarle, pone todos los medios a su alcance para zafarse y librarse de ellos, pero ¿qué hacer si ya estás en el centro del huracán?

En el caso de que no podamos escapar de una situación verdaderamente crítica, la regla de oro es aferrarse al hecho en sí y no entrar al trapo de las descalificaciones personales, de lo subjetivo. En el referido caso de la persona que impedía con su coche que yo pudiera ocupar mi plaza de garaje no hacía otra cosa que derivar el tema por derroteros personales. «Parece mentira, señor psicólogo, usted que tanto escribe y dice...» También se apartaba del tema en cuestión, pretendiendo eludir su responsabilidad, diciendo que su hijo estaba de fin de semana y que no respondía al teléfono... todo menos llamar a una grúa y dejar mi plaza libre.

En resumen

De nada nos sirve hacernos mala sangre ni perder los nervios ni maldecir nuestra suerte, cuando llega la adversidad, la desgracia o la mala suerte, como cuando nos topamos con un «molusco» que ni piensa, ni siente, ni padece, ni dialoga. Mi cuñado Félix dice: «Se puede perder el tiempo con cualquiera, sea bueno, malo, inteligente o tonto. El problema está si topas con un "molusco"».

Ten bien presente de hoy en adelante, si tienes la desgracia de cruzarte con un «molusco»: tómatelo con calma, sonríe y espera a que ese espécimen desaparezca de tu vista. Es lo más sensato.

55. AMOR ES VIDA

El amor es la pasión por la dicha del otro.

CYRANO DE BERGERAC

Que nada ni nadie, por ningún motivo, te impida disfrutar de la experiencia cotidiana de amar y sentirte amado, de ocupar un primer plano en la mente y en el corazón de la persona amada. No es posible vivir sin amor.

Desde hace un largo rato estoy leyendo un montón de cartas que me han llegado al Consultorio psicológico que tengo en la revista *MÍA* y de entre las cartas recibidas esta semana, para tratar el tema que estoy desarrollando, me viene al pelo la que me escribe María, desde el norte de España: «No puedo no amar. Podría pasar un tiempo sin sentirme querida, no sé cuánto, pero necesito amar, más que ser amada. Es más fuerte e imperiosa la necesidad de derramar mi cariño, mi ternura y mi pasión sobre la persona que quiero, que esa misma persona me pague con la misma intensidad de amor y de ternura. Esto se lo dice una mujer apasionada, que cada día espera recibir grandes muestras de cariño, pero reconoce que aguantaría mejor el hambre de ser amada que el hambre de amar».

Toda la carta de María está centrada en la idea de que la clave, la condición sine qua non del verdadero amor es necesitar la dicha del otro antes que la suya propia. Me pregunta si está en lo cierto porque muchas de sus amigas no la entienden y piensan que lo primero es sentirse amado y después amar.

Cualquiera que sepa mucho de amor estará de acuerdo con la opinión de María que es la misma que la de Cyrano de Bergerac: «El amor es la pasión por la dicha del otro». Ésa es la grandeza del verdadero amor que dignifica al hombre, le perfecciona y realiza. No existe una obra más bella que un acto de amor que busca por encima de todo el bien de la persona amada más que el suyo propio.

Pero no siempre ocurre así y en muchos amores que fueron apasionados durante un tiempo, explosivos y sin medida, sin saber por qué, llega un día en que los desencuentros, los celos, el resentimiento e incluso el odio aparecen. Cuando esto escribo dos mujeres lesbianas, que se casaron hace poco, se están forrando de millones y no paran de ir de televisión en televisión, donde dieron la noticia del gran amor que les embargaba. Acabo de poner la tele y ya no es que no se amen, es que van a ver cuál le da a la otra allí donde más le duele.

La pregunta que siempre nos hacemos es: ¿En casos así hubo alguna vez verdadero amor? Yo no tengo la respuesta correcta, pero tengo claro que casi siempre se confunde la pasión, la atracción física, el placer mutuo y la satisfacción sexual, con el verdadero amor, que es mucho más que todo eso. Es «no poder no amar» porque necesitas más que tu propia felicidad ver feliz y dichosa a la persona que amas. Cuando en tu mente y en tu corazón aparecen en primer plano por todo y para todo la imagen, la vida y la felicidad de una persona que llega a importarte más que tú mismo y vives para procurarle felicidad, entonces amas sin límites y con todo tu ser. Pero ese amor no se completa si en la mente y en el corazón de esa persona tú no apareces también en un primer plano y le interesas hasta el punto de que busca y prefiere tu felicidad, antes que la suya propia. Esto sí es àmor, lo demás será enamoramiento, pasión... pero el ¡AMOR! ¡AMOR! que llena y transforma por completo la existencia de cualquier persona es «no poder no amar a quien ya se ama». Como decía Juan Bau en una de sus canciones: «Mi corazón, sin ti, ya no podrá latir».

56. OPTIMISMO INTELIGENTE

> Recuerda que eres tan bueno como lo mejor que hayas hecho en tu vida.
>
> BILLY WILDER

Recuérdate con frecuencia que para conservar y potenciar tu equilibrio y tu paz interior has de esforzarte en vivir como piensas, ser coherente con tu vida y hacer un inventario de todo lo bueno y positivo que te ha sucedido a lo largo de tu existencia. Por mucho que hayas pasado y sufrido, sin duda tienes sobrados motivos para el optimismo y para la esperanza. Todo estará bien si aprendes a diluir en el mar insondable de esas cosas buenas que te suceden los pedruscos de sal y de amarga hiel que se interpongan en tu camino día a día.

«Si hago una buena obra, me siento bien; y si obro mal, me siento mal. Ésta es mi religión», decía Abraham Lincoln. A esa coherencia me refiero cuando afirmo que para conservar y potenciar nuestra paz interior y nuestro equilibrio necesitamos no engañarnos, no decir una cosa y hacer otra; pero si esto ocurre, admitir que obramos erróneamente y sentirnos mal.

El primer pensamiento es claro: una persona es la suma de todas las buenas acciones llevadas a cabo a lo largo de su vida. ¿Qué pasa con el mal que ha hecho? Lo que importa es reconocer que lo ha hecho, sentirse mal por ello, es decir, arrepentirse y, finalmente, dos cosas: una, remediar los daños causados con la mala acción para restablecer el bien donde se causó mal; otra cosa muy importante es incrementar las buenas acciones en la medida de nuestras posibilidades.

Como bien decía Marie Curie, la mejor vida no es la más larga, sino la más rica en buenas acciones.

El segundo pensamiento que debe ocupar hoy tu mente es traer a la memoria todas las cosas buenas que hayas hecho hasta ahora de forma consciente. Ese inventario debe también incluir una lista de cuanto bueno y positivo te ha ocurrido a lo largo de tu vida hasta hoy.

¿Sabes cuál es el fin de todos ellos? Que te convenzas por ti mismo de que tienes sobradas razones para el optimismo, y aunque hayas pasado por muchas situaciones críticas y la vida te haya traído no pocos sinsabores, si sumas todo lo bueno que te ha sucedido, con tus buenas acciones, sin duda esbozarás una sonrisa y reconocerás que ha merecido la pena vivir hasta hoy. Por muchas que hayan sido las sombras, las luces de tu vida se han impuesto sobre ellas, las han disipado.

El aprendiz de sabio hace buen acopio de todo cuanto enriquece su existencia, se ocupa en hacer el bien allá por donde va y da por hecho que cometerá errores, y tendrá debilidades y flaquezas, como humano que es, pero nunca le faltará el optimismo y la confianza en sí mismo. Aprenderá a diluir los pedruscos de sal y de amargura de lo negativo de su vida en el cuenco inmenso de su corazón, donde acumula el mar de agua cristalina de todas las buenas y nobles acciones que jalonan su existencia. Somos tan buenos como lo mejor que hayamos hecho en nuestras vidas. Nuestro propósito no debe ser otro que inclinar el platillo de la balanza del bien un poco más cada día, movidos, a partes iguales, por el bien que hacemos a los demás y el bien que nos proporcionamos a nosotros mismos.

57. LOS OJOS, VENTANAS DEL ALMA

Los ojos son el punto donde se mezclan alma y cuerpo.

CHRISTIAN FRIEDRICH HEBBEL

Son los ojos las ventanas del alma y el espejo en el que se reflejan tus sentimientos, afectos, deseos, inquietudes, dudas, temores... Procura impregnarlos del amor y de la paz que brota de tu interior y abraza a cada semejante cuando le mires y le hables. Si a lo largo del día las cosas se tuercen y las personas te critican o te increpan y sientes que en tus ojos se apagan tus miradas de amor y de paz, ponte de inmediato las gafas inteligentes de la reflexión, del sosiego interior, de la empatía, del perdón y añádele las lentes positivas de la confianza y de la esperanza, y todo seguirá siendo para ti según el cristal de tu mente serena y constructiva.

«Cuando los ojos se encuentran nace el amor», dice un proverbio indio. No hay otra parte del cuerpo en la que de manera más espontánea e intensa aparezcan reflejados sin tapujos todos los sentimientos. A través de nuestros ojos se nos escapa el alma en forma de miradas de amor, de recelo, de angustia, de pasión, de alegría, de temor, de duda, de confianza... Las inquietudes, las penas, el dolor, la pereza, el entusiasmo, la abulia y la fuerza de la voluntad, la vehemencia, la candidez, el desdén, la ira, la fidelidad y la traición. Algún día aparecerá algún estudio, alguna investigación que descubra que nuestros ojos son la pantalla donde se reflejan las pasiones más brutales y los sentimientos más exquisitos, espirituales y nobles.

Así como existe la ludoterapia, la grafoterapia, la hidroterapia y muchos y diversos tipos de terapias o curaciones mediante el juego y variadas actividades lúdicas o cambiando un grafismo negativo por otro positivo, en el caso de la grafoterapia, etc., así también es posible dulcificar nuestro carácter, aprendiendo a mirar con ternura y comprensión, por ejemplo. El secreto está en impregnar nuestra mirada del sentimiento positivo que más necesitamos para contrarrestar el sentimiento negativo contrario.

Supongamos que eres una persona muy inquieta y nerviosa, en constante desasosiego. Fíjate en la mirada y en la expresión del rostro de personas que respiran paz y serenidad e intenta varias veces al día mirar a cuantos te rodean con ojos de paz, mientras sonríes levemente y respiras tranquilo. Pasado un cierto tiempo comprobarás que será suficiente que tu mirada adquiera esos tintes de tranquilidad y de sosiego para que realmente la paz y la tranquilidad se conviertan en una realidad palpable: tu cuerpo estará tranquilo, al igual que tu mente y tu alma.

¿Eres abúlico, inconstante y falto de voluntad?

Imita el gesto firme y la mirada impregnada de tenacidad y seguridad de alguien de tu entorno, que se distinga por su constancia y responsabilidad. Llegará un momento en que esos matices de tu mirada y la firmeza expresiva de tu rostro activen los mecanismos perezosos de tu voluntad.

Decía Napoleon Hill que «si estamos en condiciones para recibir una cosa, ésta aparecerá», y de acuerdo con la teoría holográfica del doctor Pribram, nuestra mente aloja imágenes holográficas tridimensionales de lo que visualiza de forma imaginaria. Estas imágenes estimulan nuestros sentidos para traducirlas en equivalentes físicos, en realidades. En consecuencia, cuando nuestra mente cree que algo es cierto, estimula los sentidos para atraer hacia nosotros las personas, cosas y circunstancias necesarias y convertir la imagen mental en su realidad física.

De forma semejante a la *visualización imaginaria*, actúa la *expresión* que debemos a nuestras miradas. Bien decía Paul Valéry que el amor nace de una mirada y que una mirada puede engendrar odio eterno.

58. RECHAZA LA VIOLENCIA

La violencia es miedo de las ideas de los demás y poca fe en las propias.

FORGES

Los necios e inconscientes a lo largo de la historia de la humanidad han pretendido cambiar el mundo violentando la voluntad y destruyendo las vidas de quienes se han opuesto a sus ideas y propósitos. El aprendiz de sabio siente repugnancia interior por cualquier tipo de violencia, respeta la vida y las ideas ajenas y limita su acción y enfrentamientos a los que pueda tener consigo mismo. Su único objetivo no es otro que la paz y lograr las cotas más altas de plenitud, equilibrio y armonía interior, que se haga extensiva y redunde en el buen entendimiento y armonía con los demás.

La noticia de portada en todos los periódicos de hoy es verdaderamente escalofriante: «Los terroristas chechenos del comando islamista siguen reteniendo en un colegio de Osetia del Norte a más de mil quinientos rehenes, de los que la mayoría son niños». Veo las noticias en la televisión y en estos momentos dicen que, tras el asalto de las fuerzas especiales rusas, han muerto más de cuatrocientas personas y la mitad son niños. Una terrorista chechena dice: «Quiero vengarme; mataron a mi hermano y quiero quitarle la piel a los soldados rusos con mis propias manos». Odio que engendra más odio…

Las conductas agresivas, de malos tratos, de terror y de extrema violencia, son el pan nuestro de cada día. Siempre tras el violento, el terrorista o el asesino se encuentra un ego herido, frustrado o humillado. Alguien que ha acumulado un inmenso odio, un rencor que necesita tomarse la revancha y sus deseos de venganza.

No va desencaminado Forges cuando afirma que «la violencia es miedo de las ideas de los demás y poca fe en las propias». Como el otro no es como tú, no piensa ni vive como tú, tienes miedo, te sientes inseguro; no te aportan seguridad tus propios pensamientos.

¡Hace miles de años que el hombre existe sobre la tierra y todavía no ha aprendido a vivir plenamente su vida y a dejar que cada cual viva la suya! Hay algo de lo que estoy seguro, amable lector, y es que sea cual sea tu edad, bagaje cultural y nivel socioeconómico, tienes o has tenido cerca de ti a alguien que se cree en el derecho y en la obligación de corregirte constantemente, de hacerte advertencias y de organizarte la vida. Sentirse de forma permanente observado, corregido y criticado es verdaderamente estresante y agobiante. Advierto que buena parte de lo que ha venido en llamarse «violencia doméstica» podría evitarse si aprendiéramos a respetar la forma de ser y de actuar del otro y exigiéramos desde el principio que el otro aprendiera a respetar también nuestra forma de ser y de comportarnos.

Todas las violencias, grandes o pequeñas, domésticas o mundiales, las llevaron a cabo personas con mente controladora y posesiva, que se creían con derecho a ejercer un dominio sobre los demás y pretendieron cambiar el mundo violentando las voluntades y destruyendo las vidas de quienes se opusieran a sus ideas y propósitos.

59. PAZ CON UNO MISMO, PAZ CON LOS OTROS

> Es necesario que vivas para los demás, si quieres vivir para ti.
>
> SÉNECA

Convivir en paz y armonía con los demás sólo se convertirá en realidad el día en que cada persona, desde su singularidad, busque y procure la paz y la armonía primeramente consigo mismo. Por eso, el aprendiz de sabio no cesa de buscar el sosiego y la quietud de su espíritu como base de todos sus pensamientos y obras, porque sabe que únicamente desde la perspectiva del logro de una plenitud interior aprenderá a convivir constructiva y pacíficamente con sus semejantes.

Defiende Erich Fromm que sólo podrá crearse una nueva sociedad si se produce un profundo cambio en el corazón humano. Todo cuanto se dice a sí mismo el aprendiz de sabio y la mayoría de las reflexiones que venimos haciendo no tienen otro objetivo que alentar y propiciar ese cambio en el corazón de cada hombre. *El primer objetivo* no puede ser otro que, desde la propia singularidad y de forma consciente y motivada, el individuo humano procure y busque la paz, el sosiego interior y la armonía consigo mismo. Una vez logrado en buena medida este objetivo estaremos preparados para dar *el paso siguiente*, orientado a propiciar, crear y alentar la paz, la armonía y la buena comunicación con nuestros semejantes.

Sean cuales fueren las actitudes, los sentimientos y los pensamientos de los demás, nuestro equilibrio y nuestro tono psíquico no deben sufrir alteraciones significativas. A la convivencia y al trato con nuestros semejantes debemos ir bien pertrechados de paciencia, comprensión, empatía, sentido del humor y facilidad para disculpar y perdonar tanto las impertinencias como las ofensas y los malos modos. ¿Por qué? Porque no hay una forma más rápida y segura de autorrealización, perfección y desarrollo de la virtud que en el vivir cotidiano con nuestros semejantes.

Es el otro quien me entrena, quien me pone a prueba y quien me perfecciona, tanto si se porta conmigo de forma exquisita como si hace lo posible por buscar mi desgracia.

Vivir de forma constructiva, civilizada, pacífica y sin caer en el acoso y derribo y en las descalificaciones de quien intenta desequilibrarnos y sacarnos de quicio, eso, por extraño que parezca, es casi excepcional en la convivencia entre seres humanos. Pero es el camino correcto, no hay otro, porque, como ya dije anteriormente, la adversidad, los conflictos y las personas problemáticas se concitan, parece que se ponen de acuerdo, unen sus fuerzas. Pues bien, a pesar de todo, el aprendiz de sabio no se arredra y los admite como compañeros de viaje, pero «no se sienta a su lado ni les sienta a su mesa».

«Ser para los demás» es la manera más inteligente y segura de ser para uno mismo y es cierto, porque al dar recibo, al construir y edificar algo bueno en el otro también lo construyo y edifico en mí mismo, pero nada más… Ya sólo nos queda llevar a la práctica el sabio consejo de «vivir y dejar vivir» y, por supuesto, ya es hora de que dejemos de ir de redentores por la vida.

60. SI…

Las cosas del mundo no varían hasta que alguien las hace variar.

JAMES GARFIELD

- Si a tus fallos y fracasos respondes con renovada y reforzada voluntad y esfuerzo, y a las frustraciones y limitaciones antepones tu superación, entusiasmo y coraje…
- Si aceptas las desgracias, el dolor y el sufrimiento como tributos que debes pagar para conocerte mejor, madurar, curtir tu espíritu, lograr un mayor crecimiento personal, mayor fortaleza y humildad, más paz y armonía interior…
- Si has llegado a entender que amar, perdonar, bendecir y cooperar son acciones más útiles, beneficiosas y rentables que sus contrarias, no sólo para ti, sino también para el bien de los demás y para propiciar una convivencia pacífica y un mundo mejor…
- Si la reflexión, meditación y consideración de cuantos principios y enseñanzas que venimos ofreciendo te sirven de acicate y de aldabonazo eficaz hasta el punto de que estás seguro de que nada en este mundo cambiará si no hay alguien que haga algo para que cambie y que ese alguien eres tú…

... lo más probable, amigo mío, es que ya te estés convirtiendo en un aventajado aprendiz de sabio, que es el objetivo de este libro. Sé consecuente y lleva a tu vida diaria las gotas de sabiduría que más y mejor pueden saciar tu sed de plenitud y de felicidad.

Tengo ante mis ojos un pequeño tesoro que es mi voluminoso «cuaderno de citas», en el que desde mi infancia y adolescencia he venido recogiendo pensamientos, frases y citas de grandes pensadores y filósofos. Yo me hacía el siguiente razonamiento: «Como no puedo leer todo lo que han escrito Séneca, Aristóteles, Unamuno, Horacio, Oscar Wilde, Ortega y Gasset y tantos otros, sí puedo aprovecharme de la selección, de la lectura detenida que han hecho otras personas, destacando sus ideas más relevantes y bellas». Por eso, una cita, que sintetiza el contenido de mis reflexiones, preside cada capítulo de mis libros. ¿Sabe el amable lector de quién es la primera cita o pensamiento que yo anoté en mi cuaderno cuando tan sólo tenía doce años? Pues es de Abraham Lincoln: «Si dispusiera de ocho horas para cortar un árbol, me pasaría seis afilando mi hacha». Al lado, yo escribí a lápiz mi primera reflexión en la misma línea del pensamiento de Lincoln: «Si quieres hacer algo muy bien, prepárate mejor».

¡Qué importante es a edades tan tempranas caer en la cuenta de que cada persona es responsable de sí misma! Que eres tú quien, en definitiva, con tu forma de ser, pensar y actuar, te labrarás una vida más o menos dichosa y más o menos desgraciada.

Dedico las reflexiones de esta página a los adolescentes y jóvenes de hoy, invitándoles a tomar la firme decisión de construirse una personalidad fuerte, decidida, entusiasta y tenaz. Que no olviden la decisiva importancia de prepararse a conciencia, intelectual, profesional y moralmente. Es en los años adolescentes cuando se forja la voluntad. Fue en mi adolescencia cuando descubrí a los clásicos y empecé a coleccionar citas en latín: «*Homines sunt voluntates*» (el hombre se convierte en lo que es su voluntad...) fue uno de los pensamientos que también trabajé con tesón y entusiasmo por aquellos años. La anotación que hice junto a esta cita es verdaderamente chulesca y prepotente: «No vale con tener voluntad, hay que "ser" la misma voluntad»...

Cuando escribo esto, tengo a mi lado un tesoro de seis meses que se llama Alejandro y es mi primer nieto. No hace sino reír y darme manotazos para quitarme los folios y la pluma. Ojalá mi nieto, cuando dentro de unos años pueda leer y entender *Aprendiz de sabio*, me haga el honor de hacer realidad en su vida las reflexiones y consejos de este libro, que con tanto cariño le dedica su abuelo.

61. EL CAMBIO DE «CHIP»

> Lo que hace un problema de un problema es que contiene una contradicción.
>
> José Ortega y Gasset

Cambia de «chip», de perspectiva, de actitud y no tropieces más en la misma piedra, tratando de resolver tus conflictos y problemas con los mismos pensamientos distorsionados que los crearon.

Quien ha sufrido o sufre una tragedia, ha padecido o padece una grave enfermedad, todo lo relativiza y deja de preocuparse de bagatelas y de hacer un drama por todo. Vive al día, el ¡ahora! y lo disfruta porque sabe que es lo único de que dispone y nadie puede arrebatárselo. El aprendiz de sabio no necesita pasar por tragedias o graves enfermedades para llegar a la misma conclusión. Por eso, por mal que le vayan las cosas, descubre alternativas, se engancha a la esperanza y encuentra nuevos motivos y horizontes en su vida.

En mi libro *La educación inteligente* (Temas de Hoy, 2002) la tesis central es que si persistimos en intervenciones educativas desafortunadas, desmotivadoras y paralizantes, el educando no cambiará su conducta improcedente, peligrosa, negativa o irresponsable y se instalará cómodamente en el pasotismo, la gandulería y el fracaso escolar. Por más que sus padres le digan a cada momento que es un desastre, que están hartos de su conducta, que es un fracasado o que no será nada en la vida, el niño o adolescente no mejorará, al contrario, se estancará y parapetará en el negativismo. ¿Por qué? Porque sus padres y educadores no saben cambiar de «chip», de perspectiva, de actitud, y año tras año tropiezan en la misma piedra, pretendiendo que el educando cambie con intervenciones educativas desafortunadas.

¿Qué hace la educación inteligente? Aplicar intervenciones afortunadas e inteligentes, que proporcionan al educando un camino atractivo, deseable y posible para adoptar una conducta responsable y con deseos de colaborar y de mejorar su conducta.

Sea cual fuere el problema a que nos enfrentamos, siempre es posible encontrar alternativas y soluciones al menos parciales. Ahí van algunas medidas que adopta el aprendiz de sabio:

1. No meterse en problemas y plantearse los menos posibles, salvo en caso de extrema necesidad.
2. Si te resulta imposible librarte de un problema, dulcifícalo y aprende a convivir con él, y si es posible sácale algo de rentabilidad.
3. Casi siempre la forma más eficaz e inteligente de afrontar un problema es resolviéndolo, pues ¡resuélvelo!
4. Hay problemas que exigen que los abordemos por partes para una solución más rápida y eficaz: ¡Divide y vencerás! Se come antes la manzana y se digiere mejor si te la comes a trocitos, que metiéndotela toda de una vez en la boca.
5. No te apuntes al gremio de los quejicas y cantamañanas que gastan más tiempo y energías en hablar de sus problemas que en afrontarlos.
6. No hay problema sin problema, sin punto débil. Encuéntralo y hallarás la solución.
7. No te conviertas en burro de carga de los problemas ajenos, pero tampoco debes cargarlos sobre las espaldas de los demás.

62. EN EL HABER DE TU ESPÍRITU

> Todo parece más encantador cuando lo vemos a distancia, y las cosas toman un relieve singular cuando se observan en la cámara oscura del recuerdo.
>
> THÉOPHILE GAUTIER

Toma nota y levanta acta de todo lo bueno y positivo que te vaya sucediendo. Almacénalo en tu «haber» más preciado, guárdalo como el mejor vino de reserva y de exquisita calidad en las «bodegas» de tu mente y de tu corazón para cuando vengan malos tiempos y te veas obligado a refugiarte en el iglú, en el refugio invernal de tu interior… La hormiga es tu maestra.

A mis pacientes y a mis amigos les sugiero que lleven un «diario» marcado con el signo (+) positivo, en el que sólo se anoten cosas, experiencias y sucesos gratificantes, que han sumado algo a su existencia y les han proporcionado momentos de felicidad, recuerdos imborrables.

Ya es un buen ejercicio de automotivación y positivismo llevar una especie de «*cuaderno de bitácora*» de los mejores momentos del pasado e ir añadiendo los buenos del presente como experiencias gozosas y gratas, muestras de afecto y de sincero reconocimiento, alegrías, anécdotas divertidas, chistes que hicieron reír, personas singulares que te enriquecieron…

Volver a lo bueno, positivo y gozoso de nuestro pasado resulta beneficioso a cualquier edad. No es necesario llegar a la vejez para rememorar los buenos momentos en que la vida nos regaló la más larga y encantadora sonrisa de felicidad. Si un joven de veinte o veinticinco años está leyendo esta página hará bien en recordar aquellos días felices de su niñez cuando su padre llegaba del trabajo y le ayudaba a montar un puzzle o se daban los dos un paseo en bicicleta alrededor de la casa.

Al llegar a la madurez, entre cuarenta y cinco y cincuenta años, no es menos reconfortante y revitalizador recordar los primeros amores, el primer beso, el primer trabajo y el primer éxito importante. Por supuesto que con la vejez ya todo son recuerdos con un matiz de cierta tristeza, pero si nos hemos acostumbrado a tomar buena nota de todo lo bueno que nos ha sucedido, habremos logrado algo verdaderamente valioso y fundamental: habituarnos a recordar sólo lo bueno, olvidando lo negativo y restándole importancia. ¿Para qué recordar lo que nos hirió, humilló o destrozó en algún momento de nuestra vida? No tiene sentido, salvo que nos vaya el masoquismo mental. El aprendiz de sabio, que sigue cumpliendo años y cargándose de experiencia, ya viene de vuelta y se ha aficionado a los buenos recuerdos y los buenos momentos, y todos ellos los retiene para sí, los abraza y los acaricia en su memoria. En cuanto a los sinsabores y experiencias dolorosas, prefiere dejarlas pasar, que sigan su curso o que se queden enterradas en el pasado, pero volver a recordarlas nada bueno reporta, salvo dolor y tristeza, que malograrían la felicidad del presente y se convertirían en obstáculo de cara al futuro.

En conclusión:

Si todavía no lo has hecho, vete ahora mismo a cualquier papelería y cómprate un cuaderno parecido al «libro gordo de Petete», en el que reflejes todo lo bueno que te ha sucedido en el pasado y las alegrías, gozos y éxitos que jalonan tu presente… Y ¡disfruta de una vez! Eres un privilegiado.

63. ESTABLECE TUS PRIORIDADES

Decídete y serás libre.

HENRY LONGFELLOW

Define tu escala de valores y establece prioridades. Las personas, las cosas, las obligaciones y compromisos… debes ordenarlos y abordarlos según el orden de prioridad y de importancia real para ti.

¿Qué es más importante, tener la casa como los chorros del oro y pasarte el día limpiando o dejar tiempo para ti, para hablar con los tuyos, con tus amigos y hacer algo divertido y gratificante? ¿Trabajar hasta la extenuación o tomarte de vez en cuando un respiro? ¿Ganar mucho dinero, pero no tener tiempo ni para ti ni para tu esposa e hijos o trabajar sin agobios y disfrutar más de tu familia, sin estrés y saboreando la maravilla de lo cotidiano?

Desde que somos conscientes de nuestros actos ya tenemos capacidad de elegir, mucho antes incluso. Un niño de un año ya elige un juguete y deja otro. Las causas por las que toma esa decisión puede ser la novedad del objeto, su color, su tacto, el ruido o sonido que hace al presionarlo, etc. Desde bien pequeños ya empezamos a elegir unas cosas en detrimento de otras. Con el primer suspiro y llanto de nuestro nacimiento traemos incorporada la libertad para elegir lo que vamos a ser dentro de un amplio abanico de posibilidades. Curiosamente no venimos dotados para no elegir; la vida se compone de un rosario inacabable de decisiones.

Para continuar mi razonamiento, prefiero apoyarme en las contundentes palabras de Ortega y Gasset: «Esta libertad para elegir, que es su privilegio en el universo de los seres, tiene a la vez el carácter de condenación y trágico destino, pues al estar condenado a tener que elegir su propio ser, está también condenado a hacerse responsable de ese propio ser, responsable por tanto ante sí mismo».

No nos vale pretender echar balones fuera. Como repite hasta la saciedad el aprendiz de sabio, cada cual es responsable de su destino, porque es responsable de sus decisiones. Quien da prioridad al trabajo, al dinero, al tener y poseer, no debe extrañarse de que su vida se convierta en un infierno de tensión, agobios y desasosiego permanente. Vive sin vivir, agotando hasta el límite sus energías físicas y psíquicas.

Pregúntate hoy en serio qué es lo que quieres hacer con tu vida y cuáles van a ser tus prioridades. El aprendiz de sabio, que es un buen alumno de la vida, de la calle y de lo que aprende de su experiencia y de la experiencia de los demás, viene observando que hasta los más capacitados y doctos saben casi de todo, pero desconocen el arte de vivir y de disfrutar de la maravilla de lo cotidiano.

Es el momento de establecer prioridades y de elegir entre más dinero, más problemas, más agobio, más nerviosismo y más cosas, pero menos tiempo, menos diálogo familiar, menos comunicación entre esposos, entre padres e hijos, y menos paz. Tuya es la elección y no olvides que sólo se vive una vez, y un día de estrés y de agobio es un día perdido. ¿Cuántos piensas perder antes de que sigas los pasos del aprendiz de sabio?

64. QUE NADA NI NADIE TE QUITE LA PAZ

> La paz es tal bien que no se puede desear otro mejor ni poseer uno más útil.
>
> SAN AGUSTÍN

No consientas que tu equilibrio, tu serenidad, tu carácter, tu sosiego interior y tus momentos de paz se alteren y quebranten por tantas memeces, bagatelas y contrariedades que aparecen al cabo del día, ni por los despropósitos, las neuras o las reacciones intempestivas e incontroladas de tus semejantes. Nada es más importante que proporcionarte paz a ti mismo, que tu salud física y psíquica y que estos instantes sosegados y de felicidad que nada ni nadie deben alterar o arrebatarte.

Es probable que hoy, como en tantas otras ocasiones, las cosas no sucedan a tu gusto o de acuerdo con tus expectativas, y las personas de tu entorno no te traten como mereces o que la suerte no te acompañe. ¿Consigues o remedias algo si te desesperas y te cabreas, si pierdes los nervios, te dejas llevar por la desesperanza o el desasosiego? Sólo maltratarte a ti mismo y causarte un grave daño.

Mantén la calma, respira lenta y profundamente varias veces. Sal al campo, y practica la relajación y la meditación en plena naturaleza y proporciónate grandes dosis de afecto y de paz que serenen tu espíritu y tonifiquen tus nervios.

Recuerda que en cualquier momento de bajón emocional, grave dificultad o crisis personal es cuando con mayor premura debes buscar la serenidad dentro y fuera de ti, proporcionarte mayores dosis de amor y comprensión y quedarte contigo en afectuosa y acogedora paz. Busca también apoyo, fuerzas y consuelo en las personas amigas e incondicionales que te quieren de verdad.

Dice un proverbio chino que «el árbol quiere la paz, pero el viento no se la concede» y la pregunta que nos hacemos es: ¿Qué hacemos cuando «el viento» huracanado de las desgracias, de las maldades ajenas o de la injusticia agita las ramas de nuestro ser y el árbol de nuestra vida está a punto de quebrarse? Esperar pacientemente y con ánimo sereno, confiados en la fortaleza de las raíces recias y firmes, hundidas en lo más profundo de nuestro ser.

Además, si lleváramos la cuenta, veríamos que así como los días de sol y de bonanza superan a los días tormentosos, huracanados y de lluvias torrenciales, así también los días de paz, de armonía y de gozo de las personas superan con creces a los días tenebrosos y de graves problemas.

Aunque ya lo he repetido en otros puntos y reflexiones, no está de más insistir de nuevo en que buena parte de los problemas más graves se los crea cada cual por no saber vivir y dejar vivir, por su obsesión por organizarle la vida a todo hijo de vecino, no solamente a los suyos. Ya nos advierte Tomás de Kempis que «mucha paz tendríamos si en los dichos y hechos ajenos, que no nos pertenecen, no quisiéramos meternos». Piensa si hay personas que con su forma de proceder están contribuyendo a que tu paz y tu equilibrio personal corran grave peligro. ¿Y tú? ¿Inquietas, perturbas y desequilibras a alguien con tus actitudes o con tus palabras?

65. HAZ SIEMPRE Y PRIMERO LO QUE TEMES

> Quien pretenda llegar a un sitio determinado, emprenda un solo camino y déjese de tantear mucho a un tiempo. Pues esto último no es caminar, sino andar vagabundo.
>
> SÉNECA

Atrévete a hacer siempre y primero lo que temes y lo que debes. Cuanto antes te zambullas en el «agua» de las dificultades y de los problemas cotidianos, mejor. Gastamos más tiempo y energías en dudar y en temer hacer que en llevar a cabo sin dilación aquello que tememos.

Dejar para más tarde lo que debes hacer y es prioritario te desgasta, angustia, estresa y te hace sentir culpable. Hoy es un buen día para hacer la prueba y actuar con resolución y energía, haciendo aquello que temes o te disgusta, pero debes hacer. Comprobarás que todo te ha resultado mucho más fácil y gratificante de lo que esperabas.

Es la indecisión y la duda, la vacilación y la falta de experiencia en la toma de decisiones lo que conduce a la irresponsabilidad. En mi libro *La educación inteligente*, al que hice referencia en reflexiones pasadas, el principio once dice así: «Educar en la responsabilidad significa educar en la toma de decisiones».

La decisión es una acción inteligente en la que se superponen de forma sincrónica el plano del pensamiento (decisión) y el de la acción (ejecución). Ahí es cuando demostramos tener voluntad, porque hacemos realidad lo que hemos pensado y proyectado previamente.

¿Cómo se educa en la responsabilidad a un niño? *Primero*, motivándole con las siguientes actitudes:

- Poniendo especial atención a lo que hace bien, a sus esfuerzos.
- Expresando claramente la satisfacción que nos produce que sea decidido y tenga voluntad.
- Reconociéndole de palabra sus méritos y premiando sus esfuerzos con algo que le guste.
- Compartiendo con el niño tareas de responsabilidad.
- Animándole a expresar su opinión.

Después, cuando ya posee cierta experiencia en la toma de decisiones y tiene claro que es normal cometer errores y equivocarse, *anímale a que haga siempre aquello que teme* y se sentirá mejor, el miedo desaparecerá.

El futuro de cualquier persona depende en gran medida de su resolución, de su capacidad de tomar decisiones y de llevarlas a término. Es en la infancia y en la adolescencia cuando se ponen los cimientos de una voluntad de hierro, de la capacidad de vencer el miedo a pasar a la acción, a convertir en realidad los proyectos. Cuanto antes aprenda un niño a hacer cosas que no le gustan, pero son buenas y convenientes para él, antes madurará y se fortificará su personalidad con una voluntad más firme y decidida.

Bien decía Séneca que «no nos falta valor para emprender ciertas cosas porque son difíciles, sino que son difíciles porque nos falta valor». Y el valor de atreverse a enfrentarse con la dificultad se adquiere aprendiendo a tomar decisiones desde la infancia, con la ayuda de padres y educadores.

66. SIEMPRE TÚ MISMO, SIEMPRE DISTINTO

> Si nos resistimos a que la herencia, a que lo circunstante nos impongan unas acciones determinadas, es que buscamos asentar en nosotros, y sólo en nosotros, el origen de nuestros actos. Cuando el héroe quiere, no son los antepasados en él o los usos del presente quienes quieren, sino él mismo. Y este querer él ser él mismo es la heroicidad.
>
> José Ortega y Gasset

Aprende cada día a ser «tú mismo», pero no lo mismo. Si haces lo mismo siempre y todas las cosas de la misma manera, cada hora y cada día de cada semana y de cada mes, la carcoma de la monotonía no tardará en aparecer. La ilusión, la motivación y el entusiasmo habrán desaparecido de tu vida cotidiana; te sentirás aburrido, aburrirás a los demás y probablemente caerás en la depresión. Como buen aprendiz de sabio debes mantenerte en constante renovación, descubrir, realizar y potenciar una nueva faceta tuya cada día y aprender cosas nuevas, conocer a nueva gente, viajar a lugares distintos…

De todas las formas de engañar a los demás, la pose de seriedad es la que causa más estragos, afirma Santiago Rusiñol. Ser «tú» con tus defectos, tus rarezas, tus limitaciones y también con tu encanto, porque no admites el engaño, no te pones caretas y siempre te manifiestas en tu plena autenticidad, no sólo es prueba de carácter, sino algo muy de agradecer: te muestras a ti mismo, no a un sucedáneo.

Ahora que tantas mujeres y hombres se hacen «arreglitos» de liposucción, estiramiento de piel y «retoques» en la nariz, los ojos, los pómulos, los glúteos, etc., uno no sabe cuánto queda de verdad de aquella persona que conociste hace años. ¿Cuántos pechos de muchas mujeres de hoy, aunque sean jóvenes, son auténticos? No es tan difícil averiguarlo, por más milagros que los cirujanos estéticos puedan hacer, porque lo que es natural siempre se nota. ¿Puede deducirse de mis palabras que estoy en contra de la cirugía estética? ¡Dios me libre! Si existe un defecto físico notable que te crea problemas de seguridad y de autoestima y el especialista te da garantías (las que puede dar) de que no corres peligro, tan loable es la decisión de operarte como la de aceptarte tal como estás y seguir con el caballete en la nariz y tus arrugas.

La reflexión que hoy nos ocupa no tiene que ver tanto con la autenticidad de nuestro físico como con la autenticidad de nuestra forma de ser y de comportarnos. La impronta de tu personalidad, aquello que te define y distingue de los demás que todos valoran y conocen es tu mismidad. No te hagas ninguna «cirugía estética» que cambie tu configuración porque dejarías de ser plenamente tú. Conserva, por tanto, la espontaneidad de tu carácter, pero huye de la monotonía, del aburrimiento, de la uniformidad. Aprende de la naturaleza que es auténtica, plena y bella precisamente porque sigue siendo ella misma en su inmensa variedad: días de sol, de viento, nublados, en calma, tempestuosos, lluviosos… Todos nos hablan de la riqueza de expresiones y de matices de la madre naturaleza.

El aprendiz de sabio es plena y auténticamente él mismo cada día porque resalta, potencia y activa también cada día algo que le hace distinto, renovado, más atractivo, servicial, afable o simpático. ¡Qué importante es en todo tipo de relaciones, pero especialmente en las conyugales y de pareja, ser cada día uno mismo, pero no lo mismo!

Reflexiona sobre este punto y desde hoy llévalo a tu vida cotidiana.

67. NO COMPITAS NI TE COMPARES CON NADIE

Como los que nada tienen y todo lo poseen.

SAN PABLO A LOS CORINTIOS

No te esfuerces por tener o atesorar más; no te compares con los demás ni compitas con nadie, salvo contigo mismo. Hay personas que siempre andan a la carrera y sin aliento, nada disfrutan y nada les llena y satisface porque siempre encuentran que los demás son mejores o tienen más éxito. Deja ya de correr sin aliento detrás de quimeras y disfruta de lo que eres y de lo que tienes, pero que no sabes valorar.

Si san Pablo se encontrara entre nosotros, sus palabras nos ayudarían para aclararnos las mentes sobre el afán de tener y atesorar, que es la adicción y ocupación preferida de la mayoría de los mortales. Tener una casa con muchas habitaciones y salones o varios coches lujosos no conlleva una mayor felicidad, porque el ansia desmedida de atesorar produce un vacío y una insatisfacción personal mayor ya que el deseo se hace más insaciable cuanto más se tiene.

El aprendiz de sabio, sin llegar a los extremos de san Pablo para quien «los que nada tienen, todo lo poseen», simplifica su vida y se quita de muchos problemas porque se siente ya bien como es y acepta de buen grado como están las cosas. Sólo compite consigo mismo, procurando ser un poco mejor y más feliz cada nuevo día que añade a su existencia. No entiende el necio afán de quienes logran tener y atesorar más, pero a costa de vivir peor, con mayor tensión y estrés, envilecidos por la esclavitud a que se someten.

Si profundizamos un poco en las palabras de san Pablo, no tardaremos en descubrir su profundidad y sabiduría. San Pablo dice «nada tienen»... de lo material, de lo mundano, de lo que inquieta y preocupa a la inmensa mayoría de los mortales. ¿Por qué afirma a continuación «y todo lo poseen»? Sencillamente porque se tienen plenamente a sí mismos y eso es todo lo que quieren y necesitan...

Quien se tiene a sí mismo es un sabio, no un simple aprendiz, y no se inquieta ni preocupa porque el vecino sea millonario, tenga un físico espectacular o le hayan dado el premio Nobel.

El aprendiz de sabio hace sus pinitos y se esfuerza en no compararse con nadie porque, además de lo odiosas que son las comparaciones, resultan traumatizantes, paralizantes y desmotivadoras. Siempre te encuentras a alguien que te supera con creces en aquello en que te apoyas para destacar y sentirte bien. Por eso siempre son desestabilizadoras y te crean conflictos internos y externos. El sabio y el aprendiz de sabiduría muy aventajado no necesitan para sentirse bien consigo mismos y con verdadero gozo otra cosa que el disfrute que les proporciona sentirse plenos, suficientes con lo que tienen y lo que son. Su única ocupación es permanecer en ese estado gozoso, y con su vida y con su ejemplo enseñar a sus semejantes a encontrar en su interior la maravilla que son, pero que todavía no han descubierto, y que dejen de correr sin aliento y sin sosiego detrás de fatuas quimeras, de comparaciones que acomplejan y de competiciones y luchas que alteran el equilibrio exterior e interior, estresan y matan el cuerpo y el alma.

68. ZAFARRANCHO DE LIMPIEZA, DE ODIOS, RENCORES…

> Odiar es un despilfarro del corazón y el corazón es nuestro mayor tesoro.
>
> NOEL CLARASÓ

Haz limpieza total de cosas inútiles, de viejos odios y rencores, de recelos, de sentimientos y de pensamientos cargados de venganza… Limpia de trastos viejos tu mente y tu corazón y orienta la vida hacia nuevas madrugadas llenas de quietud y paz interior, en las que comience a despuntar el cálido sol del amor, del perdón y de la plenitud interior.

El aprendiz de sabio ya viene de vuelta de tanta parafernalia y recoveco, no tiene ni armarios ni armatostes, ni trasteros ni trastiendas, y camina con lo puesto, ligero de equipaje. Sólo va cargado de un profundo amor a sí mismo y de gran respeto y consideración por sus semejantes. Nada guarda ni retiene y así nada le pesa ni le crea problemas.

Perdonar y olvidar las ofensas es obrar de forma paternal, comprensiva y sobre todo inteligente, y no conceder demasiada importancia ni a la ofensa ni al ofensor. Odiar, por el contrario, sólo demuestra ofuscación, primariedad y escasa inteligencia, porque se le concede demasiado protagonismo y relevancia al ofensor. Sólo se odia a quien se valora y se considera igual o superior a nosotros mismos.

Por eso, odiar es un despilfarro del corazón, de tiempo y sobre todo de inteligencia. Cuanto más odias y con más intensidad, mayor es el monumento que le levantas a tu ofensor y más bajo caes tú. Como dice La Rochefoucauld: «Cuando nuestro odio es demasiado vivo, nos coloca por debajo de lo que odiamos». Alguien ha dicho que solamente odiamos a quien nos hace sentir nuestra propia inferioridad… ¿Será verdad?

Buda y Gandhi se ponen de acuerdo y los dos afirman lo mismo: que el odio nunca es vencido por el odio, sino por el amor. Sin ánimo de contradecir a tan extraordinarios personajes y mucho menos corregirles, me atrevo a afirmar que, a veces, en lugar del amor, la más absoluta indiferencia también haría un buen papel.

Un buen amigo me decía que quienes le ofenden y le odian no existen para él y si se cruzan en su camino, se comporta como si no les viera. «Si ni existen ni los veo, ningún daño pueden hacerme», insiste, y dice que le da buen resultado esta actitud…

¿Qué hace el aprendiz de sabio?

Limpia por completo su mente y su corazón de trastos viejos, de odios, rencores, ofensas, fechorías que le han hecho, jugadas canallescas, recelos… y se coloca en una dimensión superior, como diciendo: «No me ofendes porque ocupamos un plano diferente: no me considero ni más ni mejor que tú, sino con una percepción distinta de las cosas. Tus ofensas no me hacen mella, entre otras cosas porque veo que tienes un grave problema personal, cuando en lugar de dedicar tu tiempo a disfrutar de la vida y a ser feliz, lo dedicas a perder el tiempo intentando causarme algún daño… y como no ofende el que quiere, sino el que puede, yo decido que tú no puedes, no tienes la suficiente categoría». ¿Actitud chulesca? Puede, pero da resultado.

69. ¿SABES NEGARTE?

Acostúmbrate a decir que no.

SAN JOSEMARÍA ESCRIVÁ DE BALAGUER, *Camino, 5*

Aprende a decir ¡NO! Sin inmutarte, cuando te veas en la obligación de hacerlo. Que nadie te organice tu vida ni te lleve a donde no quieras, ni te obligue a hacer, decir u obrar en contra de tu voluntad. Eres dueño de tus actos, de tus decisiones y de ti mismo y nadie puede tomarse la libertad de pretender torcer tu voluntad, salvo que le asistan buenas razones y sea la fuerza de sus argumentos la que te mueva a cambiar de opinión.

¿Vives a merced de tus propios miedos y de los caprichos de los demás? ¿Eres una persona emocionalmente dependiente? Lo serás en la medida en que respondas afirmativamente a la mayoría de las siguientes aseveraciones:

- Es habitual en ti decir «SÍ», cuando desearías decir «NO».
- Prefieres que otros decidan por ti.
- Complaces contra tu voluntad los deseos de otros.
- Dependes de lo que digan los demás, te muestras ansioso.
- No te atreves a expresar tus sentimientos y deseos y los disimulas.
- Necesitas la frecuente aprobación de los demás.

- Para conseguir y conservar el amor de alguien dejas de ser tú mismo.
- Piensa que si contentas a todos serás feliz.
- En buena medida, los demás tienen la llave de tu bienestar y ellos deciden lo que te conviene o no.
- Si no consigues el respeto y un buen trato de los demás, soportas en silencio sus malos modos y desprecios.
- Eres como un espejo que no tiene vida propia y sólo refleja lo que piensan, sienten y hacen los demás, y en consecuencia no te conoces porque eres «tú mismo» en escasos momentos de tu vida.

Ahora tienes claro si eres una persona asertiva capaz de decir ¡NO! cuando sea necesario, o por el contrario con tu falta de personalidad y tu dependencia emocional vas a la deriva, no sabes en realidad quién eres y cualquiera puede manejarte a su antojo.

Asertividad es lo mismo que afirmación de uno mismo. Es la capacidad de transmitir a los demás lo que opinas, deseas o sientes, de forma que puedas conseguir los objetivos que te has marcado, sin sentirte incómodo por ello.

Hay que distinguir entre «**Oposición asertiva**», que se utiliza cuando existen diferencias y hay que comunicar a los demás que nuestros pensamientos, deseos, aspiraciones y creencias son diferentes a las suyas, y «**aceptación asertiva**», que es la habilidad para indicar al otro que aprobamos su conducta para que se sienta aceptado, especialmente si es una persona que tiene dificultades para establecer contacto con los demás. El aprendiz de sabio se evita muchos problemas ya que ha adquirido especial habilidad en utilizar, según convenga, la oposición o la aceptación asertiva. Mi libro *Aprendo a vivir* (Temas de Hoy, 1996), y que seguramente ya conoce el lector, en su capítulo II, que lleva por título: «Cómo te haces desgraciado», aborda extensamente la asertividad.

70. CRÉATE A TI MISMO

La confianza en sí mismo es el primer secreto del éxito.

RALPH WALDO EMERSON

Antes de hacer de «Pigmalión» de los demás, algo muy loable, conviértete en «Pigmalión» de ti mismo. Probablemente te encuentras entre ese selecto número de personas generosas, sacrificadas y altruistas que pasan por esta vida sembrando el bien y procurándoselo a los demás. Si es así, te felicito porque sois vosotros los que con vuestro estímulo y apoyo permanente contribuís al mejoramiento de la sociedad en general y al de cada individuo en particular. Todo esto es muy noble y loable y nadie lo pone en duda, pero recuerda que sólo podrás ejercer de «Pigmalión» con los demás, si antes eres el mejor «Pigmalión de ti mismo».

Vale más ser precavido que voluntarioso, y esto es aplicable a todos los asuntos que abordemos. Supongamos que dos padres reciben la inquietante noticia de que un hijo suyo se encuentra en peligro lejos del hogar, a unos cuarenta kilómetros, y necesita ayuda urgente porque ha pasado dos días perdido, sin comida ni alimento. El padre del primer niño no se lo piensa dos veces, sube en su bicicleta y comienza a pedalear carretera adelante, con una cantimplora de agua y un bocadillo. El padre del segundo niño se para por un momento, piensa en quién puede proporcionar primeros auxilios, busca al médico del pueblo y manda a su esposa llenar la alforja de lo más imprescindible, pero suficiente para cubrir las necesidades del niño y de los demás, y lógicamente pide a alguien del pueblo que le lleve en su coche al lugar donde se encuentra su hijo, cueste lo que cueste.

Sin duda, aunque este segundo padre haya perdido de quince a veinte minutos en preparar el mínimo de avituallamiento, es el que ha obrado con sabiduría. No así el primero que sale disparado, sin pedir ayuda y que corre el riesgo de morir de inanición y de no poder salvar a su hijo. Antes de dar, tienes que tener. Si quieres proporcionar socorro y ayuda a tu hijo, pon los medios para que tú llegues fuerte a su lado.

¿Por qué debes ser primero Pigmalión de ti mismo?

a) Porque nadie da lo que no tiene y si pretendes dar, previamente necesitas tener, estar lleno de aquello que pretendes ofrecer.
b) Porque debes asumir la responsabilidad intransferible de la construcción y mejoramiento permanente de ti mismo, algo que nadie puede hacer por ti. En eso, nadie puede suplirte.

El aprendiz de sabio, consciente de esta realidad incuestionable y de que el mejor «bocata» es el casero, el que se prepara a conciencia uno mismo, cada día se reconforta, se estimula, da ánimos, cree y confía en sí mismo y en todas sus potencialidades como el más positivo de los pigmaliones.

El aprendiz de sabio, que sigue leyendo a Séneca, no cesa de potenciar su autoestima y su sentimiento de competencia. Ha aprendido del filósofo que solamente hay un bien, que es al mismo tiempo causa y fundamento de la vida feliz, y es creer en uno mismo.

71. «PERROS LADRAN...»

> No hay montaña sin niebla; no hay hombre de mérito sin calumniadores.
>
> PROVERBIO TURCO

Tienes que estar preparado para soportar duros ataques, calumnias, traiciones y momentos de amarga soledad. Por desgracia, el esfuerzo, la honestidad, la valentía y la virtud no cotizan alto en la sociedad actual, y las personas verdaderamente valiosas, virtuosas y con méritos lo son, además de por sus obras y por haber superado situaciones críticas, por haberse visto obligadas a beber el cáliz amargo de la soledad y de la ignominia.

De nuevo recurro a Miguel de Cervantes y me acuerdo de aquel estupendo maestro, Jesús González Galindo, que nos hizo leer y entender el contenido del *Quijote*, cuando teníamos apenas doce años: «Perros ladran...», dijo Sancho. «Señal de que cabalgamos, querido Sancho», le respondió don Quijote. Tenemos que memorizar esta frase, pero antes hay que entender bien lo que quería enseñarle don Quijote a su escudero. Aquel extraordinario maestro, al vernos incapaces de entender el significado de esas frases, empleaba toda clase de ejemplos hasta que la luz de la comprensión se encendía en nuestras mentes. «Recordadlo bien, se meterán con cualquiera que haga cosas buenas y meritorias, le harán la vida imposible, pero es por la envidia que le tienen y por no ser capaces de imitar sus virtudes», nos aclaraba don Jesús.

El aprendiz de sabio ya no necesita demasiadas explicaciones y se aplica cada día el bello proverbio turco, «no hay montaña sin niebla ni hombre de mérito sin calumniadores»... Sabe que si decide ser bueno y honesto hasta las últimas consecuencias (y debe serlo si ha decidido seguir el empinado camino de la sabiduría y de la virtud), tiene que estar preparado para soportar duros ataques, traiciones, calumnias... y muchos momentos de amarga soledad, que tendrá que superar y aliviar con grandes dosis de autoamor y de trato comprensivo y afectuoso, convirtiéndose en el mejor, más acogedor y cálido amigo de sí mismo.

«Si no tienes enemigos, es que jamás dijiste la verdad ni amaste la justicia», sentenciaba Santiago Ramón y Cajal. Por eso el aprendiz de sabio no se inquieta por que, a veces, los enemigos, los traidores y los aprovechados aparezcan de la noche a la mañana como las setas. Ya cuenta con ello y con su cobardía e hipocresía. Son compañeros inevitables en el deambular de cualquier persona de bien sobre la tierra. Aceptémoslo con la misma naturalidad con que aceptamos los días de calor o de frío, de sol o de lluvia, pero no los subestimemos. Lo importante es que sepamos que están ahí al acecho como la víbora, esperando su momento para atacar.

Hay dos tipos de enemigos especialmente peligrosos: los encubiertos, entre los que se encuentran los frustrados y los envidiosos y los que aprueban siempre lo que haces y dices; los pelotas y «abrazafarolas». Los enemigos declarados son los menos peligrosos, salvo los que nunca te tragaron, te odian y desean tu mal y viven para destruirte.

El mejor antídoto para cualquier tipo de enemigo es ignorarle, aunque siempre sin perderle de vista, porque cuanto más importancia le demos, más fuerte y poderoso se sentirá.

72. ¡QUIÉRETE Y DÉJATE QUERER!

> No hay remedio para la vida y la muerte salvo disfrutar del intermedio.
>
> George Santayana

Date el gusto: ¡Hazte homenajes! ¡Quiérete y déjate querer! No temas disfrutar ni reír ni divertirte con demasiada frecuencia. Quien es feliz de verdad necesita contagiar a todos su felicidad y al mismo tiempo, ocupado como está en saborear su propio disfrute, no se le pasa por la mente hacer mal a nadie.

En algún sitio leí que los placeres deben colocarse en la vida lo mismo que las comas en una frase, y me parece una excelente comparación. Ya trae la vida bastantes contratiempos, disgustos, sinsabores y desgracias como para que nos andemos con remilgos a la hora de disfrutar los buenos momentos. Hay que aprovechar cualquier ocasión para desconectar, cambiar de actividad, de lugar y no esperar grandes acontecimientos. Es el disfrute de lo cotidiano, de lo que tenemos más al alcance de la mano lo que muchas veces ignoramos y sin embargo puede ser fuente y motivo de gran placer.

Por otra parte, se disfruta más cuando el placer es compartido. Algo tan sencillo y fácil como hacer una barbacoa y reunirse con familiares y amigos para comer o cenar proporciona grandes dosis de alegría, risas, chistes, bromas y un ambiente distendido, cordial, de plena colaboración entre todos; la felicidad del otro es tu felicidad: «Prueba este vino o estas chuletas, que están de muerte»... «Deja, deja, ya me encargo yo de hacer el fuego»... «No, los cacharros los friego yo, tú ya has hecho bastante»...

Poned una grabadora en cualquiera de estas reuniones entre familiares y amigos y comprobaréis que el ambiente es de acogida, de grata compañía, de deseos de colaborar, de verdadero disfrute.

Ya he comentado que más que concederle toda la importancia al largo período de las vacaciones estivales, deberíamos darle un mayor protagonismo a las «minivacaciones» del fin de semana (dos días y medio), que están al alcance de todos. ¡Disfrutemos del intermedio! ¡Hagamos pausas y descansos relajantes y gozosos con bastante frecuencia! Al fin y al cabo todo lo que hagamos debemos supeditarlo a ser lo más felices que podamos.

Hay otro tipo de caprichos y homenajes, como comprarte ese reloj o ese anillo que tanto te gusta. Pasarte un fin de semana en un buen hotel con todas las comodidades o en un parador nacional. Son caprichos lícitos, sanos, que no suponen mucho dinero ni ponen en peligro la economía familiar y sí nos revitalizan y alegran.

Un sencillo, bondadoso e inteligente taxista, hablando de este tema de darnos de vez en cuando alguna fiesta, me decía: «Yo no tengo un duro, pero dos o tres veces al año me doy el gustazo de llevar a mi mujer y a mis tres hijos a un buen restaurante y sentirme tan señor como cualquiera de esos millonarios que todos los días comen comida cara. Al ver felices a mi mujer y a mis hijos yo siento mucha más felicidad que todos los ricos juntos».

Recuerda:

Quiérete y déjate querer y date algún homenaje de vez en cuando.

73. «LEER» LA VIDA CON MENTE POSITIVA

El pensamiento crea el mundo a cada instante.

ANDRÉ MAUROIS

Interpretarás la vida a través de tu forma de pensar y de ahí emanarán tus sentimientos. Te sentirás como pienses. No te pido que te crees un mundo irreal, idílico y maravilloso, pero si tu mente se habitúa a rumiar pensamientos negativos y todo lo interpretas y vives de manera catastrofista, llegarás a sentirte habitualmente mal y de ahí a la enfermedad sólo hay un paso. Por eso, el aprendiz de sabio pone especial cuidado en «leer» la vida, las cosas, los momentos y situaciones críticas con una actitud mental positiva.

Cada momento del presente que estamos viviendo está teñido, tocado por el tipo de pensamiento que ocupe nuestra mente en ese momento. Por eso no se equivoca André Maurois al afirmar que el pensamiento crea el mundo a cada instante. Cada cual crea su propio mundo, su propia realidad, con lo que piensa, siente y hace.

Si dominan claramente los pensamientos optimistas, gozosos, disfrutadores y de esperanza, llegaremos a interpretar la vida en clave de ilusión, de actitud positiva y de alegría contagiosa.

En caso contrario, si nuestra mente es como un cielo plagado de nubarrones de desconfianza, temor, estrés anticipatorio y catastrofismo, interpretaremos nuestro vivir cotidiano en clave de tristeza, de sufrimiento y de considerar esta vida como un valle de lágrimas.

Como ya hemos insistido en varias ocasiones en el extraordinario poder del pensamiento, conviene que abordemos, aunque sólo sea muy brevemente, el *pensamiento alternativo*, o lo que es lo mismo la facilidad para encontrar nuevos recursos y buscar otras alternativas, cuando surgen determinados problemas y dificultades y nos quedamos bloqueados, sin recursos. Para potenciar el pensamiento alternativo es fundamental habituarnos al ejercicio de actitudes mentales de confianza, positivas, que se apoyan en la realidad de cuantos pequeños éxitos venimos acumulando desde la infancia.

Ser conscientes de que muchas de nuestras experiencias y proyectos anteriores han sido positivas nos lleva a confiar en nosotros mismos y en nuestras capacidades. Por eso el aprendiz de sabio sigue practicando la autodisciplina, se responsabiliza de sí mismo y de sus actos y no se arredra ante las dificultades y los fracasos puntuales. Sabe muy bien que lo que verdaderamente cuenta y vale no es una victoria ocasional, sino muchos pequeños logros acumulados y conseguidos a pulso, con esfuerzo y tesón.

Finalmente recordemos que el pensamiento es determinante para la salud, porque hay una interconexión entre el cerebro, el sistema inmunitario y las emociones. Hay emociones que nos afligen (ira, depresión, preocupación, ansiedad, miedo) y hay emociones saludables que nos curan (calma, optimismo, autocontrol, seguridad, júbilo, amistad, bondad).

¡Mucho cuidado con lo que pensamos y sentimos!

74. EL FRACASO, UNA VALORACIÓN PEYORATIVA

> Más que el sable y que la lanza, suele servir la confianza
> que el hombre tiene en sí mismo.
>
> José Hernández

En la base del sentimiento de fracaso está la falta de amor y de confianza en ti mismo. Por eso, el aprendiz de sabio un día descubre que el fracaso no existe en realidad, salvo en la mente de quienes se consideran fracasados. El fracaso es tan sólo una valoración peyorativa y autodestructiva que hacen algunas personas de los resultados obtenidos, obsesionadas con la idea de que el fracaso es una constante en sus vidas. Para el aprendiz de sabio no hay fracasos sino errores y fallos puntuales, ocasionales, simples tropiezos que superará con tesón inteligente y entusiasmo.

El fracasado es una persona que comete errores, ni más ni menos que los demás, pero por su baja estima y falta de confianza en sí mismo no es capaz de aprender de sus errores y convertirlos en experiencias útiles.

Veamos por pasos cómo se comporta el sabio ante los errores: *Primero, aprende de sus propios errores* y no se inquieta, porque sabe que la misma ciencia avanza por el sistema «ensayo-error». *Después está atento a aprender de los errores que cometen los demás* e incluso de los errores que cometen los más sabios y capaces. En cuarto lugar está su disposición a cometer los errores que sean necesarios para seguir aprendiendo y, finalmente, está su gran descubrimiento de que ¡No existen errores! Porque en realidad se han transformado en experiencias valiosas para avanzar y progresar en el camino de la sabiduría.

Recuerda:

El fracaso en realidad no existe, salvo en la mente de quienes no saben aprender de sus errores y consideran que son incapaces de superar los problemas por la falta de confianza en sí mismos. Con humildad, paciencia y confiando en que el error sólo es un tropiezo del que se aprende y resulta necesario, cualquier persona llega a obtener lo que se proponga, siempre que sea constante y no desfallezca porque el éxito tarda en llegar. Thomas Alba Edison es tu ejemplo a seguir pues tuvo que ensayar con diez mil bombillas que no servían hasta encontrar la que le llevó al éxito.

El aprendiz de sabio es consciente de que los errores son necesarios. Sólo los que arriesgan se equivocan con más o menos frecuencia y quien nada hace nada yerra… En consecuencia, gracias a que hay personas dispuestas a cometer errores, el mundo progresa y la ciencia avanza. Salvo que sigamos perseverando en el error y no aprendamos nada, el error siempre es rentable. ¡Qué útil es hacer mención a los propios errores antes de comentar los errores ajenos!

Por otra parte, el miedo a equivocarse y no intentar lo que tenemos en mente puede ser el mayor error. Además, no hay error que no revitalice y enseñe si sabemos aprovecharlo y no dejamos que nos afecte, porque nos deja claro lo que no debemos hacer en el futuro, lo que tenemos que evitar. En cualquier caso, recordemos a Bernardo de Balbuena que dice: «No darás tropezón ni desatino que no te haga adelantar camino».

75. RELACIONES HUMANAS: «DIME CON QUIEN ANDAS…»

Júntate a los buenos y serás uno de ellos.

MIGUEL DE CERVANTES, *El Quijote*

Propicia el contacto con amigos, vecinos, compañeros y personas bondadosas, positivas y optimistas, porque «quien a buen árbol se arrima, buena sombra le cobija». Haz reuniones con cierta frecuencia; rodéate de personas cercanas y afines a tus gustos e ideales y disfruta al ver gente feliz a tu lado. El aprendiz de sabio hace suya la dicha de sus semejantes y su espíritu se motiva y tonifica al saber que con su trabajo y por su causa algunos de sus semejantes viven mejor o son más felices.

Por mi profesión como profesor y educador durante bastantes años y como psicólogo en ejercicio hasta hoy, en incontables ocasiones, me preguntan los padres cuál puede ser la causa de que sus hijos, que hasta hace poco eran responsables y obedientes, se conviertan en unos cómodos, gandules, respondones y descarados. Mi respuesta es siempre en forma de pregunta: «¿Sabes con qué tipo de amigos anda tu hijo?», porque ahí está la clave. Los amigos, a partir de la preadolescencia, determinan en buena medida la conducta de cualquier niño, salvo que los padres estén bien atentos y no permitan que malas influencias tiren por tierra la buena educación y los hábitos que sus hijos han adquirido en el hogar.

Podríamos pensar que las buenas compañías sólo son necesarias para nuestros hijos, pero no son menos necesarias para nosotros los adultos. Yo diría que todavía debemos ser más selectivos en cuanto a nuestras amistades.

Las personas sinceras, generosas, sencillas, bondadosas y respetuosas son un tesoro, y si tenemos la suerte de contar con amigos y vecinos con estas cualidades, y además son alegres y muy positivos, estaremos de suerte. Todos se benefician de todos y se enriquecen cuando se crean fuertes lazos de amistad entre la buena gente. Mantener una confiada y estrecha relación entre familias, que se llevan como si fueran hermanos, es una garantía tanto para los hijos como para los padres.

No sé si fue san Agustín quien dijo que se puede vivir sin un hermano, pero no se puede vivir sin un buen amigo. Lo dijera quien lo dijese es una gran verdad.

El aprendiz de sabio carga sus pilas en las buenas amistades, en disfrutar de ellas y en hacer lo posible por que sus allegados y amigos más íntimos se sientan gratamente acogidos y queridos.

Si no hace mucho decíamos que el aprendiz de sabio procura rodearse de personas más inteligentes que él para trabajar a su lado como colaboradores, a la hora de buscar amigos y compañeros intenta encontrarlos entre los más bondadosos y virtuosos.

Cervantes, como en no pocas ocasiones, da en la diana: «Júntate a los buenos y serás uno de ellos», y yo añadiría: «Y eliminarás así la mayoría de los problemas y sinsabores».

76. SÉ TU PROPIA MEDIDA

> Cuanto más grandes somos en humildad, tanto más cerca estamos de la grandeza.
>
> RABINDRANATH TAGORE

Así como la única manera de competir que conduce al éxito seguro es competir con uno mismo, la más práctica e inteligente de las comparaciones es la comparación que haces contigo mismo. ¿Por qué? Porque si compites contigo mismo, sólo te enfrentas a una persona que eres tú y el fin que persigues es ser hoy más virtuoso, sabio, maduro, capaz y feliz que ayer. En ese proyecto de mejora diaria no te ves obligado a suplantar, vencer o desbancar a nadie. Todo cuanto hagas por superarte se convertirá en éxito.

Con la comparación sucede otro tanto, porque al compararte con alguien, te puedes sentir inferior, desmotivado y triste porque no logras ponerte a su altura; pero si te comparas contigo mismo, siempre sales beneficiado y reconfortado porque la medida la das tú y los resultados que vayas obteniendo, poco a poco, te ayudarán a valorarte, animarte y automotivarte.

En el plano educativo es donde cualquier niño ya puede empezar a sufrir los efectos negativos en su autoestima, si los adultos estúpidos le comparan desfavorablemente con sus compañeros a tan tierna edad.

Hará unos diez años, unos padres muy preocupados por el estado anímico de su pequeño de cinco años, me comentaron que el niño estaba muy triste, no tenía ganas de jugar y no hacía sino repetir que él era tonto y no quería ir a ningún colegio. Sus padres, con el ánimo de darle la mejor formación a su retoño, le llevaron a uno de esos colegios «de fama», en los que es tan difícil entrar y donde hacen tests a criaturas de cuatro y cinco años para ver si reúnen las condiciones y capacidades necesarias. Pero a Pedrito no lo aceptaron, mientras que sí lograron superar la criba de selección sus dos vecinitos, María y Carlos.

No puede imaginarse el lector la maravilla de crío que era Pedrito. «Son los profesores y el director de ese colegio quienes no merecen que tú vayas —le dije—. Simplemente hablando contigo veo que eres muy inteligente y, aunque no lo fueras, eso no es lo más importante, pero tú eres muy inteligente y tus padres te van a llevar a un colegio en el que todos los niños puedan entrar; los tontos son ellos por su incomprensible actitud.»

Pedrito fue a otro colegio normal, sin tanta fama, campanillas y estupidez, y a los dos meses estaba radiante. Todos los profesores le felicitaban por su aplicación y buena conducta y por ser el que más ayudaba a sus compañeros cuando lo necesitaban.

La necia y nefasta pedagogía de establecer comparaciones y hacer tests de inteligencia a niños muy pequeños ha causado un daño irreparable a miles de niños que quedaron marcados a una temprana edad.

La educación inteligente que practica el aprendiz de sabio centra su interés y objetivos en que cada niño y adolescente aprenda a su ritmo y no se compare, salvo consigo mismo. Ver cómo cada día mejora en su capacidad, habilidades y conducta, pero sin ocuparse de si el ritmo de los demás es inferior o superior al suyo. Además, cada cual tiene sus cualidades y valores, pero no se es más por ser más inteligente. ¿Cuánto vale la simpatía, la bondad y el optimismo?

77. TÚ ERES TU PROPIO FIN

> Primero debes decirte a ti mismo lo que quieras ser, y luego hacer lo que tengas que hacer.
>
> EPICTETO

El compromiso de dirigir tu propia vida, protegerte y hacerte cargo de ti mismo es el más crucial de todos. De todas las responsabilidades que puedas asumir a lo largo de tu existencia, ninguna es tan determinante como la de cuidarte, protegerte, cultivarte, dirigir y orientar tu vida, darte ánimos, reconfortarte… En definitiva, hacerte cargo de ti mismo con todas las consecuencias.

En este compromiso crucial, la tarea estrella que se propone cada día el aprendiz de sabio es alcanzar las más altas cotas de felicidad y de paz interior en cualquier momento, lugar y circunstancia. Por eso, en la escala de valores de los padres y educadores, que tienen la responsabilidad de depositar en la mente y en el corazón de sus hijos y educandos las semillas de la verdadera felicidad, el sano amor a sí mismo y las habilidades de cuidarse y de protegerse, deben ocupar el primer lugar.

Durante tres días tendré un encuentro con todos los profesores del Colegio Caldeiro de Madrid, para hablar de una actividad que voy a realizar desde mañana mismo. Pues bien, todo cuanto yo diga, explique, comente y proponga al profesorado de este centro tendrá como objetivo transmitir a mis compañeros que la maravillosa y trascendental tarea, que les va a mantener ocupados durante todo el curso (aparte de la de impartir los conocimientos de las diferentes materias y hacer lo posible por que las dominen y aprendan), es la de enseñar a sus alumnos a quererse, protegerse y cuidarse:

1. No hacerse daño a sí mismo.
2. Evitar que otros te hagan daño.
3. No hacer daño a los demás.
4. Hacerse el mejor bien posible a sí mismo.
5. Hacer el bien que se pueda a los demás…

Son cinco objetivos, como los cinco dedos de la mano, que un niño debería ir aprendiendo y ejercitándose en ellos desde pequeño.

A las profesoras y profesores de primaria les sugiero que les pidan a cada niño pintar la silueta de su propia mano abierta sobre un folio y que después, dentro del espacio en blanco de cada dedo, escriban estos cinco objetivos (véase gráfico).

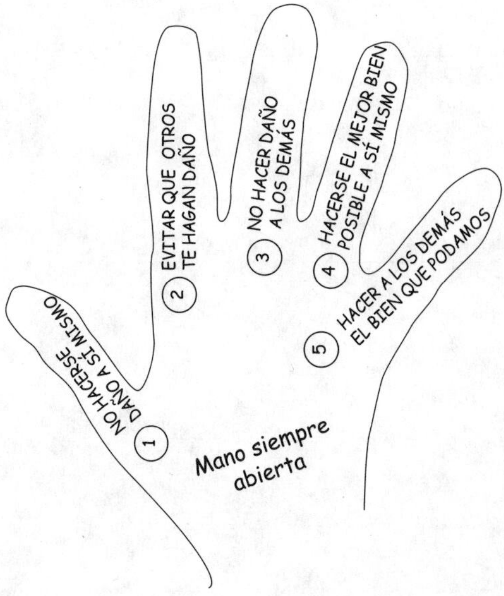

Trabajemos brevemente alguno de los cinco objetivos, por ejemplo el n.º 1: ¿De qué forma me estoy haciendo daño a mí mismo?

Puede ser con mi conducta, puede ser no alimentándome como es debido o creándome problemas con mis compañeros, etc. ¿Qué puedo hacer para remediarlo?

Veamos el n.º 2: ¿Quién me hace daño? ¿En qué cosas? ¿Por qué pretende esta o aquella persona hacerme daño? ¿Cómo puedo impedir que esta persona o esta situación me siga perjudicando? ¿Quién me puede ayudar a lograrlo?

Así se pueden trabajar los cinco puntos y enseñar a nuestros hijos y alumnos a asumir el compromiso de dirigir sus propias vidas, de protegerse, de hacerse cargo de sí mismos, y de no sólo no hacer daño a los demás, sino hacerles el bien que puedan. En síntesis, volvemos a lo mismo, al precepto evangélico: «Ama al prójimo como a ti mismo».

78. APRENDE DE LA ADVERSIDAD

> Aprendemos a ser sabios más por el fracaso que por el éxito. Con frecuencia hallamos lo que convendrá, descubriendo lo que no conviene y, probablemente, el que no cometió nunca un error, nunca descubrirá nada.
>
> SAMUEL SMILES

Demuestra hoy con tu actitud esforzada, entusiasta e inteligente que la vida no es un valle de lágrimas. Los sacrificios, renuncias, sufrimientos y situaciones críticas que tengas que afrontar hoy pueden convertirse en un potencial extraordinario de superación personal, si sabes aceptarlos y utilizarlos como lecciones de sabiduría y como pruebas de entrenamiento y de esfuerzo personal para curtir tu espíritu.

Date hoy el gustazo de ver amanecer. Son las 7.30 horas de la mañana del día 14 de agosto del año 2004 y he visto cómo amanecía por ti y por mí. La casa en completo silencio, mi esposa e hijos y mi nieto Alejandro están durmiendo, e incluso Indi, el perro, descansa mientras yo, desde el tresillo de mi casa, con los amplios ventanales abiertos, he disfrutado de la brisa fresca de la mañana, sin hacer otra cosa que acompañar a este día en su despertar. Tengo paz, me siento tranquilo y hoy nada va a alterar mi estado de ánimo, porque así lo he decidido. Prueba a hacer tú lo mismo. Haz la experiencia un día cualquiera, porque todos los días vienen cargados de problemas, nerviosismo, contratiempos…

Piensa ahora, que te sientes en paz, en aquel día tan estresante, en el que perdiste el control de ti mismo y con tu actitud te hiciste daño a ti y se lo hiciste a los tuyos, si hubieras tenido más calma, temple y control, en lugar de quejarte tanto y de hacer un drama.

Sé que en próximas ocasiones podrás demostrar con tu actitud esforzada, entusiasta e inteligente, que la vida sólo es un valle de lágrimas para quienes no aciertan con el secreto de saber aprovechar incluso lo más lacerante y doloroso como material de construcción y para enriquecer de sabiduría sus vidas. No hay pena, dolor, adversidad o sufrimiento que, con tiempo y paciencia, no acabe por contribuir a incrementar nuestro gozo, alegría y plenitud interior.

Comenzaba invitándote a algo tan al alcance de cualquiera como contemplar el amanecer de un día cualquiera, para demostrarte que disponemos de maravillas que no sabemos aprovechar y están ahí, al alcance de la mano, y pueden compensarnos de las dificultades, renuncias, sacrificios y problemas que tengamos que afrontar cada día.

Si empiezas el día llenándote de esa paz y de esa energía que nos desasa para cada madrugada y lo haces con ilusión, con esperanza y con agradecimiento a Dios y a la misma vida, porque es el regalo maravilloso de un nuevo día lo que tienes ante ti lleno de posibilidades y sin estrenar, seguramente tendrás la mejor actitud para afrontar con valentía y coraje todo lo que se te venga encima, y además aprovecharlo como una ocasión extraordinaria para curtir tu voluntad y tu espíritu y como lecciones prácticas, que te convertirán en un aprendiz de sabio más feliz y capacitado para vivir con mayor plenitud y gozo interior.

79. ENGÁNCHATE A LA ALEGRÍA

La prueba más clara de sabiduría es una alegría continua.

MICHEL DE MONTAIGNE

Proponte hoy alegrarte la vida y alegrársela a los tuyos, a tus amigos, a un desconocido. Ríe, cuenta chistes, ten sentido del humor y aprovecha para ti y para los demás el valor terapéutico del buen humor y de la alegría exultante. Que cualquiera que hoy llegue hasta ti, se lleve algo bueno de tu persona y que la energía de la dicha que sientes te vivifique e inyecte más vida en tu vivir cotidiano.

Me gusta comentar con amigos y a veces incluso con mis pacientes estos pensamientos de sabiduría; más que nada, por contrastar opiniones y ver el efecto que producen en los demás mis argumentos. ¿Qué piensas de esta afirmación de Montaigne: «¿La prueba más clara de sabiduría es una alegría continua?», le pregunté a un paciente, de profesión abogado. Él me contestó: «Pues que es una memez, por más que sea una cita de Montaigne». «Eso parece al principio —le dije—, pero Montaigne se refiere a la alegría como actitud, no a la alegría bobalicona y a la risa ruidosa que demuestra, a veces, más bien vaciedad de espíritu que otra cosa.»

Por ejemplo, sabiduría es aprovechar todas las pequeñas alegrías que nos salen al paso cada día, y no esperar a estar alegres únicamente cuando llegue la oportunidad de una gran felicidad.

- Sabiduría es no esperar a ser buenos y cordiales en ocasiones excepcionales, sino apresurarnos a mostrar nuestra cordialidad y bondad en cualquier momento.
- Sabiduría es saber decir con una sonrisa hasta las cosas más serias y comprometidas.
- Sabiduría es buscar como la más preciada de las alegrías la alegría del espíritu, que es la que nace de una buena conciencia.
- Sabiduría es saber que la alegría es más plena si se disfruta en compañía, porque a la propia satisfacción y gozo sumamos el gozo y la alegría de los demás.
- Sabiduría es no olvidar que nuestra vida está sembrada de pequeñas alegrías y nuestra obligación y tarea es saber desenterrarlas y disfrutarlas.
- Sabiduría es saber que si con tus palabras y con tus obras consigues hacer feliz a tus semejantes y aliviarles en alguna medida su dolor o distraerles de sus inquietudes y problemas, ya mereces el paraíso.
- Sabiduría es haber llegado a descubrir que no hay mejor complejo vitamínico para el cuerpo y para el alma ni más eficaz crema antienvejecimiento que la alegría y las ganas de vivir.
- Sabiduría es haber llegado a entender que la verdadera alegría y felicidad no son fruto de las circunstancias favorables, sino fruto de ti mismo, de la actitud que adoptes.
- Sabiduría es saber que una sonrisa acompañada de gestos cercanos y acogedores conforman el idioma universal en que se entienden las personas bondadosas e inteligentes.
- Sabiduría es saber que las alegrías más profundas, gratificantes y duraderas son las alegrías del espíritu. Las que te proporcionan un mayor bienestar contigo mismo y te permiten disfrutar con mayor gozo de las alegrías de tus semejantes.

80. CALMA Y FUERZA

> La calma es la característica de la fuerza, así también las causas que tienen un peso mayor puede que sean las más silenciosas.
>
> THOMAS CARLYLE

Controla tu enfado, tu estrés, tu ansiedad, tu ira y hostilidad, tus adicciones y malos hábitos. El aprendiz de sabio está de vuelta de odios, de rencores y de cabreos; y se ha convertido en un aliado incondicional de la paciencia,
de la calma y de la no agresión como actitudes,
como guías psicomentales.

La vida te enseña que sin mesura, sin equilibrio interno, sin un cierto retiro y silencio exterior y sin el necesario autocontrol vas a la deriva como cáscara de nuez en el océano de tu vida por el que navegas, expuesto a miles de peligros en forma de adicciones, malos hábitos, respuestas de estrés y de ira injusta, que suele ser frecuente e intensa. Sin sosiego y control de ti mismo, pondrás en grave peligro las relaciones sociales y causarás un grave malestar emocional a tus semejantes y, sin duda, a ti mismo.

La verdadera fuerza y fortaleza no es la que procede de la debilidad de otros ni del propio orgullo. La verdadera fuerza es una mezcla de moderación, control, mesura, templanza, paciencia, tenacidad y paz.

Sé que una cosa es la teoría y otra bien distinta la práctica. Yo mismo, que escribo y aconsejo sobre este tema y soy bien consciente de que a nada bueno conduce perder los nervios y que la calma y el autocontrol son prueba de gran madurez y sabiduría, tengo momentos en los que pierdo mi paz y tranquilidad y también el control sobre mí mismo, y luego bien que lo lamento. Es muy difícil, amable lector, lo sé porque soy tan vulnerable y humano como el que más. Pero también estoy convencido de que merece la pena acercarnos a ese estado de moderación, templanza y serenidad, incluso en las situaciones más desestabilizadoras, que caracteriza a quienes ya son aventajados aprendices de la sabiduría.

La verdadera calma es hija de la serenidad y de la razón. No me refiero a tener o no tener razón, sino a pensar antes de actuar, a enfriar nuestras ideas acaloradas, a razonar con sentido común y con sensatez, sin permitir que la inmediatez de los hechos nos impida ser objetivos.

Un buen ejercicio de reafirmación en la necesidad y en la bondad del control de sí mismo en cualquier situación consiste en volver a nuestro pasado y recordar cómo fueron nuestros enfados, disgustos y cabreos más sonados, aquellos que más nos desestabilizaron y nos crearon más problemas, y cuáles fueron sus consecuencias negativas.

Hace unos meses realicé yo mismo esta provechosa práctica que aconsejo al amable lector y puedo asegurar que me ha servido de mucho. El mayor beneficio que me ha reportado esta reflexión sobre mis pérdidas de control a lo largo de la historia de mi vida, es el convencimiento de que he sido y me he comportado como un verdadero estúpido, sobre todo por mis constantes reincidencias. Ahora, aunque tan sólo he conseguido una calma y un control relativos, me noto incomparablemente mejor y más feliz en todos los sentidos.

81. TENER Y DAR

Nada es, a menos que nuestro pensamiento haga que sea.

WILLIAM SHAKESPEARE

Das lo que tienes y tienes lo que cultivas con tesón y entusiasmo cada día y aquello con lo que alimentas tu mente, tus sentimientos, tus sentidos... Por consiguiente, no podrás dar paz ni serenidad ni amor si te alimentas de resquemor, de odio y de hostilidad. Tampoco tendrás ni podrás ofrecer momentos de dicha si te sientes desgraciado, ni confianza y seguridad si te domina el pánico.

La sabiduría es terca y vuelve a recordar los mismos principios con diferentes palabras, pero con idéntico contenido, como si hiciese un mayor esfuerzo para que todavía se grabe con más fuerza su esencia y perdure para siempre en el disco duro de nuestro espíritu.

Hemos repetido hasta la saciedad que nos convertimos en lo que pensamos. William Shakespeare aventura que «nada es, a menos que nuestro pensamiento haga que sea». El escritor Luis Mateo Díez, en los cursos de El Escorial en 2004, afirma: «Las palabras no son inocentes, son soberanas, nos hacen (nos convierten) sistemáticamente en lo que somos»... Consecuentemente con esta realidad, el aprendiz de sabio ejerce de solícito hortelano que cultiva con exquisito esmero y dedicación, en los bancales fértiles de su mente y de su corazón, los más preciados frutos de bondad, felicidad y de alegría, con que saciarse a sí mismo y de lo que le sobra, que es mucho, surtirá generosamente la despensa de los más menesterosos de atenciones y de buenas obras.

Damos lo que tenemos y estamos abastecidos de aquellas cosas en las que pensamos y que deseamos. Si pretendemos tener algo bueno de nada sirve intentar comprarlo, como hacemos con las cosas materiales. Es necesario cultivarlo cada día con ilusión y esfuerzo.

El aprendiz de sabio es consciente de que en la complicada y variada asignatura de la sabiduría hay muchos temas que es necesario repasar con frecuencia, estudiarlos y volverlos a estudiar; no sólo para que no se nos olviden, sino para aprender de ellos algo nuevo cada vez que los traigamos a nuestra mente. Tal es el caso del tema que nos ocupa, y puesto que el hombre ha sido creado para pensar, y es precisamente esta capacidad la que le distingue y coloca en un plano superior a los demás seres creados, «toda su dignidad y su mérito está no sólo en su capacidad de pensar, sino en pensar como debe», afirma Pascal.

Hoy reflexionamos sobre la forma en que pensamos últimamente, sobre el contenido de nuestros pensamientos, sin olvidarnos de las palabras: «No son inocentes, sino soberanas, pues nos convierten sistemáticamente en lo que somos», afirma Luis Mateo Díez y a mí me viene a la memoria la frase latina, «*ex abundantia cordis os loquitur*» (de la abundancia del corazón habla la boca), que viene a decir lo mismo.

En definitiva, el aprendiz de sabio, también tiene control sobre lo que dice y cómo lo dice, pues no olvida que llegará a ser y a convertirse en lo que diga, piense, sienta y haga (palabras, pensamientos, sentimientos y acciones).

82. BUSCA ALGO BUENO EN LOS DEMÁS Y LO ENCONTRARÁS

Lo que me interesa no es la felicidad de todo hombre, sino la de cada hombre.

BORIS VIAN

Espera lo mejor de tus semejantes; busca algo bueno y meritorio en ellos y con toda seguridad lo encontrarás y potenciarás.
¿Que te descalifican o hieren con sus actitudes y palabras? Entonces, rompe sus esquemas mentales y trátales como si ya estuvieran en posesión de las virtudes, valores y méritos que tú desearías poder valorar y admirar en ellos. Por paradójico que pueda parecerte, si eres constante en mantener esta inteligente actitud, tienes muchas probabilidades de que tus expectativas se cumplan.

El aprendiz de sabio, consciente de que para dar hay que tener y de que «quien busca algo bueno en los demás acaba por encontrarlo», se pregunta: «¿Por qué no pruebo el principio conmigo mismo?». Y dicho y hecho; pasa a la acción y se trata a sí mismo y se comporta «como si» en realidad ya estuviera en posesión de las virtudes, habilidades, méritos y cualidades que desearía tener; como si ya fuera la persona sensata, sabia, equilibrada y madura que pretende llegar a ser.

Ahora que te has ejercitado en desear y buscar algo bueno en ti y seguramente lo habrás encontrado, al menos en parte, es el momento de que practiques y empieces a tratar a algún cicatero de tu entorno como si fuera generoso, esperes y confíes que lo sea y así se lo haces saber, y lo más probable es que haga algún intento por no defraudarte, haciendo buenas tus palabras y la confianza que en él has depositado. En cualquier caso, sé tenaz sobre todo en esperar lo mejor de ti mismo y si tienes, por ejemplo, un carácter difícil y no se te distingue por tu amabilidad, procura comportarte como si fueras ya, ahora mismo, tan amable y cordial como alguna persona conocida de tu círculo de amistades, que pueda servirte de ejemplo. Te puedo garantizar que tienes muchas posibilidades de ser y de convertirte mucho antes en una persona amable, cercana y acogedora.

El objetivo que hoy propone el aprendiz de sabio es doble: *En primer lugar*, buscar algo bueno en nuestros semejantes. Es decir, que en el trato y en la convivencia de cada día, ya sea en el hogar con nuestros seres queridos, en el trabajo con los compañeros o en sociedad, siempre que establezcamos una relación, del tipo que sea, intentaremos encontrar algo bueno y meritorio en esas personas y se lo diremos.

En segundo lugar, no sólo se trata de aplicar esta técnica o medida como una actitud personal con cualquier individuo al que vemos cada día, sino que la utilizaremos también como «medicina», como tratamiento terapéutico. Debemos atribuirle a esa persona en concreto una virtud o mérito que necesita o que deseamos que cultive y sin duda hará lo posible por no defraudarnos y adquirirla. Por ejemplo, decirle a una persona determinada que le acarrea problemas su mal carácter, que cada vez tendrá más control sobre sus palabras, porque sus sentimientos son buenos y nobles y acabarán por dulcificar sus expresiones y el trato que da a los demás. Invito al lector incrédulo a hacer la prueba, pero que sea constante y verá como tengo razón.

83. FORJA DEL DESTINO

> Muchas personas pasan por la vida suicidándose parcialmente… destruyendo sus habilidades, energías, cualidades creativas. El aprender a hacerse bien a sí mismo es a veces más difícil que aprender a hacer el bien a otros.
>
> JOSHUA LOTH LIEBMAN

Desde el nacimiento hasta la muerte, cualquier mortal labra, construye y determina su suerte, su presente, su futuro y su destino con su forma de pensar, sentir y obrar, día tras día…

Seguimos insistiendo en la misma idea… ¿Le suena de algo al lector la frase: «Nuestras vidas son la obra de nuestros pensamientos»? Al aprendiz de sabio no es que le suene, sino que es plenamente consciente de que se vive como se piensa, y muy pronto decide hacerse cargo de sí mismo y empuñar con vigor, resolución e inteligencia las riendas de sus pensamientos, emociones y actos. No tarda en averiguar que en todas las vicisitudes de la vida la cuestión no es tanto lo que nos sucede, sino la reacción que tenemos, la respuesta que damos y de cómo nos comportamos ante los acontecimientos y ante las personas.

Consciente de que, se mire como se mire, «todo es mente» en buena medida, recurre a la visualización y a las afirmaciones positivas, aprendiendo de J. Milton que «nuestra mente, por sí misma, puede hacer del infierno un cielo y del cielo un infierno».

Pero ¿dónde está la verdadera razón de la realidad de las posibilidades que se nos atribuyen a los seres humanos? ¿Por qué es tan poderosa nuestra mente?

Porque todos somos «dioses en miniatura», somos obra de Dios y por cada átomo de nuestro ser corre la inmensa e inagotable energía del universo, que todo lo ha hecho posible. Por eso ya estamos completos y lo único que tenemos que hacer es realizarnos en cada instante, ser plenamente lo que somos como lo son todos los seres de la creación, pero de una forma más sublime, especial y placentera, porque estamos dotados de inteligencia y de sentimientos. Además tenemos capacidad de acción, tenemos voluntad, tenemos pensamientos. Con lo que ya somos vamos labrando y determinando nuestro destino de personas que piensan, sienten y actúan. No todos los seres de la creación tienen estas tres posibilidades maravillosas. A los animales, nuestros hermanos menores, les rigen sus instintos y su genética, a los vegetales sus componentes químicos y orgánicos. Solamente los seres humanos somos esos «pequeños dioses» que podemos ir construyendo y determinando en buena medida nuestra propia existencia.

Por eso el aprendiz de sabio es muy tozudo y no cesa de repetir que el aprendizaje más fundamental, que está por encima de todos los demás, es el de dirigir la propia vida. Algo que nadie puede hacer por otro, ya que son los pensamientos, sentimientos y acciones convenientemente dirigidos los que definen, determinan y construyen la vida de las personas.

84. UN DIOS EN CADA PERSONA

> La vida no es ni un bien ni un mal, sino el lugar del bien o del mal, según que el hombre practique lo uno o lo otro.
>
> MICHEL DE MONTAIGNE

Recuerda que hay un dios en cada persona (Dios nos creó a su imagen y semejanza), y, en consecuencia, ahora mismo ya estás completo y no necesitas nada para sentirte bien e incluso feliz, en las situaciones más cruciales y críticas de tu vida.

¿Sabes lo que significa que hay un dios en cada persona? Que cualquier mortal desesperado, quejumbroso y sin la menor esperanza de rehacer y reorganizar su vida tiene en sus manos la posibilidad de realizar el milagro humano de cambiar de actitud, y todo será completamente nuevo y distinto. «Todo eso es muy bonito y está muy bien, pero ¿cómo se hace?» ¡Haciéndolo! Dejando el lamento, la queja y el desánimo para siempre y admitiendo, de una vez por todas, que lo único importante es tu actitud firme y rocosa de absoluta confianza de que todo irá a mejor, antes o después, en lugar de refugiarse cobardemente en el lamento, la queja y el hundimiento físico y psíquico.

El aprendiz de sabio decide actuar con valentía, coraje y esperanza y convertirse, en el peor de los casos, en un entusiasta superviviente, como lo hacía un excepcional ser humano, que se expresaba con este temple al hablar de su enfermedad: «Lo más importante que he aprendido ha sido dejar de morirme de cáncer y empezar a vivir con el cáncer. He decidido dominar la muerte, viviendo la vida».

Hay otra reflexión que hoy quiero compartir contigo y es que la vida no es un valle de lágrimas, sino que somos nosotros con nuestras conductas quienes la convertimos en un valle de lágrimas. Montaigne, en la misma línea de pensamiento, afirma que la vida es un bien o un mal, según que el hombre practique lo uno o lo otro.

En el apartado 58 me hacía eco de la noticia que aparecía en portada de todos los periódicos, verdaderamente escalofriante, sobre la matanza que llevaron a cabo los terroristas chechenos en un colegio de Osetia del Norte. Acabo de ver los vídeos de la carnicería y no logro reponerme de mi perplejidad y de mi dolor. Que ya no se respete ni a los niños y que el odio y el fanatismo hayan llegado a tocar fondo con su conducta y su desesperación sólo nos demuestra lo que yo no ceso de repetir: que hemos avanzado en lo científico, en la sanidad, en incontables descubrimientos, pero en cuanto a la humanización, la sensibilización y el crecimiento en bondad del individuo humano, no sólo no hemos avanzado, sino que a mi juicio estamos asistiendo a una involución.

Para proyectar, diseñar una matanza en frío, con la intención de matar a niños y adolescentes inocentes, en su propio centro educativo y rodeados de sus padres y profesores, hace falta ser el espécimen más diabólico, lleno de odio y sin ningunos principios. Un reptil sin entrañas que no tiene derecho a vivir. Estos seres de odio, satánicos y sin entrañas son los que hacen que la vida llegue a convertirse en el infierno en que se está convirtiendo. Que cada cual, con el granito de arena de su bondad y de sus nobles acciones, contribuya a que el mundo sea ese lugar de bien que todos deseamos.

85. AMOR VERDADERO

> Amor es encontrar en la felicidad de otro la propia felicidad.
>
> Gottfried Wilhelm Leibniz

¿Amar? Sí, pero con amor maduro, armónico, basado en la complementariedad de carácter, en la mutua admiración y en el encuentro gozoso de descubrir que se comparte una misma escala de valores, un mismo proyecto de vida… y el deseo de ver feliz a la persona amada.

El amor maduro no llega a cristalizar, no cuaja si cada persona que ama no posee la necesaria consistencia, seguridad en sí misma y autonomía para sentirse ya suficientemente feliz y completa sin necesidad de nadie.

Estarás más capacitado para un amor maduro y para una convivencia más duradera, gratificante, enriquecedora y autónoma, compartida con amor, libertad y autorrealización personal en la medida en que no necesites desesperadamente al otro. Lo deseable y sano es que, pudiendo estar solo/a, sin sentirte un ser desgraciado y desamparado, decides enriquecer y enriquecerte compartiendo tu vida con esa persona con la que te sientes muy a gusto, a la que haces y te hace feliz.

Te equivocas, y además te causará muchos disgustos si pretendes, algo imposible, que la relación amorosa te proporcione una seguridad, madurez, equilibrio emocional o psíquico y autonomía que no posees. La relación en sí misma no aportará soluciones parciales ni llenará huecos afectivos, mentales o de equilibrio psíquico. El otro solamente puede alentar o potenciar lo que tú ya tienes y eres en alguna medida.

¿Sabes por qué fracasan tantos matrimonios y parejas?

Además del cansancio, del efecto demoledor de los años y de la incontrolable afición a robarle el espacio vital al otro, la convivencia es la asignatura pendiente, y en la pareja no se producen milagros. Si cada uno no aporta madurez, sensatez, control, equilibrio psicológico y autonomía, no se producirá el «milagro» de la buena convivencia.

No te queda otra alternativa que ser realista, decidir y emprender tu propia autorrealización, consiguiendo por tus propios medios la seguridad, madurez y equilibrio que necesitas y, una vez logradas, aportarlas a la relación y a la convivencia en común.

El amor de que estamos hablando es del amor que busca y desea de verdad el bien de la persona amada y sabe sacrificarse y renunciar a muchas cosas por ella. Otra cosa es el amor (enamoramiento) de los poetas: «Que cuando el amor no es locura, no es amor», dice Pedro Calderón de la Barca. Pero esa «locura» inicial debe transformarse en «cordura» propia del amor maduro, el que dura, sin perder parte de la locura inicial. Ese amor que te da seguridad y te hace sentir gozo, armonía y paz cuando estás con la persona amada, ése sí es amor de verdad. El amor que te lleva a decir interiormente que la persona con la que vives, con sus virtudes y defectos, es aquella con la que un día decidiste vivir y ahora, después de tantos años, sigue siendo la persona con la que deseas seguir viviendo. El verdadero amor, finalmente, no puede subsistir sin el deseo de cuidar a la persona amada y verla feliz.

86. SI NO ES AMOR RESPETUOSO, NO ES AMOR

Al verdadero amor no se le conoce por lo que exige, sino por lo que ofrece.

JACINTO BENAVENTE

Quiere a tu esposo/a, pareja, como es. ¿Acaso ha cambiado tanto o eres tú quien ha cambiado? No trates de hacerle a tu imagen y semejanza. Déjale su espacio vital, que tome sus propias decisiones y no le obligues a ser él/ella mismo/a en nombre del pretendido amor o con otro tipo de chantaje, cuando no es más que obsesión por controlarle y despersonalizarle.

El aprendiz de sabio, que ya viene de vuelta de más de un amor volcánico y tempestuoso, que luego queda en ceniza y en olvido cuando no en rencor y desengaño, no cree en otro amor que en el que se manifiesta en las obras, y en el día a día de un trato amable, cariñoso, de respeto e incluso de admiración y de reconocimiento. En lugar de criticar y corregir permanentemente a quien dice que ama, prefiere estar atento a sus logros y aciertos, a sus golpes de gracia, a todo lo que hace bien. En consecuencia, con esos sentimientos de verdadero amor no duda en alabar en público y en privado a la persona que ama, ya que desea verla feliz y alegrarle cada minuto de su existencia. ¿Cómo lo demuestra? Fijándose más en sus cualidades y virtudes que en sus limitaciones y defectos.

Aceptar y querer al otro como es, dejarle su espacio vital, y no tratar de exigirle permanentemente que sea y se convierta en un ser ideal creado por nuestra mente.

Compartimos con el otro lo que somos. Llegamos hasta la persona que dice que nos ama con un montón de rarezas, de limitaciones y de carencias. Probablemente, con esfuerzo, logramos mejorar y perfeccionarnos un poco. Pero seguiremos siendo desordenados, impulsivos, distraídos... El otro, quien nos corrige constantemente, si está atento a formarnos y perfeccionarnos, porque ha adoptado desde el principio el rol de padre, madre o profesor, no caerá en la cuenta de sus limitaciones, rarezas y defectos, ocupado como está en corregir y «educar»... La relación entre dos personas que se aman, de las cuales una ejerce de maestro y la otra de alumno, una enseña y corrige y la otra aprende y se esfuerza por mejorar y sacar buena nota... no puede funcionar bien. En el lote del amor, cada persona llega hasta la otra con lo bueno y lo no tan bueno, y no es cuestión de pasarse la vida recordándole al otro lo que no nos gusta, no nos cuadra o tendría que cambiar para sentirnos bien.

El aprendiz de sabio, en materia de amor, abraza con la misma fuerza y cariño las virtudes y los defectos de la persona que ama y, en lugar de pasar toda su vida procurando corregir en el otro lo que entiende que son defectos, se esfuerza a valorar, disfrutar y alabar las pocas o no tan pocas virtudes y cualidades que tenga la persona amada... ¿Para qué pretender el imposible de cambiar al otro, no hacerle feliz, no disfrutar de lo bueno que tiene, ocupándose en corregir lo malo?

87. ADIÓS AL PASADO

> El futuro nos tortura, y el pasado nos encadena. He aquí por qué se nos escapa el presente.
>
> GUSTAVE FLAUBERT

No permitas que las vivencias más o menos traumáticas de tu pasado y los recuerdos mortificantes y desestabilizadores malogren y amarguen tu presente y condicionen o marquen negativamente tu futuro. Como buen aprendiz de sabio ya no puedes seguir rumiando las penas y desgracias que te afligieron. Tienes que aprender a pasar las páginas emborronadas de un ayer poco o nada gratificante, viviendo en plenitud el ¡aquí y ahora! de la página en blanco de cada día, de la manera más gozosa, gratificante y exultante que te sea posible.

Meichenbaum y Turk (1982) describieron tres tipos característicos de enfrentamiento a las situaciones de estrés:

a) Individuos autorreferentes (ineficaces).
b) Individuos autoeficaces (centrados en la tarea).
c) Individuos negativistas (niegan los problemas).

Los autoeficaces, que viven el aquí y el ahora, se centran en la tarea que tienen entre manos y demuestran gran salud e higiene mental. Es fácil distinguirlos porque tienen seguridad en sí mismos y alto concepto de su propia eficacia, saben buscar las exigencias de la situación problemática, prestan atención a los posibles obstáculos que puedan surgir y cómo afrontarlos y desarrollan conductas adecuadas y eficaces para resolver los problemas.

Los negativistas, al negar los problemas, consiguen que éstos se vayan acumulando y al no afrontarlos ni superarlos, se ven conducidos al desastre, a la ruina mental y psíquica.

¿Qué pasa con los individuos *autorreferentes*? También arrastran una vida de desgracias. Ellos mismos se las buscan. Veamos cómo se comportan, qué actitud manifiestan ante la vida:

- Preocupación excesiva por la propia realización (se comparan con los demás).
- «Rumiación» de los problemas. Se obsesionan con pensamientos relacionados con el problema, sin buscar conductas para afrontarlo, porque están ocupados en preocuparse.
- Preocupación por las respuestas que da su cuerpo y que están asociadas a la activación fisiológica (sudoración, temblor, taquicardia, boca seca, vacío en el estómago).
- Pensamientos reiterativos sobre las posibles consecuencias de una conducta inadecuada o de una situación (desaprobación social, pérdida de estatus).
- Pensamientos y sentimientos referidos a la propia inutilidad (todo me sale mal, no valgo para nada).

El aprendiz de sabio hace todo lo posible por solucionar los problemas de cada día, aplicando el sabio principio que dice: «Haz lo que temas», y no se inquieta por el pasado que ya no es ni por el futuro que tampoco ha llegado a ser. En definitiva, se ocupa del aquí y del ahora y lo disfruta, pero no «rumía», no se preocupa, no padece ni de estrés postraumático ni de estrés anticipatorio.

88. AMOR CONSTRUCTIVO, AMOR DESTRUCTIVO

> El verdadero amor es como la energía: no se destruye, sólo se transforma.
>
> BLANCA CESTONARO

¿Tú construyes o destruyes? La persona o personas con quien/es te relacionas ¿te construye/en o te destruye/en? No es difícil averiguarlo.

¿Quién destruye?

Cualquiera que siempre encuentra una ocasión para criticar, descubrir defectos, señalar errores, ridiculizar, buscar culpables y dejar tras de sí un rosario de enemigos y de personas tildadas de defectuosas o de insoportables. Destruyen los frustrados, envidiosos, resentidos, cobardes y cotillas maliciosos.

¿Quién construye?

Cualquiera que vive y deja vivir y no está en estado de alerta permanente para encontrar la más mínima crítica en sus semejantes, con el fin de señalarla y colocarla bajo la lupa de su maligna percepción. Construye quien prefiere alabar, perdonar, ver lo bueno y meritorio en sus semejantes, y no le duelen prendas a la hora de reconocer las virtudes, méritos y cualidades del prójimo. Construyen los bondadosos, sencillos y humildes.

¿Qué pasa con los comentaristas políticos, de sociedad, y con todos los analistas que se ven obligados a emitir juicios y opiniones muchas veces durísimos?

Estas personas que por su profesión o cargo se ven obligadas a juzgar conductas, pueden y deben hacerlo. Es más, denunciar delitos, fraudes y fechorías no es destruir, sino construir. Denunciar el mal y descubrir al culpable es tarea de la policía y de la justicia, pero también es obligación del ciudadano de a pie. Por tanto, al preguntar ¿tú construyes o destruyes?, no me refiero para nada a quienes por profesión, por motivos de trabajo tienen que opinar sobre conductas, me estoy refiriendo al terreno más particular del hogar, de la familia, del lugar de trabajo y del círculo de amistades. Me refiero a esa convivencia cotidiana y frecuente entre esposos, padres e hijos, familiares... La persona que ves casi a diario y con la que mantienes una relación amorosa, de amistad, laboral o de otro tipo, ¿te construye o te destruye? Y tú, ¿construyes a las personas con las que tienes un trato frecuente o las destruyes?

No ponga el amable lector cara de circunstancias ni me tilde de exagerado, al igual que «la gota de agua horada, perfora la piedra», así también una crítica demoledora y constante destruye la autoestima más elevada y la personalidad más sólida.

Hoy te invito a reflexionar sobre los motivos que pueden llevar a una persona a no perder la oportunidad de criticar, encontrar defectos y señalar los errores de alguien con quien tiene una relación cercana y estrecha. ¿Qué beneficios le reporta?

El aprendiz de sabio no es aficionado a la «goma 2» psicológica y, en lugar de destruir, construye con las palabras de felicitación, con la actitud alegre y gozosa ante los éxitos de sus semejantes y con el reconocimiento de cuanto loable y positivo observa en aquellas personas con las que convive a diario. Sabe muy bien que «construir» es querer lo mejor para el otro.

Toda construcción del otro, todo reconocimiento, como todo perdón, es una generosa y bella prueba de amor.

89. LAS EMOCIONES Y LOS SENTIMIENTOS

Los grandes pensamientos vienen del corazón.

LUC DE CLAPIERS VAUVENARGUES

¿Emociones? Exprésalas abiertamente, conócelas a fondo y averigua cuáles son sus efectos, qué emociones sientes, cuándo, por qué, en qué circunstancias, en compañía de quién... Averigua en qué medida tus sentimientos influyen en tus pensamientos y en tus decisiones, y no olvides que la insensibilidad es la imbecilidad del alma. Piensa tus sentimientos y siéntelos.

Una habilidad característica del aprendiz de sabio es su capacidad para percibir de forma consciente los propios sentimientos y emociones, pero también es muy hábil para interpretar las emociones y sentimientos de los demás como el miedo, el enfado, la culpa, la envidia, el orgullo... Es cuestión de empatía, de saber leer los sentimientos ajenos para una mayor comprensión.

Confucio aconseja tener siempre la mente fría, caliente el corazón y larga la mano, es decir, pensar de manera coherente y lógica, amar y sentir al unísono con los demás y caminar por la vida con los brazos abiertos de la generosidad, haciendo lo que podamos por nuestros semejantes. Nuestras palabras, aquello que decimos demuestra nuestra mucha o poca sabiduría; nuestras obras dejan a la vista nuestro corazón, la calidad y profundidad de nuestros sentimientos, en definitiva, nuestra sensibilidad.

Son los sentimientos nobles y la magnanimidad del corazón los que nos perfeccionan, humanizan y nos convierten en seres civilizados y sensatos.

Las más felices, innovadoras y extraordinarias ideas solamente cristalizan, toman vida y dinamismo si las apoya el corazón, si las mueven poderosos sentimientos. Es el sentimiento el que hace posible la comprensión, la empatía y el acercamiento y unión entre las personas más dispares y encontradas.

Todo es posible, todo tiene arreglo por difícil que estén las cosas, si la persona que tienes ante ti es de corazón noble, respira bondad y sensibilidad. Siempre tiene razón el corazón que late con impulsos y latidos de bondad, que alientan y mejoran la existencia de los más desfavorecidos.

Entender las razones del corazón, eso es sabiduría, sensibilidad y cordura al mismo tiempo. Hagamos un repaso a los acontecimientos más importantes de nuestra vida y observaremos que nuestras mejores obras, y seguramente las más acertadas, nacieron de pensamientos que venían cargados de nobles sentimientos.

El aprendiz de sabio, consciente de la utilidad de los sentimientos, piensa y analiza todo aquello que le hace vibrar y emocionarse; cultiva los sentimientos positivos y nobles (amabilidad, generosidad, alegría...), que son curativos y benéficos, y evita los sentimientos negativos e innobles (ira, odio, rencor, traición, venganza), que enferman el cuerpo y la mente y crean gravísimos problemas.

Pensemos bien en nuestros sentimientos y sintamos bien nuestros pensamientos, que unos y otros siempre estén impregnados de bondad.

90. ACTITUD DIALOGANTE Y BENEVOLENTE

> El bien que hicimos la víspera es el que nos trae la felicidad por la mañana.
>
> PROVERBIO CHINO

Practica siempre y por donde vayas el trato respetuoso y amable, la actitud dialogante y benevolente y el afán por hacer el bien sin mirar a quién y nunca te faltará una mano amiga, estés donde estés. Quien camina con las manos tendidas y los brazos abiertos en cualquier lugar encontrará ayuda, calor humano, consuelo y felicidad. No hay bien alguno que nos deleite o satisfaga si no lo compartimos.

El aprendiz de sabio es consciente de que siempre que da algo de sí a los demás en realidad se da a sí mismo. El primer beneficiario de una buena acción es siempre el benefactor. Ninguna persona solidaria y generosa tiene la menor duda de que «dar es recibir».

Es tan productiva la generosidad que si no nos moviera nuestra sensibilidad y el amor a nuestros semejantes, si no fuera suficiente o careciéramos de esa virtud, sería nuestra inteligencia la que nos impulsaría a ser solidarios, dadivosos y altruistas. Al fin y al cabo, el que siembra y riega siempre cosecha y recoge en mayor o menor medida. En este sentido, una persona inteligente, pero no demasiado virtuosa por su desinteresada acción benefactora, aunque en un principio le moviera el interés de dar porque sabe que dar es mover a los demás a que nos den y nos devuelvan el bien que hacemos con otras nobles acciones, con el tiempo, acabaría por no buscar directamente ser compensado y pagado con la misma moneda. La acción inteligente, aunque ciertamente también egoísta e interesada en hacer el bien para cosechar tanto o más que lo que se ha sembrado, termina por transformarse en acción virtuosa que sólo busca con la propia vida mejorar la vida de los demás. Ese proyecto realiza plenamente y proporciona una felicidad incalculable al individuo humano durante su estancia en la tierra.

Curiosamente, si hay algo que podamos «llevarnos» con nosotros después de morir, son las buenas acciones. Sin duda, nuestras miserias humanas, nuestras debilidades y nuestros errores, como terrenales, volubles y débiles que somos nos acompañarán hasta el final de nuestros días, pero todo se quedará aquí. También se quedarán aquí nuestras posesiones y riquezas, lo mucho o poco que tengamos, que pasará a nuestros herederos y descendientes. Hay algo, sin embargo, que llegará a formar parte de nuestra esencia, de nuestro ser inmortal: el bien que hicimos por amor, sin otro interés que el gozo de dar por el placer de dar, sin recibir nada a cambio. Éste es el mayor grado de virtud, sabiduría y grandeza de espíritu a que podemos aspirar y que está al alcance de cualquiera conseguir, haciendo realidad los versos de Eduardo Marquina:

Oro, poder y riquezas
muriendo has de abandonar,
al cielo sólo te llevas
lo que des a los demás.

91. SEXUALIDAD SALUDABLE

> ¿Qué ha hecho el acto genital a los hombres, tan natural, tan necesario y tan justo, para que no se atrevan a hablar de él sin vergüenza?
>
> MICHEL DE MONTAIGNE

Disfruta sin reparos de una sexualidad saludable, satisfactoria, plena, de mutua complicidad, compartida con amor e impregnada, si es posible, de pasión, imaginación y ternura. Recuerda: «ternura, caricias y besos son el riego del amor y aperitivo y postre del sexo».

Los beneficios del sexo, especialmente del sexo con amor, son incalculables (véase mi libro *Psicología práctica de la vida cotidiana*, Temas de Hoy, 2001).

Algunos beneficios del sexo son mayor longevidad y más salud física, psíquica y mental. El cuerpo se mantiene más joven y durante más tiempo. Se activa la circulación sanguínea y la capacidad pulmonar. Tonifica los músculos, previene la osteoporosis y alivia los dolores reumáticos, de cabeza y de artritis, ya que el cerebro libera endorfinas durante el coito. Por último, el sexo refuerza el sistema inmunológico y evita problemas de próstata, fortalece la actividad cardíaca, libera tensiones de todo tipo y proporciona mayor unidad, equilibrio y estabilidad en la pareja…

Se pregunta Michel de Montaigne por qué no se atreven los hombres a hablar del acto genital sin vergüenza. A mi entender, dicho así: «acto genital», parece que se queda en lo meramente fisiológico, animal y primario, y el sexo en los seres humanos se me antoja que debe ser muchísimo más bello, romántico, apasionado, maravilloso y gratificante que el reduccionismo ramplón de «acto genital».

Ese acto de pasión y deseo amoroso que funde a un hombre y a una mujer con el deseo de darse placer, porque el placer del otro es antes y más importante que el propio placer. Si además se prepara con infinita ternura y delicadeza, buscando el momento más propicio, no se escatiman ni las caricias ni los besos y, al final, la explosión de esos dos cuerpos y almas les inunda de felicidad, de energías, de ganas de vivir y de inenarrable gozo... no me queda la menor duda de que a toda esta maravilla no se la puede llamar simplemente «acto genital» o, como ya dice el diccionario con toda crudeza, «f...r».

Un acto tan apasionado, completo, gratificante y que nos proporciona tanta plenitud física y psicológica y tantos beneficios de toda índole como ése, y que coloquialmente denominamos «hacer el amor», bien merece que hablemos de él con el respeto, la delicadeza y la admiración que merece en boca de un ser humano.

Por todo lo dicho, el aprendiz de sabio que también lo es del amor aconseja:

«Caricias, ternura y besos son el riego del amor, y aperitivo y postre del sexo».

92. DAR ES RECIBIR

> Realiza el bueno acciones generosas, lo mismo que un rosal produce rosas.
>
> RAMÓN DE CAMPOAMOR

Que nada ni nadie te prive de la dicha que te reportará realizar acciones solidarias, benéficas y generosas. Cualquier transformación interior capaz de convertirte en mejor persona te exigirá salir de tu egoísmo y pensar que nada te confiere una mayor dignidad que dar y darte a quien lo necesita y lo merece.

Detrás del egoísta, cicatero y roñica, siempre se oculta un ser depauperado, ruin y necio, incapaz de abrir su mano y lanzar la buena semilla sobre los surcos hambrientos de las tierras (corazones) ajenas. No entiende que «dar es recibir» y ayudar es ayudarse, como venimos insistiendo.

El aprendiz de sabio, que conoce bien el atajo seguro, y que ofrece plenas garantías, de la solidaridad y la generosidad, no duda en buscar su propio bien y mejora espiritual, emocional y psíquica a través del bien que hace a sus semejantes… Practica el principio «gano-ganas», de garantía absoluta, por el que todos ganan y la felicidad es completa.

Decía Concepción Arenal que los grandes egoístas son los grandes malvados, y no iba muy equivocada. El problema del egoísta no es que quiera vivir bien, tener y disfrutar más que los demás y privarte de buena parte de lo que te pertenece, sino que la pasión que tiene por sí mismo y por despojar a sus semejantes le conduce a la avaricia, que nunca se siente satisfecha. En la médula espinal psíquica del egoísta, que degenera en avaro, se oculta un ser mezquino que se alimenta, vive y disfruta de las carencias de los demás.

No soporto a alguien que se siente bien contemplando las carencias de los demás o exhibiendo sus infinitas riquezas y boato en un mundo en el que cada día mueren millones de personas, en su mayoría niños, de hambre y de sed.

Cuando escribo esto leo en los periódicos que se ha casado un sultán que vive en un palacio de más de mil habitaciones, que todo es de oro macizo, e incluso el ramo de la novia era de oro. Si a quienes tienen tanto y lo exhiben sin el menor pudor les quedara una gota de sensibilidad y de generosidad en sus corazones, con la mitad de esas inmensas riquezas vivirían sin graves carencias millones de personas.

No sé por qué traigo a colación a seres que viven en la más absoluta miseria del espíritu. Amable lector, ¿puede haber alguien más «pobre» que quien tanto tiene, no da nada y encima se exhibe, abofeteando a tantos millones de hambrientos con sus inmensas riquezas?

Me estoy acordando de Iker, ese niño de seis años que cuando le preguntan: «¿Qué vas a ser de mayor?», responde: «¡Una buena persona!», porque su extraordinario padre le ha inculcado desde bien pequeñito que el mejor proyecto de futuro es ser «buena persona». Ésa es la esencia de una buena educación, formar a los niños en la práctica del bien. Una buena persona siempre será un bien para sí misma y necesitará ver felices a los demás, compartir con sus semejantes todo cuanto tiene y disfruta. Por eso no existe una prueba más clara y contundente de calidad humana y de superioridad que la bondad… «Realizar acciones generosas, lo mismo que el rosal produce rosas», que nos enseña Campoamor.

93. APRENDE A PERDER

El verdadero medio de ganar mucho es no querer nunca ganar demasiado y saber perder convenientemente.

FENELÓN

¿Quieres ganar? Pues aprende antes a perder (ley del ensayo-error) y comprobarás que no sucede ninguna catástrofe y que el mundo sigue en su sitio.
Ya es hora de que empieces a madurar y aceptes, sin más lamentos y quejas los fallos, contratiempos y fracasos junto a los pequeños o grandes éxitos.

Así son las cosas en este mundo por más que tú te enfades, deprimas o lloriquees y todo seguirá estando bien, si no condicionas tu estabilidad, reputación y felicidad al hecho de ganar sistemáticamente. Ganar conlleva saber capitalizar fracasos y pérdidas. Además, ¿quién soportaría la monotonía y el aburrimiento que supondría para una persona ir galopando por la vida como caballo ganador desde el nacimiento hasta la muerte? ¿Hablamos de triunfos y derrotas, de éxitos y de fracasos? ¡Pues hablemos!

No eres más porque tengas más éxito ni tampoco tienes más razón. Como bien dice Benavente, «los náufragos no eligen puesto», y en muchas ocasiones no somos responsables ni del éxito ni del fracaso. Eso no implica que no haya que reconocer que el tesón y la disciplina y tener unos objetivos muy claros conduce muchas veces a obtener buenos resultados, pero ¡no siempre! Pretender ganar siempre conlleva estrés y pretender un imposible, y sólo debería hablarse con propiedad de fracaso si una persona que comete errores y fallos más o menos graves, se refugia y encierra en el lamento y no es capaz de convertir los errores en experiencias, en gotas de sabiduría para no tropezar en la misma piedra en nuevas ocasiones.

Hay algo que delata siempre al fracasado sin remedio y es el lamento, la queja, el inmovilismo y, además, la facilidad con que se cargan las culpas sobre espaldas ajenas o sobre circunstancias adversas. Cada fracaso importante suele encerrar una enseñanza o lección que necesitamos con urgencia.

El aprendiz de sabio procura ganar cuando puede y le encanta hacerlo, pero también sabe sentirse bien cuando pierde, porque no ignora que no hay pérdida sin ganancia.

La experiencia y los años me han enseñado que el rasgo que mejor define a una persona de éxito es, además de no necesitar desesperadamente ganar siempre para sentirse bien, la capacidad de ver en cada decepción o fallo un poderoso estímulo, un acicate para intentarlo de nuevo y proponerse metas más difíciles y con mayor voluntad y coraje.

A todo esto hay que añadir la sabiduría de los siglos, que es muy clara en el tema que nos ocupa, y afirma que al éxito se llega tras miles de fracasos o desaciertos, que sin audacia, tesón e inteligencia no hay posibilidades de conseguir objetivos importantes, salvo que suene la flauta por casualidad, nos toque la lotería o vaya delante de nosotros un santo haciendo milagros…

Finalmente, no nos olvidemos de la paciencia que es el ungüento maravilloso que todo lo facilita y suaviza. Tiene razón Amado Nervo al afirmar que «la mayor parte de los fracasos nos vienen por querer adelantar la hora de los éxitos»… ¡¡Paciencia!!

94. LAS «PERSONAS-MEDICINA»

Aunque un hombre sea débil, la alegría le hace fuerte.

MARY A. SULLIVAN

Frecuenta, si es posible a diario, el contacto con «personas-medicina», optimistas, tonificantes, divertidas, ocurrentes, sensatas y con ganas de vivir… No hace falta el refrendo de ninguna investigación estadounidense para afirmar con rotundidad que pasar al menos una o dos horas al día con un buen amigo, compañero de trabajo o familiar afectuoso, cordial, acogedor y tan euforizante que irradia energía positiva por todos los poros de su ser es completamente saludable. Contagia su fuerza interior, su positivismo y su salud psíquica y su simple presencia todo lo transforma y optimiza.

Estas «personas-medicina» polarizan toda la bondad, las energías y las buenas vibraciones de su entorno y hasta nos «curan» de las dolencias psíquicas, como levantar el ánimo, sentir más ganas de vivir y superar depresiones de carácter leve.

El aprendiz de sabio se entrena a diario para convertirse en persona-medicina, y ya lo es en alguna medida porque esto es lo que persiguen los principios de este libro: procurarse una vida más saludable.

En el polo opuesto se encuentran las «personas-enfermedad», estresadas, malhumoradas, pesimistas, quejicas, de funestos presagios, que se enfadan por todo, resentidas, vengativas... si no las evitas, no tardarás en sentirte enfermo, de mal humor y enfadado por todo sin motivos.

Este mundo está lleno de personas que dejan pasar y marchitarse las flores de un día del vivir cotidiano porque esperan algún acontecimiento verdaderamente extraordinario para reír y sentirse felices y así les va, porque a la mayoría les llega la muerte sin apenas haber reído y disfrutado de las pequeñas cosas de cada día, que curiosamente son «las grandes cosas».

Podemos tener pocas cosas, pocas cualidades y aptitudes, tan sólo lo suficiente para vivir e «ir tirando», pocos amigos y hasta poca salud, pero si tenemos alegría, si sabemos de aquello que nos hace llorar, nuestra fuerza interior será la de un gigante del espíritu... y podremos con todo.

La reflexión de hoy nos lleva a considerar el bien que nos reportará convertirnos en «personas-medicina» y con nuestra actitud contagiar a quienes nos rodean de nuestras buenas vibraciones, pero no olvidemos que para nuestras horas bajas, encontraremos el mejor euforizante y antidepresivo en la compañía de otras personas muy positivas, alegres y cordiales, que nos ayuden a cortar la cadena de pensamientos y sentimientos negativos que nos asfixia y a sentirnos alegres y libres de temores y de falta de confianza en nosotros mismos.

Dice el Eclesiastés que el amigo fiel es una defensa poderosa y un tesoro, y yo añado que si además es muy positivo, alegre y optimista también es el mejor médico del alma.

95. MEDITACIÓN, ALIMENTO DEL ALMA

> Quizá una de las mayores recompensas de la meditación y de la oración sea la sensación que nos invade de tener nuestro propio lugar.
>
> BILLY WILDER

Es verdad que cualquiera que pueda cambiar sus pensamientos también podrá cambiar su destino y que la experiencia no está en el número de cosas que hemos visto, sino en el número de cosas sobre las que hemos reflexionado (meditado) con fruto; las bondades de la meditación son incuestionables y a todos nos beneficia la meditación diaria.

El doctor Richard Davidson y sus colaboradores de la Universidad de Wisconsin administraron una vacuna antigripal a cuarenta y un pacientes de los que poco más de la mitad hicieron un curso de meditación, una hora cada día durante una semana.

Pasadas las ocho semanas se pudo observar que los que meditaban presentaban mayor concentración de anticuerpos contra la gripe; estaban mejor preparados para afrontar el estrés y tenían más actividad en la región del cerebro relacionada con el buen humor. La sensación de bienestar les duró hasta pasados cuatro meses después del curso.

Ese «ojo del alma» que es la reflexión, según J. B. Bossuet, necesita ejercitar su pupila cada día, y bien tonto serías si no la utilizaras en tu provecho. Puesto que, según la ciencia, la meditación produce cambios biológicos medibles en el cerebro y en el cuerpo, hoy se aconseja la práctica de la meditación y del silencio interior y exterior que precisa, como técnica fundamental para superar la ansiedad y el estrés y para recuperar la paz y el sosiego del espíritu. Si es muy loable buscar la paz y el equilibrio en el contacto con la naturaleza, mucho más eficaz y gratificante es tratar de encontrarla y de potenciarlas en nuestro interior, como afirma tajante Marco Aurelio: «En parte alguna podrá encontrar el hombre retiro más dulce y sosegado que en la intimidad de su alma, sobre todo si posee en sí altos objetos de contemplación, de los que basta mirar para recobrar al punto la tranquilidad. Y entiendo por tranquilidad el ánimo bien dispuesto y ordenado. Goza, pues, sin cesar de esta soledad y recobra en ella fuerzas nuevas».

La meditación, esa inteligencia que piensa sobre sí misma y que de manera imparcial reflexiona sobre los defectos, debilidades y vicios tanto o más que sobre las virtudes y cualidades, es considerada como la mejor práctica para potenciar nuestro sistema inmunológico y reducir los niveles de estrés malo, el estrés que mata.

Al centrar la potencia de nuestra mente con frialdad, serenidad y calma en pensar en cosas completamente distintas a las que nos agobian y ocupan cada día, la vaciamos (la mente) de tensiones e ideas recurrentes y enfermizas y nos sentimos mejor, liberados de ese peso mortífero que es el estrés, la tensión psicológica y la angustia.

La meditación nos entrena y enseña a pensar y a dejar de hacerlo, y el aprendiz de sabio no olvida que todo el tiempo dedicado a la reflexión es el mejor aprovechado en beneficio propio. Bien dice Harold MacMillan que «la reflexión calmada y tranquila desenreda todos los nudos». Yo añadiría que tonifica el alma y el cuerpo cuando más lo necesitan.

96. BUEN HUMOR, MEJOR SALUD

> La alegría destierra el estado morboso de las almas; la alegría, riente y expresiva, de sonoras alas, se mueve en un ambiente sano y vivificador. Su trueno jovial, su carcajada, es como las descargas eléctricas que purifican la atmósfera.
>
> RUBÉN DARÍO

La mayoría de los mortales esperan la definitiva y gran felicidad y se pierden las pequeñas alegrías de cada día. No conozco nada que no pueda decirse o asumir con una sonrisa, con un talante positivo y con cierto sentido del humor.

Toda alegría es poca y te equivocas si piensas que sólo debes y puedes estar alegre cuando todo te va bien y las cosas suceden a tu gusto. También te equivocas si piensas que es natural mostrar descontento y sentirse mal después de cada contratiempo y adversidad. El aprendiz de sabio es consciente de que un día sin alegría, sin una sonrisa es un día inútil, y obra en consecuencia. No espera a estar contento de forma espontánea y natural, cuando las cosas le vienen de cara y a favor, sino que cada día se trabaja y se fabrica su gozo, su contento y sus ganas de vivir y aprende a estar alegre incluso en las circunstancias más adversas, por descabellado que pueda parecer.

El secreto está en saber elegir el sentimiento de la alegría en lo más profundo de ti, decidiendo por propia voluntad que tu gozo, la paz de tu espíritu y tu actitud de contento sean realidades independientes de la suerte o de la desgracia, del día que amanezca o de lo bien o mal que te han venido las cosas.

No se trata de reírse de todo y por todo como tontos, sino de que tu estado de alegría y de gozo no dependa de las personas y de las situaciones del momento. Tú ya eres felicidad y decides experimentar esa felicidad y alegría cuando más lo necesitas, para contrarrestar la adversidad y el malestar creado en tu entorno.

El aprendiz de sabio es consciente de que si deja de lamentarse y de «rumiar» las desgracias y los malos momentos del pasado o del presente, la alegría y las ganas de vivir brotan a raudales de ese manantial inagotable que es la propia vida.

¿Quieres tener motivos para estar alegre? Imagínate por un momento que has superado una grave enfermedad, o que te acabas de enterar que el diagnóstico sobre un cáncer galopante, en el que apenas te daban un año de vida, estaba equivocado, o que te han devuelto a un hijo que habían secuestrado... Pues esa misma alegría debe presidir e impregnar cada instante de tu vida.

Recuerda:

Solamente tú puedes y debes decidir adoptar una actitud de alegría o de tristeza, de esperanza o desesperanza, en cualquier situación y circunstancia. Tu sistema inmunológico y tu salud se verán afectados positiva o negativamente por una u otra decisión.

Seguramente estarás pensando que lo que afirmo es un contrasentido, algo descabellado, y que si alguien te insulta, tú debes reaccionar con mayores insultos hacia tu ofensor o enfadándote más que una mona. «¡Chorradas de un psicólogo meapilas!», diría algún sabelotodo de estos que siempre están enfadados, todo lo ponen en solfa, van de «bucaneros» por la vida y desprecian a quienes han aprendido a plantar buena cara tanto al mal tiempo como a las adversidades y a la mala gente. Me da igual, yo me quedo con la alegría y el buen humor y dejo para otros el cabreo.

97. LA OFENSA ES EL ARMA DEL DÉBIL

Al hombre sabio no se le puede injuriar.

SÉNECA

Reflexiona hoy sobre la puerilidad y necedad de sentirte ofendido. Si respondes con mal al mal que te hacen, te perjudicas más a ti mismo que a quienes te ofenden. Al odiar a tu enemigo y al responder a sus ofensas con tu ofensa y prestarle atención, le das poder sobre ti, sobre tu salud física y psíquica y sobre tu felicidad... ¿Te parece inteligente?

El aprendiz de sabio ya no malgasta ni su tiempo, ni sus energías, ni sus pensamientos en quien habitualmente pretende culparle, humillarle o menospreciarle. Sabe que cuando atiende al ofensor, de alguna manera, le está motivando y alentando a persistir en su innoble acción, cuyo propósito no es otro que hacerle daño, que se sienta mal, que se preocupe y que le dedique su tiempo.

Si ofendes a quien te ofende, además de ponerte a su mismo nivel, le brindas una nueva oportunidad para recrudecer sus críticas y maldades contra ti. Además de esto, te introduces en una espiral pueril y estúpida de crítica por crítica, ofensa por ofensa, insulto por insulto... y todo en clave de odio, de resquemor y deseos de venganza mutua... ¿No te parece esta actitud, además de poco inteligente y desafortunada, impropia de una persona equilibrada, sensata y con sentido común? Sé más inteligente que la mayoría y deja a tus ofensores y enemigos enzarzados y enfurecidos a solas con sus críticas incesantes, sus rencores, su mal carácter, sus malos deseos y peores obras, que ya llevan lo suyo. Tú conserva tu energía, tu tiempo, tu pensamiento y tus deseos para personas, situaciones y cosas que verdaderamente merezcan la pena.

Hay un problema en que decidas llevar a tu vida diaria el pensamiento de Séneca, «al hombre sabio no se le puede injuriar», y es que toda esa caterva de eternos cabreados, que hacen mofa y chufla de estas cosas, te tomarán por tonto o por débil.

Esos malhablados, que no saben pronunciar tres palabras sin ofender a alguien o mostrar su mala baba, los «bucaneros», eternos niños que se creen que esta vida es una película del oeste americano, a los que me refería en la reflexión anterior, no soportarán tu temple, tu autocontrol y tu madura sensatez al no responder a un mal con un mal todavía mayor. No pueden entenderte; su paleocórtex o cerebro antiguo rige sus vidas, como rige la vida de los reptiles. Tienen problemas para que se active su neocórtex, su nuevo cerebro, el que entiende de comprensión, de empatía, de no responder a la violencia con una violencia más contundente y demoledora. «Ni la ley de Talión» ni la ley del más fuerte lograrán jamás convertir al individuo humano en un ser de paz, que busque y promueva el bien por encima de todo y entienda que es más eficaz un gramo de miel que una tonelada de hiel. Demostrar a nuestros semejantes que las buenas obras, el amor y el perdón son la única garantía de felicidad y de éxito es el único camino.

98. LA PERSUASIÓN CONLLEVA SABIDURÍA

> Nada más estúpido que vencer; la verdadera gloria es convencer.
>
> VICTOR HUGO

Mejor y más práctico es persuadir y convencer que vencer, e incluso que demostrar, porque más allá de los argumentos (que son necesarios) está la habilidad de lograr que alguien haga de buen grado lo que deseamos o nos conviene que haga…

Vencer conlleva pugna, lucha, enfrentamiento, que en ocasiones nos vemos obligados a mantener, incluso a nuestro pesar. El aprendiz de sabio, que como venimos diciendo «ya viene de vuelta», no necesita medallas ni satisfacer más su ego, y encuentra mayor satisfacción en la elegancia y en la inteligencia del convencer y que, por las buenas, de «motu proprio» (por propia voluntad), el otro haga lo que desea, le conviene o piensa que le conviene (al esposo/a, hijo, vecino, amigo…).

A continuación ofrezco algunas claves que suele utilizar el aprendiz de sabio para persuadir con inteligencia:

a) Encontrar el momento oportuno e ir al grano, al «quid» de la cuestión sin desviarse del asunto y buscar puntos de encuentro con el otro, logrando sintonías, adoptando formas respetuosas y dialogantes y evitando discusiones inútiles, antagonismo y desencuentros.

b) «Las ocasiones las pintan calvas», dice el refrán, lo que significa que deben aprovecharse de todas formas. Ser oportuno supone utilizar las palabras adecuadas en el momento justo y saber callar o guardar silencio cuando convenga, sabiendo que cualquier palabra puede sumar o restar, poner las cosas a nuestro favor o completamente en contra.

c) En la persuasión, centrar toda la atención y el interés en el asunto en cuestión es de capital importancia, pero el persuadido tiene que llegar a entender que obrar como se le sugiere le reportará beneficios y que más que una idea nuestra es una conclusión y decisión a que ha llegado por sí mismo.

d) Sólo se puede lograr el punto c) si establecemos puntos de encuentro, sintonías, sinergias y buena «química» con la persona a quien pretendemos persuadir; también debemos evitar cualquier antagonismo y crear la atmósfera más propicia. Y por encima de todo, persuade mejor quien es capaz de hacer creer al otro que es el verdadero autor de la idea, la inteligencia creadora.

En definitiva, el arte de la persuasión es un aprendizaje en el que se dan cita la inteligencia, las buenas maneras, la habilidad para acercar posturas y que el contrario no se sienta atacado ni menospreciado y considere que le beneficia más estar de nuestra parte. Son las palabras suaves, dichas en tono respetuoso y con el firme propósito de llegar a acuerdos que beneficien a las dos partes en litigio, las que poseen los más fuertes argumentos.

El aprendiz de sabio no busca enemigos vencidos que le rindan pleitesía, sino oponentes convencidos, que se sientan dichosos de disfrutar de su amistad. Siempre convencer porque es la única, definitiva y auténtica victoria.

99. LA CONVIVENCIA EXIGE RESPETO Y COMPRENSIÓN

> Hacer compañía consiste en añadir algo a la vida de los demás y hacer que ellos se sientan cómodos en nuestra compañía.
>
> NOEL CLARASÓ

Vivir es convivir y convivir es pasarlo lo mejor posible con los demás. Hay menos trabajo en vivir bien que en vivir mal. Otro tanto podemos decir del convivir. ¿Por qué el 90 por ciento de las situaciones conflictivas, enfados y malos entendidos, que malogran nuestras relaciones con los demás, se deben a que no sabemos sentirnos cómodos en su compañía? Seguramente porque nadie nos ha enseñado y tampoco nosotros nos hemos preocupado en aprender a acompañar a los demás y sentirnos acompañados. Porque no hemos aprendido a convivir.

El aprendiz de sabio, empeñado en «vivir y dejar vivir», es consciente de que la vida, aunque breve, se presenta como el tiempo: días de sol o de lluvia, de calma o de borrasca, y el secreto consiste en aceptarla tal cual es, porque no podemos cambiarla.

Con las personas sucede lo mismo que con la vida, con los fenómenos atmosféricos o con el tiempo, el secreto, además de aceptarlas como son, está en cambiar nuestra actitud, para que sus acciones, lo que hacen o lo que dicen no nos afecten demasiado, no malogren nuestro vivir cotidiano.

En cualquier caso, el aprendiz de sabio nos sugiere algunas medidas prácticas que facilitan y mejoran la mutua convivencia.

1. Antes de hablar, ya sea para decir, corregir o advertir al otro de algo o para darle una respuesta, tómate tu tiempo y no digas nada hasta tener claro dos cosas: La *primera*, que estás seguro de qué es lo que quieres decir, y la *segunda*, de las consecuencias que se seguirán de tus palabras.
2. Di lo que tengas que decir, pero con tacto e insistiendo hasta que tu interlocutor comprenda del todo el contenido de tus palabras, siempre sosegadas, firmes y afables, nunca hirientes ni que le descalifiquen como persona.
3. Exprésate con claridad, ten la certeza de que no existe la menor posibilidad de que tus palabras sean tergiversadas o mal interpretadas. Para lograrlo, insiste varias veces en cuál es la idea central de tu mensaje y en su punto clave.
4. Comprende para que te comprendan, escucha para que te escuchen e interésate por que los demás se sientan cómodos en tu compañía y tendrás muchas posibilidades de ser comprendido y escuchado, de que se interesen y preocupen por ti.
5. Haz que el otro se sienta una persona valiosa e importante para ti, recordando su nombre, su rostro, su profesión, dónde, cómo y en qué circunstancias le conociste...
6. Demuestra clara simpatía y entusiasmo por las ideas, deseos y proyectos de los demás.
7. Escucha con mucha atención, curiosidad y agrado, y no temas pedirle a tu interlocutor mayor claridad y abundancia de información.
8. Habla con interés de aquello que más entusiasme al otro y comenta tus intereses sólo en la medida en que puedan ser compartidos por él.

9. Nunca pretendas tener «toda» la razón; deja que tu oponente satisfaga, en parte al menos, su necesidad de tener razón.
10. Lo habrás hecho bien en la medida en que hayas enriquecido al otro, se haya sentido cómodo en tu compañía y en el futuro cuentes con un buen amigo.

100. ACEPTAR LO INEVITABLE

> Contentémonos con lo que nos ha sucedido y demos gracias por todo aquello de que hemos sido preservados. Aceptemos el orden natural en que nos movemos. Acompasemos el ritmo misterioso de nuestros destinos, tal como tiene que ser en este momento de espacio y de tiempo. Atesoremos nuestras alegrías, pero no deploremos nuestros pesares. La gloria de la luz no puede existir sin las tinieblas. La vida es un todo y el bien y el mal deben ser aceptados juntos.
>
> Winston Churchill

Ante lo inevitable, lo que ya es y no puede dejar de ser, el aprendiz de sabio adopta la única actitud inteligente posible, que es la de serena y obligada aceptación, más o menos dolorosa al principio, de alegre e incondicional cooperación después.

En estos cien puntos he pretendido condensar en tan sólo unas gotas el inmenso océano de la sabiduría. No sé si lo he conseguido, pero al menos lo he intentado, dejando el terreno abonado y preparado para que el amable lector, como aspirante a buen aprendiz de sabio, continúe escribiendo su propio libro personal, el de su vida cada vez más gozosa, plena y llena de luz.

El amable lector entenderá y disculpará la larga cita de Winston Churchill que encabeza esta última reflexión. Cada punto debe ser meditado en profundidad, durante al menos una hora y en días distintos: ¡Qué belleza! ¡Qué inmenso y aprovechable contenido!:

- «Contentarnos con lo que nos ha sucedido» (sea lo que sea).
- «Dar gracias por todo aquello de lo que hemos sido preservados.»
- «Aceptar el orden natural en que nos movemos.»
- «Atesorar nuestras alegrías.»
- «Acompasar el ritmo de nuestra vida al ritmo universal.»
- «No deplorar nuestros pesares.»
- «Aceptar que la gloria de la luz no sería tal sin las tinieblas.»
- «La vida es un todo en el que conviven el bien y el mal.»

En síntesis:

En la vida que nos ha tocado vivir y en múltiples circunstancias ocurrirán cosas inevitables, surgirán personas que pretendan causarnos graves daños, en múltiples circunstancias se tomarán decisiones en contra de nuestros deseos u opiniones. Una vez creada la situación sin retorno, nos guste o no, sólo nos queda cooperar de buen grado o de lo contrario causarnos un mal mayor, estresarnos, debilitar nuestro sistema inmunológico y crearnos más problemas.

Recuerda con Horacio que «cada día es una pequeña vida». Esa «pequeña vida» está en tus manos vivirla en plenitud si decides generar tu propia fuerza, tu inagotable energía psicofísica, tal como te sugiere el aprendiz de sabio, cultivando pensamientos y sentimientos curativos como el autoamor, la gratitud, el autocontrol, el coraje, la esperanza, el optimismo y la actitud mental positiva… Tú ya eres todo esto, descúbrelo y ¡actívalo! ¿Recuerdas la importancia que hemos dado a la naturaleza, al sentido del humor, al sexo con amor, a rodearte de personas que te carguen las pilas, a la práctica del bien, al ejercicio mental y físico? Llévalo a la práctica y conviértete en doctor de ti mismo, médico y terapeuta de tu alma, de tu mente y tu cuerpo.

En definitiva, un aventajado aprendiz de sabio.

NOTA FINAL

Amable lector, ahora sabes que tú eres ya ese aventajado aprendiz de sabio en que te puedes convertir. Has empezado a familiarizarte con su forma de afrontar los problemas, de orientar su propia vida, de comportarse ante lo irremediable, de disfrutar de lo que es y lo que tiene, de hacerse el bien a sí mismo y de procurárselo a los demás... En definitiva, de caminar por este mundo de la mano de la sabiduría.

Al ofrecerte todo este cúmulo de reflexiones, pensamientos, consideraciones y «gotas de sabiduría», no he pretendido otra cosa que animarte a meditar cada día sobre el contenido de aquellas palabras, frases y citas que tengan un mayor interés para ti o consideres que están más acordes con tus necesidades o tu forma de pensar.

Puedes utilizar el sistema que desees, pero yo te sugiero que aproveches el que te ofrece el mismo «Aprendiz de sabio».

Mira en qué mes del año te encuentras, empieza por meditar sobre la correspondiente necesidad imperiosa y desmedida que malogra y condiciona tu vida. Por ejemplo, comienza el año y trabajas la necesidad imperiosa que corresponde al mes de enero: «Ser importante a cualquier precio». Durante todo este mes analizarás las causas por las que te domina esa necesidad imperiosa y pondrás los remedios oportunos para librarte de ella.

Mira en qué día de la semana te encuentras y si es, por ejemplo, sábado, reflexiona sobre el principio universal de sabiduría del desapego y trata de llevar a tu vida, cada sábado, la «sabiduría de la inseguridad».

¿Cómo puedes trabajar las cien reflexiones o «perlas de sabiduría» que se ofrecen en la tercera parte del libro?

Elige a tu gusto o de manera aleatoria treinta, una para cada día del mes en curso. Te sugiero como primera elección y para el próximo mes los siguientes puntos: 1-5-8-11-12-16-25-27-33-34-41-44-45-50-53-56-57-60-62-65-72-77-81-85-87-89-91-94-97-99.

Si no te gusta mi elección, haz la tuya propia. Durante ese día, lleva a tu mente de vez en cuando las bondades de la gota de sabiduría que te ocupa.

Para reflexionar y meditar con mayor aprovechamiento, te sugiero que intentes dar respuesta a las siguientes preguntas:

1. ¿Cuál es el mensaje, advertencia o enseñanza de sabiduría que encierra el texto que acabo de leer? Hazlo tuyo y escribe lo que se te ocurra en un cuaderno de trabajo.
2. ¿Estoy de acuerdo en todo? ¿En qué discrepo? ¿Por qué?
3. ¿En qué medida me concierne, me afecta y me interesa aplicarlo a mi vida?
4. ¿Qué consecuencias, qué beneficios me reportará llevarlo a la práctica?
5. ¿Beneficiará a otras personas? ¿A quiénes? ¿En qué medida?
6. ¿Qué obstáculos pueden surgir para hacerlo realidad? ¿Cómo pienso superarlos? ¿Quién me puede ayudar?
7. ¿Cuándo empiezo? ¿Cuándo paso a la acción? ¿Qué esperanzas tengo? ¿Cuál es mi estado de ánimo?

A través de este libro te tiendo mis manos y te ofrezco mis conocimientos sobre la vida y las emociones. Cómo los uses y para qué, está en tus manos.

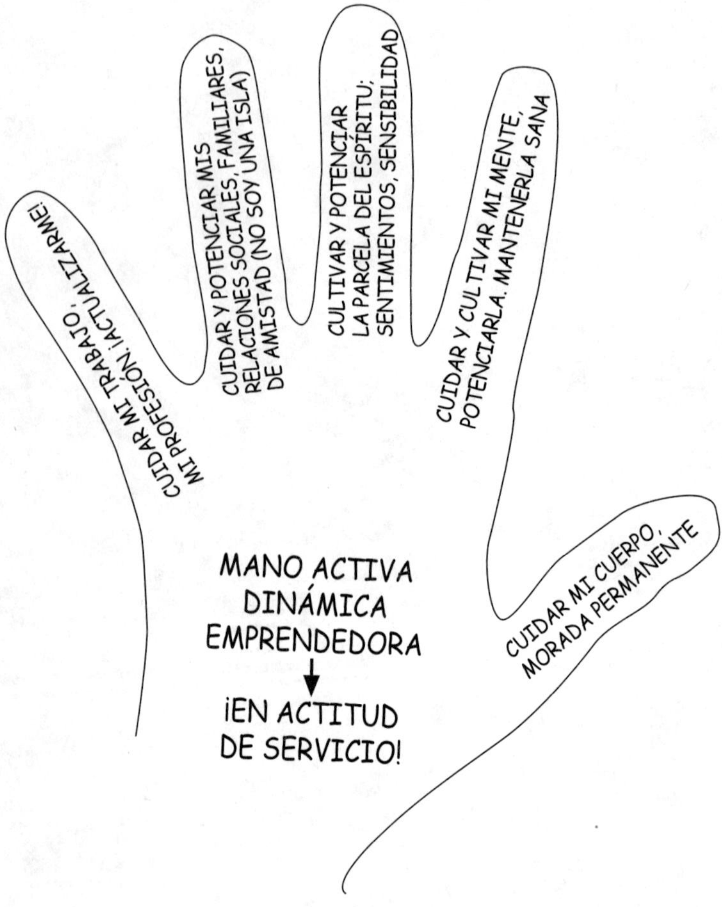

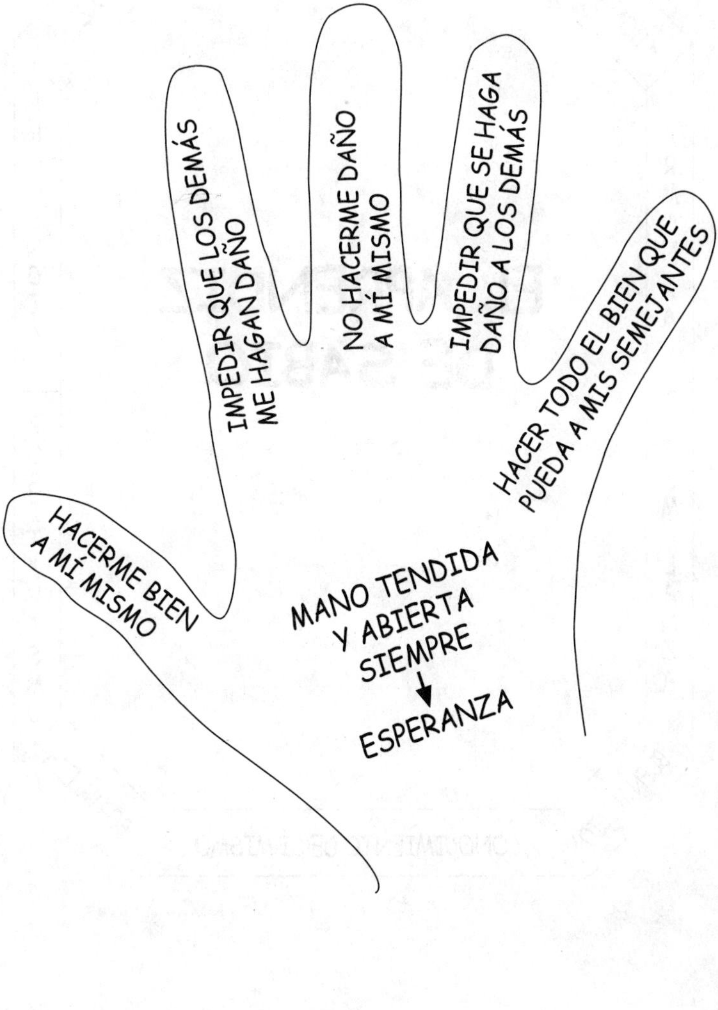
IMPEDIR QUE LOS DEMÁS ME HAGAN DAÑO
NO HACERME DAÑO A MÍ MISMO
IMPEDIR QUE SE HAGA DAÑO A LOS DEMÁS
HACER TODO EL BIEN QUE PUEDA A MIS SEMEJANTES
HACERME BIEN A MÍ MISMO
MANO TENDIDA Y ABIERTA SIEMPRE
ESPERANZA

EL APRENDIZ DE SABIO

EL APRENDIZ DE SABIO SE OCUPA DE:

- Hacerse bien a sí mismo.
- Impedir que otros le hagan daño.
- No hacerse daño a sí mismo.
- Amar y sentir el amor de los demás.
- Hacer siempre aquello que teme.
- Perdonarse y tratarse con ternura.
- Activar todas sus potencialidades.
- Hacer el mayor bien posible a los demás.
- Ser el mejor amigo de sí mismo.
- Tomar sus propias decisiones.
- Consolar a los demás y aceptar ser consolado.
- Tender puentes y establecer lazos.
- Sonreír, mostrarse alegre y contagiar su alegría.
- Derribar muros y deshacer nudos.
- No perder nunca el sentido del humor.
- Vencer el miedo al qué dirán.
- Reírse con frecuencia de sí mismo.
- Cuidar su propio cuerpo, morada en que vive.
- Hablar con palabras de aliento, constructivas, positivas y de esperanza.
- Callar cuando el sentido común lo aconseje como mejor opción.
- Cuidar y cultivar su mente, potenciándola y manteniéndola activa.
- Cultivar y potenciar la parcela del espíritu.
- Cultivar y potenciar los buenos y nobles sentimientos.

- Cultivar y potenciar la sensibilidad y la delicadeza.
- Responsabilizarse de sus pensamientos, sentimientos y acciones.
- Dar, comprender y consolar sin otro interés que ver felices a sus semejantes.
- Cultivar y potenciar la parcela social y de relaciones familiares, laborales y de amistad.
- Aceptar sin inquietud ni desasosiego las propias limitaciones, carencias y defectos, y las limitaciones, carencias y defectos de los demás.
- Cuidar su trabajo, profesión u oficio y convertirlo en actividad gozosa y autorrealizarte.
- Saber decir ¡NO! sin sentirse culpable.
- Vivir el presente de forma plena y no consentir que lo negativo del pasado malogre el presente o el futuro.
- Correr riesgos razonables siempre que sea necesario.
- Planificar el futuro, pero sin permitir que la inquietud o el estrés anticipatorio le afecten.
- Dar sentido claro a su vida y tener un «por qué» para vivir.
- Supeditarlo todo a vivir lo más gozosamente posible y ser feliz.
- Convertir los problemas, fracasos y dificultades en valiosas experiencias, en lecciones de sabiduría.
- Simplificar su vida y centrar todas sus potencialidades y energía en lograr una mayor plenitud interior.
- Aceptar con paciencia lo irremediable y extraer las valiosas enseñanzas de profunda sabiduría que nos deparan el dolor, los desengaños, la traición y la miseria humana.
- Mantener la serenidad y el control de sí mismo y pensar con calma reflexiva cuanto más grave y crítica sea la situación por la que atraviesa.
- Ser muy paciente, saber esperar y dejar que haga su trabajo la implacable, segura y sosegada fuerza del tiempo, cuando ya no le queda casi nada por hacer y todas las medidas, alternativas y esfuerzos han sido inútiles.
- Vivir con gratitud en la mente y en el corazón de quienes por los motivos que sean, le aceptan, respetan, valoran y quieren, sintién-

dose plenamente feliz, motivado y gratificado por este reconocimiento y acogida.

- Sentirse un ser privilegiado por todas las vidas que ha podido mejorar y enriquecer con sus palabras y con sus obras.
- Valorar y disfrutar las cosas más cotidianas, normales y sencillas que le depara el día a día, porque ésas son, en verdad, las grandes y maravillosas cosas de este mundo.
- Pensar y meditar cada día y con plena convicción, que la manera más segura y cierta de vivir para sí mismo y ser feliz, no es otra que vivir para los demás y dejar tras de sí una estela de acciones nobles y generosas, contribuyendo a que este mundo nuestro sea un poco mejor, más humano y acogedor.
- Llegar a entender que la felicidad y la desdicha, la suerte y la desgracia, la riqueza y la miseria, están latentes en el espíritu, en la mente de cada individuo. Pero cada cual tiene en sus manos la posibilidad de despertar, activar y potenciar unas u otras. El aprendiz de sabio tiene muy claro que él y solamente él es el dueño de su propio destino.
- Correr nuevos riesgos, afrontar nuevos retos, vencer nuevos miedos, dudas y temores y en aprovechar las nuevas oportunidades.
- Recordar cada día que no hay peor enemigo que la propia cobardía, el pasotismo y la falta de honradez y de voluntad.
- Sentir intensamente la satisfacción que le produce el trabajo bien hecho, más que los aplausos, halagos y premios; aunque sabe valorarlos y agradecerlos cuando llegan.
- Conocerse, renovarse y construirse a sí mismo con el propósito de ser y de sentirse mejor cada día a través de la meditación y la reflexión sobre su propia vida.
- Convertir el respeto, la empatía, la comprensión, el perdón, el buen entendimiento y la alegría de vivir en sus mejores aliados para una convivencia madura y pacífica con sus seres queridos y con los demás.
- Aceptar y permitir que las cosas sean como son, con paz y gozo interior; sin instalarse en el absurdo del enojo, de la queja y del lamento.

- Vivir y disfrutar con plenitud cada momento en todas y cada una de las veinticuatro horas del día, sabiendo que eso es lo esencial de la vida y en ese preciso instante.
- Construir, alentar, motivar y potenciar lo mejor y más meritorio de cualquier persona que llegue a su vida; pues es consciente de que es la manera más segura e inteligente de impulsarle a dar lo mejor de sí en su propio provecho y en el de los demás.
- Tratar a los más cercanos y familiares como si ya fuesen lo que deben ser. Así les motiva para que sean las personas que son capaces de ser.
- Llegar con respeto, afecto y delicadeza hasta los corazones más solitarios, heridos y desheredados por la senda de la aceptación y de la comprensión para curarlos con el ungüento mágico de la confianza impregnada de amor.
- En hacer lo que cree que debe hacer y en cumplir lo prometido, pero tiene sumo cuidado en no prometer lo que no está seguro de poder cumplir.
- Seguir incansable los pasos de los hombres y mujeres más inteligentes, nobles, sabios y bondadosos de todos los tiempos a quienes convierte en eternos maestros.
- Disfrutar cada día de lo más sencillo, normal y natural como: contemplar en silencio el amanecer y el atardecer; pasear por el campo, el bosque o la playa; andar descalzo por la hierba, sentir el viento y la lluvia sobre el rostro; leer y meditar pensamientos de profundo contenido, escuchar la música que te inspira, te eleva o te da paz… disfrutar a menudo de todo lo cotidiano que le proporciona sosiego y plenitud.
- Superarse a sí mismo cada día en bondad, paz interior, generosidad y capacidad para cuidarse más y mejor y disfrutar de lo que es y de lo que tiene.
- Sentir y vivir la felicidad y la dicha que ya es, sabiendo que ésta exige el cultivo de estados mentales positivos y una actitud empática, cálida, cordial y solidaria, de amor y de compasión consigo mismo y con los demás.

En definitiva, todas las actitudes y ocupaciones enumeradas, el aprendiz de sabio consigue sintetizarlas en algo tan simple y a la vez tan complicado como «**vivir plenamente la propia vida y dejar que cada cual viva la suya**». ¡Nada más y nada menos!

RUEGO-SUGERENCIA FINAL PARA TI, QUERIDO LECTOR:

Este libro que contiene la sabiduría esencial para saber vivir es también un libro antiestrés, para la reflexión y para la meditación.

Numerosos trabajos de investigación resaltan la acción de la meditación sobre la fisiología y el mismo lector no tardará en descubrir los beneficios físicos y psíquicos de la práctica de la meditación. Esto es lo que dicen las investigaciones:

- La meditación potencia el sistema inmunitario y proporciona una mayor serenidad y autocontrol.
- Las personas que meditan generan más anticuerpos contra la gripe que quienes no lo hacen.
- La meditación como práctica habitual disminuye los niveles de hostilidad que es el factor más relacionado con las cardiopatías, primera causa de mortalidad en Occidente.
- La meditación frecuente y la relajación constituyen un poderoso antiestrés y antihostilidad y, en consecuencia, es un eficaz protector cardiovascular ya que se ha descubierto que la hostilidad activa en el organismo una hipersecreción de cortisol y de adrenalina y tapona nuestras arterias.
- La meditación es un buen antídoto contra la tensión emocional, tan frecuente en estos días.

Mi consejo de amigo: regálate cada día 15/20 minutos de reflexión y de lectura meditada de tan sólo 2-3 páginas de este libro. Ten por seguro que tu vida mejorará notablemente en todos los sentidos.

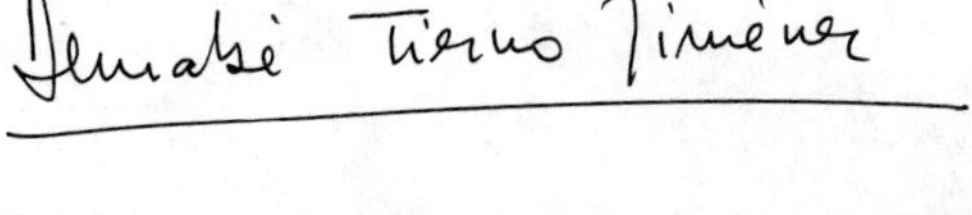

[illegible] PARA EL [illegible]

[illegible] que [illegible] la sabiduría [illegible] para saber [illegible] un [illegible] para la reflexión y para [illegible].

[illegible] de investigación [illegible] la acción de la [illegible] la filosofía y el [illegible] no [illegible] los [illegible] y [illegible] de la [illegible] lo que [illegible] las [illegible].

* La [illegible] que [illegible] y [illegible] nuevo [illegible].
* Las personas que [illegible] contra la [illegible] de quienes no lo hacen.
* La mediación como [illegible] los niveles de [illegible] con las [illegible].
* [illegible] mediación [illegible] sus [illegible] consecuencias [illegible] organizando [illegible].
* La [illegible] frecuente en [illegible].

[illegible] de [illegible] página [illegible] libro [illegible] en todos los [illegible].